O elefante negro

CONSELHO EDITORIAL
Ana Paula Torres Megiani
Eunice Ostrensky
Haroldo Ceravolo Sereza
Joana Monteleone
Maria Luiza Ferreira de Oliveira
Ruy Braga

O elefante negro

Eduardo de Oliveira e Oliveira:
Raça e pensamento social no Brasil

Rafael Petry Trapp

Copyright © 2020 Rafael Petry Trapp

Grafia atualizada segundo o Acordo Ortográfico da Língua Portuguesa de 1990, que entrou em vigor no Brasil em 2009.

Edição: Haroldo Ceravolo Sereza/Joana Monteleone
Editora assistente: Danielly de Jesus Teles
Editor de projetos digitais: Brunno Henrique Moura
Projeto gráfico e diagramação: Airton Felix Souza
Capa: Danielly de Jesus Teles
Assistente acadêmica: Bruna Marques
Revisão: Alexandra Colontini
Imagens da Capa: *Eduardo de Oliveira e Oliveira em São Paulo, 1971.*
Fonte: Arquivo pessoal de Bárbara Marruecos

CIP-BRASIL. CATALOGAÇÃO-NA-FONTE
SINDICATO NACIONAL DOS EDITORES DE LIVROS, RJ

T697e

    Trapp, Rafael Petry
        O elefante negro : Eduardo de Oliveira e Oliveira : raça e pensamento social no Brasil / Rafael Petry Trapp. - 1. ed. - São Paulo : Alameda, 2020.
        336 p. ; 21 cm.

        Inclui bibliografia e índice
        ISBN 978-65-86081-47-3

        1. Oliveira, Eduardo de Oliveira e, 1923-1980. 2. Sociólogos - Biografia - Brasil. I. Título.

19-59954   CDD: 923
                     CDU: 929:316

Alameda Casa Editorial
Rua 13 de Maio, 353 – Bela Vista
CEP 01327-000 – São Paulo, SP
Tel. (11) 3012-2403
www.alamedaeditorial.com.br

Sumário

9	Prefácio
	Hebe Mattos
15	Introdução
31	Figuras da diferença
79	Movimentos e contextos
103	Um programa de estudos
131	*Black Americas*
179	Um projeto epistemológico
245	Cartografias da imaginação
299	*The elephant in the room*
315	Referências bibliográficas
333	Agradecimentos

Imaginação

Imaginação! Quem pode cantar o teu poder?
Quem pode a rapidez do teu curso descrever?
Subindo nos ares para a morada brilhante,
Até o palácio empíreo do Deus tonante,
Nas tuas asas podemos o vento superar,
Voando além deste mundo a rolar,
De estrela a estrela mentalmente vagando,
Percorrendo os céus e os reinos lá explorando;
De lá vê-se tudo num só panorama,
Ou com novos mundos assombra-se a alma.

Phillis Wheatley, 1773

Prefácio: Rafael e Eduardo: sobre empatia, encontros e silêncios

Hebe Mattos

Lembro-me bem do meu primeiro encontro com Rafael Petry Trapp, quando discutimos seu projeto sobre a vida e o pensamento de Eduardo de Oliveira e Oliveira, a partir do qual solicitava orientação para o doutorado. Confesso que nunca tinha ouvido falar do personagem, mas rapidamente me encantei com ele, apresentado, com brilho, no texto ainda inicial da proposta de pesquisa. Meu próprio trabalho com as cartas do exílio em África e a construção da identidade negra do engenheiro abolicionista André Rebouças e o texto pioneiro, de Mônica Grin, sobre a condição de mulato de Eduardo, me faziam avaliar o caso que Rafael me trazia como uma pequena joia para pensar historicamente a experiência do racismo enquanto matéria de reflexão intelectual. O pensamento de Eduardo, pouquíssimo conhecido, parecia lançar nova luz sobre a originalidade e sofisticação dos referenciais teóricos acionados pelo movimento negro no Brasil na década de 1970.

A ênfase na história das ideias do projeto ainda me fez hesitar se eu devia assumir a orientação, tendo em vista minha arraigada tradição de pesquisa na história social. Em algumas atividades, entretanto, envelhecer permite ousadias. O trabalho de orientação em pesquisa é uma delas. Com o passar do tempo, permitimo-nos aprender cada vez mais com os orientandos. Apostar na autonomia intelectual de Rafael foi o meu principal mérito nesta empreitada, permitindo-o nos brindar com uma sólida viagem à história do pensamento sociológico sobre raça e racismo no Brasil, a partir do olhar de Eduardo de Oliveira e Oliveira.

Realizar uma crítica do pensamento racial brasileiro, do ponto de vista do negro enquanto sujeito, foi objetivo de vida para Eduardo. Rafael nos faz acompanhar seus caminhos de reflexão sociológica. Uma agenda de pesquisa precursora e, hoje, atualíssima, como enfatizado pelos arguidores que fizeram parte da banca de defesa da tese que deu origem ao livro, citados no agradecimento.

Mas, quem foi Eduardo de Oliveira e Oliveira e quem é Rafael Petry Trapp que o apresenta ao leitor?

Segundo a introdução do livro, homem negro e homossexual, Eduardo "foi possivelmente um dos mais importantes personagens da cena cultural, política e intelectual da comunidade negra em São Paulo e no Brasil entre as décadas de 1960-1970". Foi "pianista, publicitário, professor, ativista, mas, sobretudo, um sociólogo que se dedicou a estudar a experiência histórica e social afro-brasileira no terceiro quartel do século XX". Rafael se autodefine como um homem "branco, heterossexual" que acredita "que a educação das relações étnico-raciais passa necessariamente também – talvez principalmente –pela educação do branco". Um cientista social que busca "inventar espaços dentro de si para exercícios de alteridade com relação aos lugares de fala dos sujeitos não-brancos e não-hegemônicos".

É deste encontro que se faz a matéria-prima do presente livro, a partir de arquivos pessoais praticamente inexplorados e de inúmeras entrevistas com aqueles que conviveram com Eduardo.

Nos capítulos iniciais, Rafael revisita as duas escolas de sociologia presentes na Faculdade de Filosofia da USP nas décadas de 1960 e 1970 e o ativismo negro na cidade de São Paulo no mes-

O elefante negro   11

mo período. O texto se constrói buscando estabelecer empatia entre o leitor e o personagem estudado, militante do movimento negro, em geral descrito como "mulato" (tema ao qual dedicou o seu mais conhecido ensaio), de família operária, publicitário bem--sucedido e cosmopolita que se dedica aos estudos de sociologia já relativamente maduro.

O encantamento do aluno negro com a USP e sua percepção da exclusão epistemológica de sua condição racial, em um ambiente em que a presença negra era impensável, nos guiam. Na legendária "Maria Antônia", onde a denúncia intelectual do racismo e da desigualdade na sociedade brasileira se confundia com a resistência democrática ao golpe civil militar de 1964, o olhar de Eduardo (e o texto de Rafael) nos revelam a ação de estudantes e intelectuais negros, ainda assim invisíveis na memória coletiva dos eventos. É do encontro do ativismo negro paulistano com a sociologia sobre as relações raciais uspiana que surge o projeto de mestrado do agora sociólogo Eduardo de Oliveira e Oliveira (1971-1974). Segundo o livro:

> O projeto nomeava-se *Ideologia racial: estudo de relações raciais*. Introdutoriamente, Eduardo procede a um levantamento das obras sobre as relações raciais no Brasil. De Joaquim Nabuco a Nina Rodrigues, de Gilberto Freyre a Arthur Ramos, ele chega ao que ele chama de "Escola Sociológica de São Paulo". [...] Logo em seguida, aparece aquela que seria uma insistente pergunta dali em diante. Mesmo reconhecendo o valor das obras elencadas, ele lembra que seus autores eram brancos. Desta maneira, seriam "seus impulsos e níveis de preocupações os mesmos que de um negro?"

Precursor, Eduardo indagava como ativismo e identidade negra se construíram mutuamente, a partir sobretudo do caso da imprensa negra paulistana e da Frente Negra nos anos 1930. Como problema central, a passagem da experiência do que chamou de "negridade" para uma consciência da "negritude", no sentido proposto por L. Senghor. O projeto de mestrado teria promoção direta para o doutorado, com o título *História e Consciência de Raça*, com clara inspiração no clássico *História e Consciência de Classe*, de G. Lukacs, muito lido pela intelectualidade do período.

A abordagem do presente livro sobre os textos que permaneceram como produto da reflexão intelectual de Eduardo na pós-graduação da USP é fascinante e dialoga diretamente com o pensamento de outros intelectuais negros do período, nem sempre citados por Eduardo, como Virgínia Bicudo, Guerreiro Ramos e Beatriz Nascimento.

Nos anos 1970, Eduardo também aprofundou seus laços acadêmicos nos Estados Unidos, sobretudo com a nova área de *African-American Studies*. Seu cosmopolitismo o colocava diretamente em contato também com círculos intelectuais na Europa, sobretudo em Paris, e na África, com destaque para o Senegal. Foi nos Estados Unidos, porém, que entrou em contato com *The Death of White Sociology* (1973), livro que lhe ajudou a gestar seu projeto intelectualmente mais ambicioso, um "projeto epistemológico", a busca de uma ciência *para* o negro.

O "lugar de fala" daquele que produz o conhecimento esteve no centro das preocupações de Eduardo desde o mestrado, mas o contato com os *African-American Studies* o faria pensar também na recepção do conhecimento produzido, tornando-o um pioneiro na produção de ações que resultaram em uma sociologia pública. A Quinzena do Negro da USP, organizada por ele, com Beatriz Nascimento e outros ativistas e intelectuais, em 1977, sua participação nos encontros da SBPC entre 1977 e 1979, e a série de palestras que depois viria a fazer no exterior a partir do documentário *O Negro, da Senzala ao Soul*, da TV Cultura, desenvolvido a partir da Quinzena do Negro de 1977, assinalam o auge de seu prestígio e ativismo acadêmicos.

De certa forma, o livro de Alex Ratts, *Eu sou Atlântica*, sobre Beatriz Nascimento e o documentário *Orí*, com narração da própria, guardam um paralelismo com a abordagem de Rafael Trapp sobre Eduardo de Oliveira e Oliveira e o documentário *O Negro, Da Senzala ao Soul*. Retomados em conjunto, os dois livros e os dois filmes ecoam, agora para o *mainstream* do mundo acadêmico, a agenda de pesquisa precursora levada a cabo pelos dois influentes intelectuais e ativistas do movimento negro brasileiro.

A frustração de não conseguir defender a tese *História e Consciência de Raça* nos prazos acadêmicos exigidos pela USP e de não levar adiante o projeto de criar um Centro de Estudos Afro-Brasileiros na Universidade Federal de São Carlos marcam os últimos anos de vida de Eduardo, que faleceu em 20 de dezembro de 1980, e os últimos capítulos do livro. De certa forma, como Rafael pontua desde a introdução do trabalho, inspirado em livro de Maria Lúcia Palhares-Burke, seu texto é também e principalmente sobre o "triunfo de um fracasso". Não apenas de Eduardo de Oliveira e Oliveira, mas de toda uma geração de intelectuais negros, como Beatriz Nascimento, Lélia Gonzalez, Guerreiro Ramos, Virgínia Bicudo, entre outros, que antecipou as principais transformações no campo de estudos da história da escravidão e das relações raciais ocorridas nos últimos 30 anos. De fato, a crítica à noção de anomia do negro como agente histórico na chamada escola sociológica paulista, sob a qual me formei como historiadora da escravidão na década de 1980, teve no pensamento de Eduardo uma pioneira e sofisticada formulação. O presente livro nos faz refletir sobre a atualidade da pauta de pesquisa e ação desta geração, o que torna possível hoje que ela venha sendo progressivamente resgatada do relativo ostracismo acadêmico a que havia sido relegada. Da agência dos escravizados como pauta de pesquisa à história do racismo, da pesquisa sobre o pós-abolição à estruturação do campo de história da África e da cultura afro-brasileira e indígena a partir das leis 10.639/11.645, com a criação de NEABIs (Núcleos de Estudos Afro-Brasileiros e Indígenas) em todo o país, a reflexão destes intelectuais está presente. Eles foram semente.

Na conclusão do livro, o autor aborda outros silêncios, que Eduardo não conseguiu quebrar na década de 1970. A sua condição de homossexualidade, reconhecida por todos, é um não assunto na sua produção escrita e verdadeiro tabu para os entrevistados que com ele conviveram, para além da constatação da mesma. Silêncio revelador e que explica, em grande parte, o estigma e mistério que ainda cercam as circunstâncias de sua morte, talvez uma das primeiras vítimas da AIDS no Brasil. Em um momento político em que os avanços dos últimos trinta anos nas lutas contra o racismo e a homofobia estão sob ataque, a força empática do texto de Rafael é leitura imprescindível, assim como a reflexão, simplesmente fundamental, de Eduardo de Oliveira e Oliveira, sobre o racismo estrutural no Brasil.

Paris, janeiro de 2019

Introdução

[...] Eu sou floração forte, renovação do tempo, tempestade/ E todo verde dessa chuva amadureceu para hoje/ Eu sou aquele que está solto, de todo chão por onde caminha/ Limitado e subjugado/ E quando a terra devolver todas as raízes dos meus passos, eu surgirei como um sol/ Para sempre incluído/ E no rumo do meu sangue/ Todos verão a fonte, na hora em que o tempo transborda/ Para nascer um mundo novo.

Jorge, em Compasso de Espera, 1973

Em 1985, o cineasta paulistano Ari Cândido Fernandes e o poeta paraibano Arnaldo Xavier, que dividiam, além da amizade, a marca da negritude, escreveram o argumento de um filme chamado *O Elefante Negro*. Ambientado na cidade de São Paulo dos anos 1950, a obra contaria, em preto e branco, a história de Paulo, um estudioso da cultura negra, "brilhante intelectual, professor universitário, ensaísta, um "homem que domina muitos idiomas, mantendo correspondência com especialistas de vários países, onde é admirado e respeitado".[1] O personagem é negro e homossexual, uma pessoa

---

1 FERNANDES, Ari Cândido; XAVIER, Arnaldo. "O Elefante Negro" (esboço de sinopse comentada), circa 1985, p. 1. Arquivo pessoal de Ari Cândido Fernandes. Arnaldo Xavier faleceu em 2004.

refinada, sensível, com uma visão universal do homem. Mas a dupla liminaridade o coloca amiúde em choque com os preconceitos de sua época, levando-o a constantes crises de angústia.

Ele vive a dualidade dilacerante de ser, por um lado, o "homossexual negro que se esgueira por becos furtivos" na chamada "Boca do Lixo", no bairro da Luz, em São Paulo, mas também, ao mesmo tempo, o "brilhante e polêmico acadêmico que faz conferências em inglês para os mais importantes professores que nos visitam" e que trava "ácidas polêmicas com os luminares da Historiografia nacional".[2] O filme abordaria os aspectos existenciais da torturada vida de Paulo, que atinge um pico de sofrimento depois que ele "descobre o malogro do motivo central da dedicação de sua existência: a preparação de uma tese de doutorado sobre a inserção do homem africano na cultura ocidental".[3] Como o elefante, animal que, segundo antigas lendas africanas, se afasta da manada ao perceber a iminência do derradeiro momento, indo para o mítico "Cemitério de Elefantes", Paulo abandona seus pares, embora não por pressentir a morte, mas sim por recusar-se a viver.

A narrativa acompanharia sua infância, a "mãe ligada a uma tradicional casa de diplomatas, berço talvez de seu refinamento", sua formação intelectual e "sua preocupação em dotar o negro brasileiro de um instrumental teórico sem o qual continuariam meros repetidores dos movimentos dos negros norte-americanos". Finalmente, a história chegaria a seu retiro, no qual ele morreria "com um enigmático sorriso nos lábios, que pode muito significar que o nirvana foi alcançado e que, finalmente, a verdade foi descoberta".[4]

---

2   Ibid., Loc. cit.

3   Ibid., p. 1-2.

4   Ibid., p. 9.

O Elefante Negro não foi gravado. Ari Cândido Fernandes, em entrevista, nos contou que Paulo, na verdade, não era uma figura propriamente fictícia. Sua concepção fora inspirada na vida de Eduardo de Oliveira e Oliveira, que havia recém-falecido em 20 de dezembro de 1980, aos 56 anos de idade, em um hospital psiquiátrico na cidade paulista de Itapira. Nascido carioca em 1923, negro – embora, filho de uma união interracial, fosse volta e meia visto como "mulato" na sociedade e entre seus pares –, homossexual, Eduardo era um pianista, publicitário, professor, ativista, mas, sobretudo, um sociólogo que se dedicou a estudar a experiência histórica e social afro-brasileira no terceiro quartel do século XX, e que foi possivelmente um dos mais importantes personagens da cena cultural, política e intelectual da comunidade negra em São Paulo e no Brasil entre as décadas de 1960-1970. Sua vida e seus ensaios de pensamento sociológico consistem nas temáticas centrais do presente estudo.

Seus papéis tinham sido doados pela família em 1982 para a Universidade Federal de São Carlos (UFSCAR), lugar em que ele trabalhara entre 1977-80, tentando implementar um "Centro de Estudos do Negro Brasileiro". Os documentos, disponíveis publicamente desde 1984, compreendem livros, artigos, rascunhos, cartas, cadernos de anotação, fotografias e uma miríade de fragmentos da tese (não defendida) em Sociologia na Universidade de São Paulo (USP), instituição na qual ele, como graduando, mestrando e doutorando, estudou entre 1960 e 1979. O inventário da "Coleção Eduardo de Oliveira e Oliveira", publicado em 1984, apresenta mais de 2200 registros de sua trajetória pessoal e intelectual. O prefácio é assinado por Antonio Candido, que era, ao lado de sua companheira Gilda de Mello e Souza, amigo de Eduardo. Em 1981, Gilda dedicou-lhe uma enternecida e dolorosa homenagem póstuma, na qual o definia como o "homem inteligente, extraordinariamente sensível, culto, refinado", que havia passado a vida "exigindo com orgulho, não para si, mas para sua causa".[5] Antonio Candido, em seu texto não menos tocante e lisonjeiro, disse que em Eduardo se podia "sentir a [...] dignidade do homem inconformado; aquele que diz – *não* – e obriga os outros a sentirem o peso desse – *não* – saneador", bem como a "qualidade rara dos que têm na vida um objetivo verdadeiro para acondicionar os atos e dar sentido ao pensamento".[6]

Assim como a percepção cultivada pelos amigos da USP, as memórias construídas pelos ativistas afro-brasileiros sobre sua figura acentuaram o papel de acadêmico público e mobilizador cultural, que esteve no encalço intelectual das lutas negras que marcaram o Brasil nos anos 1970, ações que dariam lugar, em 1978, ao surgimento do Movimento Negro Unificado (MNU), em São Paulo, em plena vigência do Regime Civil-Militar brasileiro. O MNU sublinhou, em 1981, a "sua capacidade de pesquisar e organizar trabalhos a serviço dos grupos e entidades negras fundamentalmente [...]", lembrando que ele "sempre esteve presente nos momentos decisivos do Movimento Negro Brasileiro".[7] Nos Estados Unidos, país para onde ele viajava com frequência, estabelecendo contatos com acadêmicos da área de estudos afro-brasileiros, o historiador haitiano Pierre-Michel Fontaine dedicou-lhe, também

---

5   SOUZA, Gilda de Mello e. "Homenagem a Eduardo de Oliveira e Oliveira". *Novos Estudos Cebrap*, São Paulo, nº 1, dez. 1981, p. 68-71, p. 70.

6   CANDIDO, Antonio. "A marca de Eduardo" (Prefácio). In: GUIMARÃES, Vera; HAYASHI, Maria Cristina. *Inventário analítico da Coleção "Eduardo de Oliveira e Oliveira"*. São Carlos: Arquivo de História Contemporânea da UFSCAR, 1984. Grifos no original.

7   MNU. "Eduardo de Oliveira e Oliveira". *Revista do MNU*, São Paulo, nº 3, mar./abr. 1981, p. 14.

em 1981, um tributo, subscrito por autores como Thomas Skidmore, Mary Karasch, Anani Dzidzienyo, Angela Gillian, Michael Mitchell e J. Michael Turner. Fontaine lamentava a perda não apenas por se tratar de um amigo dedicado e um anfitrião charmoso que tinha sido uma indispensável fonte de contatos, informação e insights entre o Brasil e os Estados Unidos, mas pelo que ele representou para a causa negra no Brasil.[8]

O que Eduardo representou para a causa negra no Brasil pode ser dimensionado pela amplitude das atividades acadêmicas, culturais e, sobretudo, intelectuais por ele idealizadas e empreendidas no palco maior da cidade de São Paulo, mas igualmente em outros lugares, tanto no Brasil quanto no exterior, em um período marcado pelo cerco do Regime Militar ao debate sobre a questão racial. No ápice do momento mais intensamente violento do autoritarismo político nacional, ele fundaria, com a atriz negra carioca Thereza Santos, em 1971, em São Paulo, o Centro de Cultura e Arte Negra (CECAN), entidade que esteve na base da coalizão de entidades e grupos que desaguaria posteriormente no MNU. Conjuntamente à atuação no campo cultural, Eduardo esteve presente, ao longo dos anos 1970, na companhia de intelectuais negros como a historiadora Beatriz Nascimento e o sociólogo Clóvis Moura na concepção de uma Ciência Social que elevou as problemáticas da experiência afro-brasileira a outro nível de debate político-científico: o de uma "ciência para o negro".

Essa tomada de posição, que desafiava a Sociologia de Relações Raciais escrita até meados da década de 1970, como os estudos da Escola Sociológica Paulista – cuja formulação máxima

---

8   FONTAINE, Pierre-Michel. "A Tribute to Eduardo de Oliveira e Oliveira, Black Sociologist". *Center of Afro-American Studies* (Newsletter) (UCLA), Los Angeles, vol. 10, p. 3, 1981. Arquivo pessoal de Mary Karasch.

materializou-se, entre outras, na obra *A integração do negro na sociedade de classes* (1964), do sociólogo Florestan Fernandes –, que, em sua visão, eram estudos mais "sobre" do que "para" o negro, ou seja, careciam de um sentido pragmático de ação na realidade social, foi apresentada e desenvolvida em simpósios das reuniões anuais da Sociedade Brasileira para o Progresso da Ciência (SBPC), entre 1977 e 1979, em seminários, exposições e debates referentes aos 90 anos da Abolição, em 1978, mas especialmente naquele que é o momento talvez culminante de sua produção: a Quinzena do Negro da USP, que, em 1977, reuniu pesquisadores e estudantes negros – e brancos – para abordar "um aspecto que [lhe parecia] da maior relevância – revelar o negro como criatura e criador. Numa palavra: Sujeito".[9] A discussão da subjetividade negra assumia uma nova feição política no domínio de um discurso acadêmico, que teve no pensamento de Eduardo pontos de impulso – e de inflexão.

A pesquisa sobre o pensamento de Eduardo, que tinha na questão da subjetividade um de seus aspectos centrais, foi realizada a partir da ideia de "problematização", de Michel Foucault. Ele, que dissera que o fio condutor de sua obra era não o poder, mas o problema do sujeito, quis produzir uma história dos modos de subjetivação do ser humano na cultura ocidental, o que nos últimos anos de sua vida seria consumado na *História da Sexualidade*.

O trabalho que Foucault fez na *História da Sexualidade*, no entanto, interessou-nos aqui menos do que sua estrutura teórica, denominada de problematização, a atitude de "definir as condições nas quais o ser humano 'problematiza' o que ele é, e o mundo no qual

---

9   OLIVEIRA, Eduardo de Oliveira. "Uma Quinzena do Negro". In: ARAÚJO, Emanoel (Curador). *Para nunca esquecer: negras memórias, memórias de negros*. Brasília: MINC/Fundação Cultural Palmares, 2001, p. 287.

ele vive".[10] Opondo-se a uma história das representações ou dos comportamentos, ele propõe uma história crítica do pensamento, em um exercício analítico que incidisse sobre as "*problematizações* através das quais o ser se dá como podendo e devendo ser pensado, e as *práticas* a partir das quais essas problematizações se formam".[11] Foi a partir dessa perspectiva que procuramos analisar a construção de um sujeito sociológico negro no Brasil, através do pensamento de Eduardo e suas interfaces com a vivência política afro-brasileira e o discurso intelectual que lhe conferia sentido, entre 1960-70. A interrogação que nos orientou foi entender os modos pelos quais a questão da subjetividade negra se estabeleceu como um problema para o pensamento social no Brasil na segunda metade do século XX, problematização que o sociólogo pôs em movimento com seus ensaios de pensamento social. Nossa hipótese é a de que seu trabalho ajudou a constituir os fundamentos intelectuais das lutas políticas negras em São Paulo nos anos 1970 por meio de um projeto epistemológico, composto de uma discussão acerca do lugar epistêmico do negro como sujeito do conhecimento e de um diálogo crítico com a Escola Sociológica Paulista, o Movimento Negro brasileiro e referenciais dos African American Studies dos Estados Unidos.

A biografia intelectual de Eduardo, como a de muitos intelectuais negros brasileiros, contudo, foi quase esquecida. Afora um artigo, *A flama surda de um olhar* (1999), de Iray Carone,[12] o qual, embora limitado a uma visão genérica de aspectos de sua obra, foi

---

10 FOUCAULT, Michel. *História da Sexualidade: o uso dos prazeres*. Rio de Janeiro: Graal, 1984, p. 10-11.
11 Ibid., p. 18-19. Grifos no original.
12 CARONE, Iray. "A flama surda de um olhar". In: BENTO, Maria A. da S. (org.). *Psicologia Social do Racismo: estudos sobre branquitude e branqueamento no Brasil*. Petrópolis: Vozes, 2002, p. 181-88.

fruto de pesquisa de arquivo em São Carlos, pode-se dizer que a recepção de suas ideias em produção acadêmica detida é praticamente inexistente. O que há, na maior parte dos textos localizados, são menções esparsas a seu nome e frequentemente a uma característica específica de sua produção – a questão do mulato. Considerando tal lacuna na história intelectual brasileira, este trabalho pretende ser uma contribuição para a história do pensamento social negro no Brasil, um campo que tem existido sob os signos do esquecimento e da ausência.

Este quadro, entretanto, tem sido posto em xeque nos últimos anos, especialmente por universitários afro-brasileiros. Uma das iniciativas mais recentes aconteceu no segundo semestre de 2017: o oferecimento da disciplina "Leituras clássicas do pensamento negro brasileiro", coordenada pelo historiador José Rivair Macedo em um curso do Núcleo de Estudos Afro-brasileiros da UFRGS. Em 2016, outra significativa ação: a publicação da coletânea *Pensadores negros, pensadoras negras*, organizada pela historiadora Ana Flávia Magalhães Pinto e pelo também historiador Sidney Chalhoub.[13] Além disso, outras iniciativas são as atividades da historiadora negra Giovana Xavier, intelectual pública que, desde 2014, coordena o Grupo de Pesquisa "Intelectuais Negras: visíveis", na Faculdade de Educação da UFRJ, e que foi responsável, entre outras ações, por uma carta-aberta destinada à Feira Literária Internacional de Paraty, discutindo a ausência de autores negros no evento, em 2016.

Além disso, muitas análises de cunho histórico sobre intelectuais negros têm sido feitas na última década, na esteira da discus-

---

13 PINTO, Ana Flávia Magalhães; CHALHOUB, Sidney (Org.). *Pensadores negros, pensadoras negras: Brasil, séculos XIX-XX*. Cruz das Almas: Editora da UFRB; Belo Horizonte: Fino Traço, 2016.

são trazida pela implementação das ações afirmativas no Brasil no início dos anos 2000, política pública que propiciou não só o debate nacional sobre raça, mas o efetivo ingresso de estudantes negros nas universidades, que se tornaram os principais promotores de novos olhares sobre a história do pensamento social. Personagens da história da cultura intelectual brasileira como os literatos e intelectuais negros nos séculos XIX e XX, Hemetério de Oliveira, os autores da Imprensa Negra brasileira, Lima Barreto, Édison Carneiro, Abdias do Nascimento, Beatriz Nascimento, Lélia Gonzalez, e, nas Ciências Sociais, Virgínia Bicudo, Guerreiro Ramos, Clóvis Moura, e, com o presente livro, também Eduardo de Oliveira e Oliveira,[14] são intelectuais revisitados por autores que têm procurado desafiar a estrutura de reprodução do cânone interpretativo da cultura brasileira no que

---

14 Cf. PINTO, Ana F. M. *Fortes laços em linhas rotas: Experiências de intelectuais negros em jornais fluminenses e paulistanos no fim do século XX*. Tese (doutorado em História) – UNICAMP, Campinas, 2014; SILVA, Mário A. M. da. *A descoberta do insólito: literatura negra e literatura periférica no Brasil (1960-2000)*. Rio de Janeiro: Aeroplano, 2013; SILVA, Luara S. *Etymologias Preto*: Hemetério José dos Santos e as questões raciais de seu tempo (1888-1920). Dissertação (mestrado em Relações Étnico-Raciais) – CEFET, Rio de Janeiro, 2015; ALBERTO, Paulina. *Terms of Inclusion: Black Intellectuals in Twentieth-Century Brazil*. Chapel Hill: UNC Press, 2011; SCHWARCZ, Lilia. *Lima Barreto: triste visionário*, São Paulo: Companhia das Letras, 2017; ROSSI, Luiz. *O intelectual "feiticeiro"*: Édison Carneiro e o campo de estudos de relações raciais no Brasil. Tese (doutorado em Antropologia) – UNICAMP, Campinas, 2011; MACEDO, Márcio J. *Abdias do Nascimento: a trajetória de um negro revoltado (1914-1968)*. Dissertação (mestrado em Sociologia) – FFLCH-USP, São Paulo, 2005; VINHAS, Wagner. *Palavras sobre uma historiadora transatlântica: estudo da trajetória intelectual de Maria Beatriz Nascimento*. Tese (doutorado em Estudos Étnicos e Africanos) – UFBA, Salvador, 2015; RATTS, Alex. *Lélia Gonzalez*. São Paulo: Selo Negro, 2010; GOMES, Janaína. *Os segredos de Virgínia: estudo de atitudes raciais em São Paulo 1945-1955*. Tese (doutorado em Antropologia) – FFLCH-USP, São Paulo, 2013; BARBOSA, Muryatan S. *Guerreiro Ramos e o personalismo negro*. Dissertação (mestrado em Sociologia) – FFLCH-USP, São Paulo, 2004; OLIVEIRA, Fábio N. *Clóvis Moura e a sociologia da práxis negra*. Dissertação (mestrado em Sociologia e Direito) – UFF, Niterói, 2009.

diz respeito à história do negro e das relações raciais, alargando, ao mesmo tempo, o próprio campo e as concepções teóricas de pensamento social. É no seio desse espaço do conhecimento que nosso trabalho se situa e dialoga, historiograficamente.

Mas, apesar dessa profusão qualitativa de obras relacionadas a intelectuais negros, foi um livro sobre um historiador alemão (branco) que informou as possibilidades teórico-metodológicas aqui consideradas. Trata-se de *O triunfo do fracasso: Rüdiger Bilden, o amigo esquecido de Gilberto Freyre*,[15] da historiadora Maria Lúcia Pallares-Burke. Bilden foi uma pessoa fundamental no campo da história da escravidão e relações raciais no Brasil entre as décadas de 1920-40, mas relegado ao ostracismo. Ele foi lembrado raras vezes pela amizade com Gilberto Freyre, a quem havia conhecido na Universidade Columbia, em Nova York, nos anos 1920. A influência do alemão no brasileiro apareceu em nada menos que no livro *Casa-Grande & Senzala* (1933). Ao folheá-lo, Bilden assustou-se por nele encontrar algumas das teses que ele acalentava – e que compartilhava com Freyre –, tendo em vista um pioneiro livro sobre o papel da escravidão na história brasileira que não chegou a ser finalizado.

A confluência de acontecimentos, contingências e acasos nos rumos de Bilden e Eduardo como indivíduos que, em épocas e lugares diferentes, atuaram nos estudos afro-brasileiros e buscaram obstinadamente concluir as ambiciosas teses que se propuseram a escrever, forneceu um quadro referencial para o estudo de biografias intelectuais que foram fadadas ao esquecimento. Ao lado das ideias de Foucault, as perguntas de Pallares-Burke integraram-se aos nossos pressupostos: que interesse pode haver nas vidas e no

---

15 PALLARES-BURKE, Maria Lúcia. *O triunfo do fracasso: Rüdiger Bilden, o amigo esquecido de Gilberto Freyre*. São Paulo: Editora da UNESP, 2012.

pensamento de intelectuais esquecidos, obscuros, renegados, malditos? O que significa e como definir o "fracasso" na história das ideias? Como a historiografia – entendida em sentido *lato*, ou seja, da literatura geral de qualquer área do saber –, no Brasil e alhures, se estabelece e se legitima também a partir de exclusões? O livro da historiadora, construído em uma criativa pesquisa que recolheu mundo afora os parcos documentos que restaram da produção historiográfica de Bilden, demonstra que, definindo-se o recorte e a especificidade do que se quer entender, qualquer vida humana é um universo prenhe de interesse histórico.

Trata-se aqui de construir uma biografia intelectual crítica de Eduardo articulada aos processos históricos nos quais identificamos sua presença, atuação e influência, tais como a dinâmica da Sociologia de Relações Raciais dos anos 1960-70, a formação do ativismo negro em São Paulo na década de 1970 e as relações intelectuais entre Brasil e Estados Unidos no mesmo período. Utilizamos diversas fontes históricas. O corpus documental central é o acervo do sociólogo depositado na UEIM-UFSCAR. Todavia, encontramos material relacionado à sua trajetória em outras instituições, como o Arquivo Nacional, no Rio de Janeiro, e o Arquivo Público do Estado de São Paulo, e em acervos de seus interlocutores, tanto no Brasil quanto nos Estados Unidos. Além disso, fizemos dezenas de entrevistas e conversas, tanto presencialmente quanto por telefone, e-mail, Facebook, Skype e pelo Whatsapp, com pessoas que conviveram com Eduardo ou que estiveram presentes em sua vivência, como familiares, amigos, professores universitários e ativistas negros. A recorrência de certas opiniões e imagens oriundas desse trabalho etnográfico informal foi incorporada, mesmo que de forma diluída – e nem sempre citada e/ou explicitada –, ao longo do trabalho.

A divisão dos capítulos obedece à seguinte ordem. No primeiro, "Figuras da Diferença", observamos os lances iniciais da formação cultural de Eduardo no Rio de Janeiro na década de 1940 e sua vida acadêmica nos anos 1960, no curso de Ciências Sociais da USP, no qual ele conhece a Escola Sociológica Paulista. O segundo capítulo, "Movimentos e Contextos", procura desenhar um quadro histórico da diversidade de concepções do nascente ativismo negro na São Paulo do limiar dos anos 1970. Este exercício contextual é necessário porque no capítulo terceiro, "Um programa de estudos", abordamos a fase inicial do mestrado de Eduardo em Sociologia na USP, *Ideologia Racial - Estudo de Relações Raciais*, pesquisa que é um primeiro passo na compreensão sociológica dessa consciência política negra, que se constituía em São Paulo. O quarto capítulo, "Black Americas", traz um apanhado dos referenciais e das pessoas com quem o sociólogo dialogou nos Estados Unidos nos anos 1970, uma experiência marcante em seu pensamento. O quinto capítulo, "Um projeto epistemológico", analisa o período mais fecundo de sua produção, entre 1977 e 1978, época em que ele elabora a proposta de uma "ciência para o negro" e engendra um rol de atividades públicas em São Paulo que, em aliança com intelectuais e militantes negros, contribuirá para o processo de formação do Movimento Negro contemporâneo no Brasil. A última parte, "Cartografias da Imaginação", oferece um olhar sobre os projetos que Eduardo imaginou para a educação das relações raciais no Brasil. Falamos nesse ponto do Centro de Estudos do Negro Brasileiro, que ele tentou implementar na UFSCAR entre 1977 e 1980, e analisamos os caminhos da segunda etapa de sua tese, *História e Consciência de Raça*.

Este livro procura refletir e responder a perguntas de caráter histórico para o entendimento do presente em que vivemos. Seu sentido maior está talvez naquilo que Foucault denominou "ontologia do presente", o exercício de interrogar-se relativamente ao que constitui nossa atualidade em face dos dispositivos de subjetivação que fundamentam práticas de controle e normalização dos corpos e das consciências. O racismo é um desses dispositivos, cuja incidência social se traduz em desumanização e violência. A violência assume contornos, porém, não apenas físicos e/ou psicológicos. É também epistêmica. O racismo científico, desde o final do século XVIII, fez com que os sujeitos marcados pela diferença em relação ao modelo considerado ideal de humanidade – homem europeu, branco, heterossexual – fossem desconsiderados enquanto sujeitos legítimos do conhecimento. No Brasil, o negro foi originalmente escravizado e, depois da Abolição, livre, viu-se excluído, pela dominação racial, das possibilidades de cidadania e de integração na ordem social. Foi contra tal estado de coisas que indivíduos como Eduardo se insurgiriam na produção de discursos de afirmação da plena humanidade intelectual do negro. Esse discurso de resistência ao chamado racismo epistêmico ganhou grande projeção no Brasil nos últimos anos, fruto das intensas mobilizações em torno de ações afirmativas, representatividade e lugar de fala.

Considerando a importância desse debate referente a que sujeitos foram dados historicamente a legitimidade discursiva e o direito de fala acerca da realidade social, [ensejo] aqui uma contribuição de caráter eminentemente histórico sobre um tema que está na ordem do dia[16] e que teve no pensamento do autor estudado neste livro uma das elaborações mais compreensivas e sofisticadas no Brasil. De [meu] lugar social de homem, branco, heterossexual, [penso] que o entendimento científico e o enfrentamento político do racismo e das desigualdades são imperativos sociais amplos, ou seja, a questão de raça é, ao fim e ao cabo, uma problemática de todos os

---

16 Cf. RIBEIRO, Djamila. *O que é lugar de fala?* Belo Horizonte: Letramento/Justificando, 2017.

brasileiros. A educação das relações étnico-raciais passa necessariamente também – talvez principalmente – pela educação do branco. Os historiadores e cientistas sociais brancos precisamos inventar espaços dentro de nós para exercícios de alteridade com relação aos lugares de fala dos sujeitos não-brancos e não-hegemônicos, e cultivar lugares intelectuais de escuta, que possibilitem o questionamento de nossa condição sóciorracial na estruturação dos campos da História e das Ciências Sociais e o nosso papel no processo de sua desconstrução e reconfiguração. Como disse Roger Bastide, aquele que se detém no estudo dos problemas afro-americanos deve fazer outra pesquisa, paralela, "sobre ele mesmo; uma espécie de "autopsicanálise" intelectual, e isto, seja ele branco ou negro".[17] Olhar-se no espelho é atitude premente também para o que a pensadora afro-americana bell hooks chamou de educação transgressora. A autora considerou que os intelectuais brancos somos passíveis de mudança e de engajamento em uma educação antirracista. Para ela (2017 p. 175), "se realmente queremos criar uma atmosfera cultural em que os preconceitos possam ser questionados e modificados, todos os atos de cruzar fronteiras devem ser vistos como válidos e legítimos".[18] Devemos, assim, criar uma consciência pessoal e intelectual crítica para transgredir as fronteiras epistêmicas da própria branquitude, e, a partir disso, colaborar para o enriquecimento teórico e social das Ciências Humanas.

Finalmente, ajuizamos que a sensibilidade intelectual do historiador e a tarefa conjunta de uma educação antirracista precisam contribuir, como disse o antropólogo Clifford Geertz sobre sua dis-

---

17 BASTIDE, Roger. *As Américas negras: as civilizações africanas no Novo Mundo*. Tradução de Eduardo de Oliveira e Oliveira. São Paulo: Difusão Europeia do Livro, 1974 [1967], p. 8.

18 HOOKS, bell. *Ensinando a transgredir*. São Paulo: Martins Fontes, 2017.

O elefante negro

ciplina, para alargar o "universo do discurso humano".[19] Procuramos então seguir o postulado de Geertz e fazer uma história não propriamente das respostas definidas, da coerência dos sistemas, dos projetos consumados ou dos planos acabados, mas das inquietações, das interpelações, enfim, uma história da criatividade humana, para potencializar, nas palavras do historiador afro-americano Robin Kelley, nossas "imaginações coletivas, de modo que façamos o que as gerações anteriores fizeram: sonhar".[20]

---

19 GEERTZ, Clifford. *A interpretação das culturas*. Rio de Janeiro: LTC, 1989, p. 24.
20 KELLEY, Robin. *Freedom dreams: the Black radical imagination*. Boston: Beacon, 2002, p. XXI. No original: "[…] collective imaginations, that we do what earlier generations have done: dream".

Figuras da diferença

O céu de Ícaro tem mais poesia que o de Galileu[...].

Herbert Vianna

Eduardo de Oliveira: Rio de Janeiro

"A vida é a arte do encontro, embora haja tanto desencontro pela vida", disse um poeta. Na cidade do Rio de Janeiro, em meados de 1941, Sérgio Britto, o conhecido ator brasileiro, então com 18 anos de idade, topa, no Tiro de Guerra Sete, no bairro de Vila Isabel, com "Eduardo de Oliveira, negro, magro, pobre, elegante mesmo em suas roupas usadas e amarrotadas".[1] Essa descrição, envolvendo o perfil esguio, a elegância e, sobretudo, a negritude – mas também certa pobreza expressa no vestuário roto e, acrescentaríamos, a exemplo do amigo Sérgio, a condição da homossexualidade –, deixa entrever algumas marcas humanas, que o acompanhariam ao longo de sua intensa e exilada existência.

---

1 BRITTO, Sérgio. "Prefácio". In: ANUNCIAÇÃO, Aldri. *Namíbia, não!* Salvador: EDUFBA, 2015, p. 128.

Eduardo de Oliveira[2] nasceu em 5 de julho de 1923, no bairro carioca de Madureira. Era o primogênito de Amélia de Oliveira e Silvino Isidoro de Oliveira.[3] O pai, nas palavras do sociólogo José de Souza Martins, era um "estivador negro do porto do Rio de Janeiro, que se tornara líder sindical e, como ele mesmo dizia, pelego do trabalhismo de Vargas".[4] Silvino esteve por muito tempo ligado à Sociedade União dos Estivadores do Rio de Janeiro, envolveu-se com a política bernardista nos anos 1920 e também com o trabalhismo varguista. De origem luso-brasileira, foi um dos fundadores do "Recreio das Flores", rancho carnavalesco da Resistência, sindicato negro dos arrumadores do Porto do Rio de Janeiro.

Amélia de Oliveira, negra, teve como única ocupação conhecida a de doméstica. Teria sido empregada na casa da família de um embaixador francês na cidade do Rio de Janeiro nos anos 1920, no convívio de quem o jovem Eduardo fora supostamente criado como "da família" e onde aprendera a língua francesa.[5]

Apesar de seu pendor para com elementos da cultura francesa, como observaremos mais adiante, não sabemos se ele realmente teve contato tão estreito com essa família de diplomatas – tampouco que gente era essa. De qualquer forma, o que se tem claro é que "Eduardo tivera a melhor educação que alguém podia receber em

---

2 Radicado em São Paulo nos anos 1950, Eduardo adicionaria mais um "Oliveira" a seu sobrenome, para se diferenciar do homônimo Eduardo de Oliveira, poeta e importante ativista negro paulista.

3 A maior parte das informações sobre a história familiar dos Oliveiras advém de entrevista com Elbe de Oliveira, sobrinha de Eduardo, realizada no Rio de Janeiro em 02 de novembro de 2014.

4 MARTINS, José de Souza. "Luiz Pereira e sua circunstância: entrevista com José de Souza Martins". *Tempo Social*, São Paulo, vol. 22, nº 1, jun. 2010, p. 211-76, p. 239-40.

5 Entrevista com José Cláudio Berghella, 19 jun. 2015.

sua época no Rio de Janeiro".[6] Sua formação primária e secundária realizou-se no Gymnasio 28 de Setembro, localizado no bairro de Sampaio, entre os anos de 1929 e 1941, aproximadamente.

Criado em 1913 pelo general e escritor Liberato Bittencourt, o 28 de Setembro primava por uma formação dirigida para carreiras na área militar. Era uma escola particular, portanto, de elite. Sendo assim, é provável que Eduardo talvez fosse um dos poucos alunos negros do lugar. O que significava ser negro em ambiente educacional branco? O que representava ser afro-brasileiro ante as concepções sociais, sociológicas e mesmo educativas sobre os negros em voga naquele contexto? Estamos falando de um período crucial na história brasileira, que são os anos de Getúlio Vargas no Catete, do nacionalismo, do Estado Novo.

As doutrinas do racismo científico e da eugenia – a "ciência" do melhoramento racial –, que fizeram morada em grande parte da intelectualidade brasileira desde o final do século XIX, e que atestavam a dita inferioridade dos negros e mestiços brasileiros, eram ainda largamente difundidas neste contexto.[7] Um dos maiores arautos do arianismo, o sociólogo Francisco José de Oliveira Vianna, era conselheiro de Vargas. Vianna foi um dos principais teóricos do branqueamento, alentada estratégia de engenharia social que idealizava, pela miscigenação, um futuro racial progressivamente mais branco para o Brasil.[8]

É certo que, também, a partir e ao longo dos anos 1930, essas teorias passaram a ser criticadas, por muitas razões, entre elas a emergência de uma influente interpretação da história brasileira

---

6   MARTINS, *Op. cit.*, p. 240.
7   SKIDMORE, Thomas E. *Preto no branco: raça e nacionalidade no pensamento brasileiro (1870-1930).* 2. ed. São Paulo: Companhia das Letras, 2012.
8   *Ibid.*, p. 277.

baseada na positividade do negro e da miscigenação, como em *Casa-Grande & Senzala*, de Gilberto Freyre (1933), e, no plano internacional, pelos efeitos da eugenia de Estado que o nazismo ensaiava já em meados dos anos 1930. O fato de o racismo científico estar perdendo terreno no plano mais formal do debate intelectual brasileiro, contudo, não quer dizer que ele não tivesse deixado de operar social por outros meios. Isso parece ser verdade para a relação entre educação e questão racial no Brasil na década de 1930, como discute o historiador Jerry Dávila em seu livro *Diploma de Brancura* (2006).

O autor identifica como questões de raça transformaram-se em políticas educacionais através das reformas de ensino público concebidas por nomes como os do ministro da educação do Estado Novo varguista Gustavo Capanema, do compositor Heitor Villa-Lobos e mesmo do antropólogo Arthur Ramos, no período de 1930-45. Para Dávila, esses ideólogos das reformas educacionais "transformaram o sistema escolar em uma máquina que, de modo tanto deliberado (fornecendo aos brasileiros pobres e não-brancos as ferramentas da brancura) quanto inconsciente (estabelecendo barreiras ao reificar seus valores estreitos), criou uma hierarquia racial no sistema escolar que espelhava sua própria visão de valor social".[9]

Essa visão estava fortemente influenciada pelo pensamento eugênico. Além de Capanema, ao menos outros dois ministros da Educação de Vargas, Francisco Campos e Belisário Penna, identificaram-se com os ideais racistas da pseudociência de Francis Galton.[10] Dávila diz que a "expansão [do ensino] levou as escolas públicas, com sua mensagem eugênica, branqueadora e naciona-

---

9   DÁVILA, Jerry. *Diploma de Brancura*. São Paulo: Ed. UNESP, 2006, p. 32.
10 Cf. AGUILAR FILHO, Sidney. "Racismo à brasileira". *Revista de História*, vol. 1, p. 6, 2012. Disponível em: <http://www.revistadehistoria.com.br/secao/educacao/racismo-a-brasileira>. Acesso em: 06 maio 2016.

lista, aos bairros pobres e racialmente mistos [do Rio de Janeiro]".[11] Sobre os anos compreendidos entre 1930-45, Sidney Aguilar Filho arremata dizendo que o autoritarismo e a segregação "se reforçaram mutuamente na área de Educação, pela prática da exclusão, da desigualdade de direitos de cidadania de crianças e adolescentes, pela condição econômica ou por sua 'origem'".[12]

Mesmo que fossem práticas levadas a cabo nas escolas públicas da cidade do Rio de Janeiro, podemos ter ideia de como as interconexões de raça (em uma perspectiva eugênica) e educação estavam sendo colocadas no meio escolar da época. Se imaginarmos que, talvez, algumas dessas questões tenham tido amplitude maior, chegando ao âmbito de colégios privados, como o 28 de Setembro, notamos que, se a negritude já não era explicitamente condenada como marca de inferioridade, não perfazia, com efeito, o ideal de nacionalidade miscigenada – leia-se, branqueada – que se estava a projetar neste período.

À pergunta que fizemos no início desse parêntese responderíamos que, se de um ponto de vista subjetivo não podemos falar sobre o que significava ser um aluno negro neste contexto, de uma perspectiva social mais geral poderíamos dizer que ser afro-brasileiro, no ambiente escolar da então capital federal era provavelmente estar cercado por preconceitos e suspeições de ordem racial – como talvez o anuísse Lima Barreto, duramente discriminado na Escola Politécnica do Rio de Janeiro e na sociedade carioca no início do século XX.

Voltando à esfera mais restrita do 28 de Setembro, notamos que a escassa informação documental sobre a escola não permite

---

11 DÁVILA, *Op. cit.*, p. 33.
12 AGUILAR FILHO, *Op. cit.*

ir muito além do terreno da especulação. Entretanto, se ampliamos o conceito de "fonte histórica", podemos talvez relativizar esta escassez. O letrado Sr. Bittencourt, diretor do colégio, teria sido amigo de Graciliano Ramos. O autor de *Memórias do Cárcere* (1953), livro que narra sua experiência como preso político da protoditadura varguista no Rio de Janeiro, em 1936, escreveu um conto para a revista *O Cruzeiro*, publicado em 1943, intitulado "Um homem forte". Vejamos um trecho:

> Tem sessenta e oito anos, a pele negra, os cabelos encarapinhados. Nasceu em Pernambuco, chama-se Domingos Jorge da Costa e, sem nunca ter ouvido falar no conde de Gobineau, é inimigo natural dele. Vende peixe nas ruas e faz comícios contra os alemães e o racismo, num botequim em Sampaio, defronte do Ginásio 28 de Setembro. Distingue-se assim de muitos arianos nacionais e intransigentes que, desdenhando raças inferiores, buscam disfarçar a escuridão da epiderme. Com sessenta e oito anos, Domingos possui boa vista. E, olhando a mão única, dura e calejada no trabalho, reconhece honestamente que ela é negra. Reconhece e confessa.[13]

Logo após a soltura da prisão, em 1937, Graciliano Ramos foi nomeado inspetor federal de ensino secundário no Rio de Janeiro. O primeiro colégio inspecionado foi o 28 de Setembro, quando ele teria conhecido Bittencourt. Retomando o conto, o alagoano continua descrevendo a cena observada no botequim. O personagem exclama:

> – Meu filho médico...
>
> Ahn? Julgamos ter ouvido mal. As criaturas que vendem peixe nas ruas calçam tamancos e vestem roupa safada em

---

[13] RAMOS, Graciliano. "Um homem forte". *O Cruzeiro (Revista)*, Rio de Janeiro, 11 set. 1943, p. 41.

geral não têm filhos médicos, especialmente quando são pretas. De fato, Domingos Jorge da Costa, vendedor ambulante de peixe em Sampaio, não tem um filho médico: tem três filhos médicos. Como conseguiu isso? Ele explica, dando risadas e batendo na mesa com a mão única, interrompendo a narração para atacar os alemães e o racismo.[14]

O texto prossegue a delinear episódios da vida calejada do personagem e de sua família. Em poucas linhas, Graciliano situa discussões que lhe eram contemporâneas relativas ao negro e às relações raciais brasileiras: o racismo científico, o racismo social, o ideal de branqueamento, a honestidade quanto à negritude, a ascensão social pelo trabalho, além da conjuntura internacional decorrente do nazismo e da Segunda Guerra Mundial. Não é improvável que o escritor alagoano tenha assistido realmente à semelhante história nas proximidades do 28 de Setembro – citado no texto – ou no Tiro de Guerra Sete, ambos na vizinhança da Vila Isabel. Independente da veracidade da narrativa, de um ponto de vista histórico-sociológico, o escritor é preciso. Assim, se há pouco queríamos saber de algumas das concepções sobre negros e educação em circulação no Rio de Janeiro nos anos 1930-40, com a ficção de Graciliano tem-se um diagnóstico histórico afim.

"Um homem forte", de 1943, é ainda mais interessante pelo fato de ser pensado em um contexto no qual estava se constituindo no Brasil, na esteira do nacionalismo varguista, e a despeito da relativa presença do racismo científico ainda nesse momento, uma inflexão histórica muito importante: a ideologia da chamada "democracia racial". Trata-se do juízo de que no Brasil não haveria racismo, tampouco um sistema institucionalizado de segregação racial, como nos Estados Unidos, existindo igualdade de oportu-

14 *Ibid.*

nidades entre as diversas etnias formadoras da nacionalidade brasileira. A "democracia racial", como imagem social, projeto intelectual e política estatal, emerge justamente entre os anos 1930-40, durante o Estado Novo.[15] Existe aí, no entanto, a expressão de uma ambiguidade latente: se por um lado começa a se formatar um imaginário de relações raciais "harmoniosas", por outro, como demonstrou Dávila – e também Graciliano –, o racismo mantinha-se como um fator primário a regular as relações sociais no âmbito escolar e educacional brasileiro.

É forçoso afirmar, contudo, que, apesar do estigma social da cor, não se observa, no caso de Eduardo, um impedimento no acesso a bens materiais e simbólicos historicamente não identificados ao negro, como educação de elite e aprendizado de línguas estrangeiras.

Considerando o contexto, a condição de vida era-lhe, com efeito, favorável. Tendo já concluído o ensino secundário, em 1943 ele ingressa na Escola Nacional de Música da Universidade do Brasil (atual UFRJ), no Rio de Janeiro, na qual permanece até 1946, quando interrompe os estudos por "razões financeiras".[16] Não sabemos de que se trata, mas, quaisquer tenham sido os motivos de seu desligamento, a presença de um afro-brasileiro em ambiente acadêmico – fator por si só representativo de distinção social –, como a Escola Nacional de Música, baluarte da cultura musical erudita, não devia ser corriqueira nos anos 1940.

Eduardo, ao longo dos três anos em que estudou nesta instituição, dedicou-se ao piano e ao canto orfeônico. Para além das

---

15 Cf. GUIMARÃES, Antonio S. Alfredo. *Classes, raças e democracia*. São Paulo: Ed. 34, 2002, Capítulo 5, "Democracia racial: o ideal, o pacto e o mito", p. 137-168.

16 OLIVEIRA, Eduardo de Oliveira e (doravante "EOO", nas notas). Currículo Vitae, circa 1979, p. 1. São Carlos, Coleção EOO/UEIM-UFSCAR, Série Documentos Pessoais (padrão de citação do arquivo da UFSCAR).

atividades em âmbito musical em si, levadas a cabo neste interregno, seguro é que o tempo na Escola de Música foi, considerando sua trajetória em longo prazo, possivelmente muito importante, por aspectos que marcarão sua produção intelectual e cultural em São Paulo posteriormente, referentes, por assim dizer, à experiência estética: o gosto pela arte, pela música e também, é importante sublinhar, pelo teatro.

Sérgio Britto, no início de seu livro de memórias *O Teatro & Eu*, descreve seu despertar para o teatro: "Estávamos no corredor da Escola Nacional de Música, eu e meu amigo Eduardo de Oliveira. Aí surgiu Jerusa Camões, diretora do Teatro Universitário. Ela me olhou e disse: Ô moço, você é muito bonito, quer fazer teatro conosco? [...]".[17]

Na companhia de Britto e de outros atores brasileiros, que depois se tornariam conhecidos, como Sérgio Cardoso e Antônio Ventura, Eduardo envereda no universo do teatro. Publica inclusive um artigo de crítica teatral, em fevereiro de 1948, no carioca *Correio da Manhã*. O texto faz comentários sobre a antológica encenação de *Hamlet*, de Shakespeare, pelo Teatro do Estudante em 6 de janeiro de 1948, realizada no Teatro Fênix, Centro do Rio de Janeiro. Ao final do texto, o jovem deita elogios ao que vinha sendo construído na cena cultural do Rio de Janeiro: "Por obra do 'Teatro do Estudante' tivemos nos últimos anos o 'Curso de Teatro', no Fênix, depois o Teatro Experimental do Negro [...]".[18]

O Teatro Experimental do Negro (TEN), centrado na figura de Abdias do Nascimento, um importante ativista negro brasileiro, havia sido criado em 1944, no Rio de Janeiro. É provável que

---

17 BRITTO, Sérgio. *O Teatro & Eu: memórias*. Rio de Janeiro: Tinta Negra, 2010, p. 13.
18 OLIVEIRA, Eduardo de. "Quando os moços vencem interpretam Shakespeare". *Correio da Manhã*, Rio de Janeiro, 4 fev. 1948, p. 11.

Eduardo estivesse atento a essa importante referência cultural e política que era o TEN já nessa época. Entretanto, a simples alusão por si só não nos parece dizer muito. Se quisermos saber por onde andavam seus possíveis pensamentos sobre negritude, temos de seguir garimpando documentos. Qual não é a surpresa ao folhearmos uma edição do *Correio da Manhã*: em certa altura, na mesma página em que há uma matéria sobre *O Anjo Negro*, de Nelson Rodrigues – drama que aborda também a questão racial –, lê-se o seguinte:

> Eduardo Oliveira aparece-nos, sempre de livro na mão. Vem da sua aula no "Instituto Nacional de Música". Estuda piano com Dulce de Saules. Estuda também folclore e harmonia.
>
> – Que livro é esse que está lendo agora?
>
> Mostra-nos: "As culturas negras no novo mundo", de Arthur Ramos. Sorri quando nos diz: – "Cada vez que leio Arthur Ramos, fico liberto de certos temores com relação a negros, mestiços e até de brancos".[19]

No que diz respeito ao "folklore" talvez estivesse presente Édison Carneiro, intelectual negro baiano que produzia alguns de seus principais livros naquele momento.[20] Eduardo lia *As culturas negras no Novo Mundo*, de Arthur Ramos (1937), que é um esforço notável para pensar a história negra nas Américas de uma perspectiva espaço-cultural mais global. O estudioso das culturas afro-brasileiras era, no período em questão, uma das figuras-chave nesse campo de estudos no Rio de Janeiro e no Brasil, e mesmo internacionalmente.

---

19 "Ensaia-se na Escola Nacional de Música". *Correio da Manhã*, Rio de Janeiro, 17 mar. 1948, p. 11.

20 Cf. ROSSI, *Op. cit.*

O elefante negro

Mas, que fique à margem, por enquanto, a historiografia. O pitoresco diálogo é revelador de aspectos da sociedade brasileira que nos interessam, a saber: que sorriso seria este que acompanha a opinião dos efeitos da leitura libertadora de Arthur Ramos? Seria um riso bondoso, tímido; ou irônico, talvez sarcástico? Por que alguém haveria de sorrir numa situação dessas? Sorrir pode significar várias coisas, e não seria demais afirmar que essas perguntas provavelmente seriam mais bem-pensadas voltando-se na direção da intenção, para sempre perdida, do jornalista que escreve, e menos de quem sorri – se sorriu. Ainda, de que "temores" se trata? Sendo Eduardo negro – embora não haja evidência de como o próprio se identificava racialmente nessa época – a afirmativa temerosa em relação a negros e mestiços soa irônica, o que leva à conclusão quase óbvia de que os temores de fato são relativos aos brancos – o que é corroborado de alguma forma pelo uso da palavra "até".

Deixando o Rio de Janeiro, onde recebeu educação cultivada, além de experiência no mundo erudito, ao menos desde 1954, ele já se encontrava vivendo e trabalhando na cidade de São Paulo, lugar em que se radicaria. Pouco se sabe de sua vida nos anos 1950. Um dos únicos fatos conhecidos, porém, é expressivo. Em maio de 1957, o grupo teatral franco-brasileiro "Le Strapontin" encenou, na Aliança Francesa de São Paulo, a peça *La Putain Respectueuse* [A prostituta respeitosa], do escritor e filósofo francês Jean-Paul Sartre.

Criado em 1955 pelo dramaturgo francês Jean-Luc Descaves, o Le Strapontin era formado por atores amadores e apresentava textos do teatro de França encenados em língua francesa. A peça em questão foi dirigida por Raymond Frajmond, judeu polonês sobrevivente de Auschwitz, que acabaria se tornando amigo de Eduardo.

O texto de Sartre foi escrito em 1946. Em uma cidade do Sul dos Estados Unidos, uma prostituta branca, Lizzie, vive um dilema. Ela é a única testemunha do assassinato de um negro cometido por um branco. Outro negro é acusado injustamente pelo crime. Tanto o desafortunado sujeito quanto a família do verdadeiro assassino a procuram, pois dependem de seu testemunho. A trama mostra os conflitos íntimos de Lizzie e explora, além obviamente da questão racial, dilemas morais e temas como abuso de poder e injustiças sociais.

Philippe Greffet, que foi diretor-geral da Aliança Francesa no Brasil nos anos 1950, parece ter gostado do ator que interpretou o *Nègre*: "A P… Respeitosa revelou-nos talentos de grande valor. No ponto mais alto da interpretação, eu colocaria Eduardo de Oliveira, que, no papel do negro, foi de uma tocante autenticidade".[21] Greffet, por sinal, descreve com precisão o sentido histórico-sociológico da peça, opinião que está alinhada às problemáticas gerais discutidas aqui e levar conosco até as últimas linhas do nosso trabalho: "[…] o espírito deste texto coloca o problema da política e do social, em uma palavra, o problema da solidão do ser humano no seio de uma sociedade que não foi feita para ele".[22]

Devidamente guardadas essas palavras, vamos à cidade de São Paulo, onde Eduardo, com 36 anos de idade, ingressa, em 1960, no curso noturno de Ciências Sociais da USP. O que o teria motivado ao estudo dessa área do conhecimento? Soubemos algumas páginas atrás, pela leitura de Arthur Ramos, de um interesse pelos temas do negro no Brasil e nas Américas. Apenas isso bastaria para definir-

---

21 GREFFET, Philippe. "Merci 'Le Strapontin'". Recorte de jornal, circa 1967. Coleção EOO/UEIM-UFSCAR, Série Folhetos. No original: "La P… Respectueuse nous a révélé des talents d'une sure valeur. Au sommet de l'interprétation je placerai Eduardo de Oliveira qui dans le rôle du nègre fut d'une touchante authenticité".

22 *Ibid*. No original: "[…] l'espirit de ce texte […] pose le problème de la politique et du social en un mot, le problème de la solitude de l'être humain au sein d'une société qui n'est plus faite pour lui".

mos as razões que o levaram às Ciências Sociais? De seu próprio punho, em texto escrito no final dos anos 1970, lemos:

> O signatário dirigiu-se às Ciências Sociais, e em particular à Sociologia, em idade já adulta, e, dentro da Sociologia, ao aspecto das relações raciais no Brasil, em vista de sua experiência de vida, de pertencer a um grupo étnico minoritário e viver no contexto de uma sociedade predominantemente branca, preso aos requisitos e regras impostas pelo grupo racial dominante.[23]

Tais palavras, embora pudessem ser lidas como indicativo de seus objetivos ao entrar na USP, não devem ser suficientes, ao menos não por ora. Elas foram escritas mais de 15 anos depois do momento aludido. Façamos o oposto: cheguemos até elas. Para tanto, resta saber como a formação uspiana foi-lhe importante no sentido da reflexão sobre as relações raciais no Brasil e para a inserção de sua experiência de vida como negro em um estilo de pensamento que tomou corpo, posteriormente, em suas intervenções intelectuais no meio negro paulistano e na própria USP, ao longo da década de 1970.

Voltemos olhos agora, portanto, para a Sociologia de Relações Raciais, que se desenvolveu na USP no período crucial dos anos 1950-60, conforme o que segue.

O Quartier Latin paulistano

São Paulo, Vila Buarque. A Maria Antonia, uma travessa da Rua da Consolação, é uma via hoje em dia razoavelmente tranquila, considerando os padrões da "terra da garoa". Como toda rua, ela possui dois lados a lhe margear. Isso não seria mais do que

---
23 OLIVEIRA, *Currículo...*, p. 3.

mero truísmo não fosse o fato de que, ainda hoje, de um lado dela está a tradicional Universidade Presbiteriana Mackenzie e, de outro, um sóbrio e silencioso prédio de arquitetura eclética, o Centro Universitário Maria Antonia da Universidade de São Paulo. Um transeunte mais ordinário que aí caminhasse talvez não o soubesse, mas o que hoje é um centro cultural já foi a Faculdade de Filosofia, Ciências e Letras da USP (FFCL). A "Maria Antonia", como era conhecida no transcurso dos anos 1950-60, produziu alguns dos mais importantes capítulos das Ciências Sociais no Brasil, e a rua que lhe nomeia foi também palco de um momento dramático da história universitária brasileira, em 1968. No dia três de outubro desse ano, estudantes da USP entraram em confronto com alunos do Mackenzie, instituição na qual se abrigavam grupos ligados ao Regime Militar, que incendiaram o prédio da FFCL, episódio que ficou conhecido como a "Batalha da Maria Antonia".

O final dos anos 1950 e início da década de 1960 foi um período de grande agitação política. As tensões decorrentes da Guerra Fria marcaram a vida brasileira. O projeto de Juscelino Kubitschek dos "50 anos em 5" havia levado não só a capital federal do Rio de Janeiro para a recém-construída Brasília (1960), mas conduzido a modernização brasileira – e as angústias do subdesenvolvimento – para o debate nacional. Com a industrialização e a urbanização, o país mudava a passos largos nessa época. Ao mesmo tempo, o desejo de uma transformação social mais efetiva começava a encontrar eco em vários setores da sociedade. Com a subida de João Goulart ao poder, em 1961, estabeleceu-se, com o fortalecimento da esquerda, todo um projeto político de cunho nacional-popular, que se espraiou para as esferas da cultura e da intelectualidade. A Maria Antonia foi um dos epicentros criativos de discussão acerca do caráter da "revolução brasileira" que se planejava construir.

Adélia Bezerra de Meneses, em seu livro *Militância cultural: a Maria Antonia nos anos 1960*,[24] procurou reconstruir a atmosfera cultural que se vivia na Maria Antonia nesse efervescente período. É tal atmosfera que nos interessa neste momento.

A USP havia sido criada em 1934, propugnando a formação de uma elite dirigente ilustrada, que conduziria a modernização nacional a partir de São Paulo. A FFCL seria um dos pontos mais importantes desse projeto; estaria sob seu encargo delinear as ideias inspiradoras dessa modernidade paulista – e brasileira. No entanto, de acordo com Antonio Candido, ela (a FFCL) acabou por tornar-se "fermento de radicalização intelectual no quadro do ensino superior de São Paulo".[25] Adélia de Menezes recorda o "espírito da Maria Antonia" quando "a universidade estava organicamente vinculada à cidade, pulsando de sua vida",[26] ainda não confinada, como o seria, a partir de 1969, aos "barracões" de um espaço então distante da área central da urbe, que era a Cidade Universitária do atual Campus Butantã da USP.

A vitalidade da FFCL nos anos 1960 ampliava-se com a presença de aparatos culturais importantes a poucas ruas ou quarteirões dali, como a Biblioteca Mário de Andrade e o Teatro da Aliança Francesa. A especial relação da FFCL com o campo cultural fazia com que ela cumprisse papel singular neste quadro urbano de efervescência e diversidade de pensamento, espécie de Quartier Latin paulistano. Como nas ruas do bairro parisiense dos eventos de Maio de 68, vicejava grande politização nas universidades do

---

24 MENEZES, Adelia Bezerra de. *Militância cultural: a Maria Antonia nos anos 1960*. São Paulo: Com-Arte, 2014, p. 19 (Coleção Memória Militante) Grifos da autora.
25 CANDIDO, Antonio. "O mundo coberto de moços". In: LOSCHIAVO, Maria C. (org.). *Maria Antonia: uma rua na contramão*. São Paulo: Nobel, 1988, p. 35-9, p. 39.
26 MENEZES, *Op. cit.*, p. 32.

Brasil, principalmente em São Paulo e no Rio de Janeiro. Adélia enfatiza que "'enfrentar o pensamento conservador', 'suscitar e desenvolver consciência política', 'opção pelo povo', 'o povo como protagonista da própria história' – [eram] ideias que permeavam o movimento estudantil da década de 60 [...]".[27]

Os ideais de mudança estavam vinculados, com efeito, a um projeto de transformação social. Impunha-se um movimento de conscientização acerca da realidade histórica e social do Brasil. Para Roberto Gambini, que estudou na FFCL entre 1963-66, o objetivo era compreender "[...] esse nosso país tão difícil de conhecer, especialmente sua dimensão sofrida e explorada, a estrutura de dominação e de organização social do nosso povo, e qual era a sua história não contada".[28] A Universidade convertia-se em uma entidade orgânica de estudo e crítica social, ao mesmo tempo em que era também encarada politicamente.

Para finalizarmos a revista desse painel histórico, vejamos o que o sociólogo Florestan Fernandes, professor da Maria Antonia, postulou, como paraninfo, aos formandos em Ciências Sociais – entre eles Eduardo – da USP em 23 de março de 1964, dias antes do Golpe. O discurso aos estudantes, intitulado "A 'Revolução Brasileira' e os Intelectuais", enfatiza o lugar dos ideais democráticos na formação dos cientistas sociais e trata do compromisso intelectual frente à "revolução burguesa" brasileira, em sua opinião um processo em marcha naquele contexto, e que seria como que "a única saída que encontramos para a modernização sociocultural".[29] Flo-

---

27 *Ibid.*, p. 27.
28 GAMBINI, Roberto. "Não foi pouco" [Posfácio]. In: MENEZES, *Op. cit.*, p. 152-166, p. 160.
29 FERNANDES, Florestan. "A 'Revolução Brasileira' e os Intelectuais". In: _____.
Sociedade de classes e subdesenvolvimento. São Paulo: Zahar, 1968, p. 185-199, p.

restan fala em modernização porque o Brasil estava frente ao que ele dizia ser um arcaísmo: a consumação dessa revolução permitiria "a superação do dilema social que nos mantém presos a uma herança sociocultural indesejável".[30]

Ainda, no mesmo ano, em dezembro, falando para formandos em Ciências Sociais da PUC-Rio, o sociólogo afirmava que em longo prazo seria "impossível impedir que o povo se [convertesse] em agente de sua própria história".[31] Essas palavras estavam carregadas dos anseios políticos da esquerda da época, que se embatia em torno da modernização, de reformas sociais e de perspectivas de democracia. Igualmente ao que vimos no livro de Adélia de Menezes, lemos nestas linhas os conceitos de "revolução social", "povo"; Florestan acresce: "herança sociocultural". A que ele acenava falando nesses termos?

Em março de 1964, este cientista social defendera sua tese de cátedra em Sociologia na USP, *A integração do negro na sociedade de classes*. O conteúdo selecionado dos discursos de formatura que Fernandes enunciou guarda estreita vinculação com essa obra e com as pesquisas que ele e outros docentes da Maria Antonia vinham desenvolvendo já há alguns anos sobre o negro, as relações raciais e o preconceito no Brasil. A escola de pensamento social que aí se desenvolveu é o objeto de estudo da próxima seção.

Uma Sociologia de Relações Raciais na USP

Neste tópico falaremos de Sociologia de Relações Raciais, a área da Ciência Social brasileira privilegiada neste trabalho. Nas

---

192 (Coleção Biblioteca de Ciências Sociais).

30 *Ibid., Loc. cit.*

31 Citado no "Apêndice" ao mesmo texto "A 'Revolução Brasileira' e os Intelectuais", p. 202.

páginas seguintes desejamos apreender, em linhas gerais, o estado da arte desse espaço do conhecimento no período em questão, em particular, as obras e linhas de pensamento em relações raciais presentes na Maria Antonia. Muito já foi escrito acerca do que se convencionou denominar de "Escola Sociológica Paulista".[32] Sendo assim, as ambições quanto à presente leitura e revisão bibliográfica não se encontram, senão, na própria lógica interna de nosso texto. Perguntamo-nos: afinal, qual a importância dessa corrente de pensamento sociológico e qual o contexto histórico de seu surgimento? Comecemos pela última parte deste questionamento.

O mundo havia sido sacudido, entre 1939-45, pela Segunda Guerra Mundial. Esse conflito teve, entre um sem-número de causas, a questão racial. Aos horrores da escravidão nas Américas e do colonialismo europeu em África e Ásia haviam-se somado o racismo de Estado nazista e o Holocausto judaico no século XX, que constituíram paroxismo histórico da modernidade ocidental. Tais eventos tiveram no racismo científico e na eugenia, rebentos do cientificismo europeus do século XIX, seus fundamentos teóricos e ideológicos.

De um mundo dilacerado por questões étnicas e de preconceito racial, surgiu a Organização das Nações Unidas para a Educação, a Ciência e a Cultura, a UNESCO, em 1945. Essa instituição, já em seu princípio, preocupou-se com o potencial destrutivo das construções políticas em torno de "raça", propugnando a busca de soluções, fossem de ordem científica ou cultural, para esse problema. O Brasil havia lutado na Segunda Guerra contra o nazismo lado a lado com os Estados Unidos, país em que nessa mesma épo-

---

32 Cf. BASTOS, Élide Rugai. "Pensamento social da Escola Sociológica Paulista". In: MICELI, Sergio (Org.). *O que ler na ciência social brasileira*. São Paulo: Sumaré/ANPOCS; Brasília/CAPES, 2002, p. 183-230.

O elefante negro 49

ca (anos 1940-50) as leis de segregação racial contra os negros ainda davam as cartas em vários estados. Ao contrário dos EUA, no entanto, o Brasil distinguia-se por ser uma *soi-disant* "democracia racial". No plano intelectual, Gilberto Freyre produzira nos anos 1930 uma interpretação da história brasileira do ponto de vista da "harmonia racial", de grande ressonância no Brasil, e mesmo internacionalmente. Confiante de que o caso brasileiro poderia servir de modelo positivo de relações raciais pacíficas, a UNESCO patrocinou estudos sociológicos para averiguar essa realidade, no que ficou conhecido como "Projeto UNESCO".

O Projeto contou, em sua concepção, com a influência de Arthur Ramos, nomeado diretor do Departamento de Ciências Sociais da UNESCO em 1949. Nesse mesmo ano, todavia, Ramos faleceria. Em meados de 1950, o antropólogo francês Alfred Métraux assumiria o Setor de Relações Raciais da UNESCO, tendo como assistente o cientista social brasileiro Ruy Galvão de Andrada Coelho. Coube a esses dois intelectuais a coordenação da empreitada. O antropólogo Marcos Chor Maio define os objetivos do Projeto como os de um amplo exame dos "aspectos que influenciariam ou não a existência de um ambiente de relações cooperativas entre raças e grupos étnicos, com o objetivo de oferecer ao mundo uma nova consciência política que primasse pela harmonia entre as raças".[33]

Assim, a expensas da UNESCO foram realizadas pesquisas em diversas regiões do país, conduzidas por alguns dos principais nomes da então nascente Ciência Social acadêmica brasileira. Os estudos feitos na Bahia, Pernambuco, São Paulo, Rio de Janeiro e Santa Catarina, entretanto, em contraste ao que conjecturava aquela organização, demonstraram, com base em ampla pesquisa,

---

33 MAIO, Marcos Chor. "O Projeto Unesco e a agenda das Ciências Sociais no Brasil dos anos 40 e 50". *RBCS*, vol. 14, nº 41, out. 1999, p. 141-58, p. 143.

que o Brasil não perfazia a imagem de uma "democracia racial". Sem entrar aqui nas especificidades de cada uma dessas obras,[34] pode-se dizer que o que veio a lume, na realidade, foi um consistente mapa dos preconceitos raciais em voga no Brasil e das estratificações sociais dentro de critérios de cor e situação econômica.

O projeto realizado em São Paulo no início da década de 1950, e que nos cabe mais diretamente, foi liderado pelo antropólogo francês Roger Bastide, professor na Maria Antonia, e por seu assistente Florestan Fernandes. O relatório da pesquisa, *Relações raciais entre brancos e negros em São Paulo*, foi publicado inicialmente pela revista Anhembi, em 1955. Além de Bastide e Fernandes, possuía contribuições dos cientistas sociais Oracy Nogueira e Virgínia Leone Bicudo e da psicóloga Aniela Ginsberg. Em 1959, esse trabalho seria modificado, excluindo-se os capítulos dos três autores (duas mulheres), ficando consagrada a edição com textos de Bastide e Fernandes.[35] No princípio dos anos 1960, portanto, essa era a primeira publicação de grande alcance do Projeto UNESCO em São Paulo.

A partir de uma perspectiva crítica e informada por uma visão teórico-metodológica rigorosa dos fatos sociais, os objetivos de *Brancos e negros em São Paulo* (1959) residiam em compreender o processo histórico-sociológico da inserção do negro na ordem social capitalista brasileira a partir da experiência da desagregação do sistema escravista e da transição para uma sociedade de classes, especialmente na cidade de São Paulo.

---

34 Cf. Idem. *A história do Projeto Unesco: estudos raciais e ciências sociais no Brasil*. Tese (doutorado em Ciência Política) - IUPERJ, Rio de Janeiro, 1997.

35 BASTIDE, Roger; FERNANDES, Florestan. *Brancos e negros em São Paulo: ensaio sociológico sobre aspectos da formação, manifestações atuais e efeitos do preconceito de cor na sociedade paulistana*. 4. ed. São Paulo: Editora Global, 2008, 1959.

Os distintos capítulos compreendem temas como o papel da escravidão na formação da ordem social e da estrutura de classes, os desafios da modernização e de como entender as mudanças sociais, as barreiras que cor/raça impunham à mobilidade socioeconômica dos negros paulistanos, as representações sociais envolvendo o preconceito de cor e os modos de reação coletiva a tal estado de coisas discriminatório, através do papel dos movimentos sociais negros de São Paulo. Os textos de Florestan Fernandes exibem enfoque mais propriamente sociológico, privilegiando a análise das estruturas sociais; a Roger Bastide interessa o exame, de matiz antropológico, das mentalidades e comportamentos sociais.

Em jogo, encontrava-se a hipótese de que ao desmonte do sistema escravista não correspondeu a consolidação da igualdade jurídica entre brancos e negros em São Paulo, permanecendo o preconceito de cor como resíduo da antiga ordem escravocrata a atuar funcionalmente para regular as relações raciais nesse novo sistema social no pós-abolição. Nessa direção, Bastide procede a uma investigação acerca do comportamento de brancos e negros sobre o preconceito racial, que, na nova ordem social se torna "um instrumento na luta econômica, a fim de permitir a dominação mais eficaz de um grupo sobre o outro".[36]

Florestan considera que a Abolição solapou o negro sua função econômica, colocando-o em desvantagem ante os novos ajustamentos sociais de uma sociedade capitalista. Chega-se à conclusão de que foi a cor, no período escravista associada à condição servil, que se manteve como condição de inferiorização social dos negros na ordem competitiva. Apesar disso, ele lembra que "seria o caso de perguntar se não se transmitiram também tendências que

---

36 *Ibid.*, p. 173.

podem operar, nas circunstâncias presentes, como fatores de desagregação do atual sistema de relações sociais"[37] – leia-se o processo de modernização. O último capítulo aborda os movimentos sociais negros. Em "As lutas contra o preconceito racial", Florestan compreende movimentos como a Frente Negra Brasileira (FNB), entidade dos anos 1930, como produto de necessidades sociais específicas, como a luta contra o preconceito, visando a "libertar os negros de uma herança social incômoda e aniquiladora".[38] Sem embargo, neles reprova a relativa ausência de um senso mais prático de sua existência política. A Bastide também não escapa um olhar crítico, quando, ao dizer dos líderes negros paulistanos, chama atenção para o que ele caracteriza como a "ausência de uma ideologia coerente, a multiplicidade dos pontos de vista, multiplicidade que manifesta a não existência de um sentimento racial comum [...]"[39] – ausência devida à estrutura de dominação racial posta nas relações raciais na ordem social do pós-abolição.

Um aspecto decisivo do Projeto UNESCO em São Paulo é o fato de que ele foi realizado em parceira com pesquisadores negros, que refletiram sobre a situação dos "homens de cor" na cidade. Ao longo de 1951, realizaram-se seminários congregando, na Maria Antonia, sociólogos brancos e intelectuais negros.[40] Entre eles, estavam Raul Joviano Amaral, Francisco Lucrécio e José Correia Leite, da FNB. Talvez fosse a primeira vez que negros *entravam* na USP pela porta da frente. Uma dessas pessoas era Jorge Prado

---

37 Ibid., p. 150.
38 BASTIDE; FERNANDES, Op. cit., 2008, p. 236.
39 Ibid., p. 196.
40 Cf. CAMPOS, Antonia Junqueira Malta. *Interfaces entre sociologia e processo social.* Dissertação (mestrado em Sociologia) - UNICAMP, Campinas, 2014.

Teixeira, "preto retinto",⁴¹ que teria sido o primeiro autoidentificado negro a ingressar na FFCL como aluno do curso de Ciências Sociais, ainda nos anos 1950.

Com a impulsão do projeto UNESCO, portanto, a questão racial dará o tom de parte importante das pesquisas dos sociólogos da Maria Antonia a partir dessa época. Na realidade, em São Paulo, a poucas quadras da FFCL, a Escola Livre de Sociologia e Política (ELSP), criada em 1934, havia abrigado a produção de alguns dos mais significativos trabalhos de pesquisa em relações raciais no Brasil. O sociólogo norte-americano Donald Pierson tinha trazido para a ELSP, desde 1939, a influência da Escola de Chicago e dos "estudos de comunidade". O autor de *Brancos e pretos na Bahia* (1942) foi o orientador da primeira dissertação em Ciências Sociais no Brasil sobre preconceito racial, *Estudo de atitudes raciais de pretos e mulatos em São Paulo* (1945), de autoria da já citada Virgínia Bicudo.⁴²

Oracy, que assim como Florestan, fizera seu mestrado na ELSP, também fizera parte da equipe do Projeto UNESCO, de forma independente. No relatório Anhembi da pesquisa de 1955 havia sido publicado resultado parcial de seu estudo em relações raciais em Itapetininga (SP); em agosto do mesmo ano, ele apresentaria, em um congresso em São Paulo, o artigo *Preconceito racial de marca e preconceito racial de origem*, no qual elaborava conceitos para pensar as especificidades da situação racial do Brasil e dos Estados Unidos a partir do preconceito. A centralidade do preconceito, entendido desde perspectivas de psicologia social e educação, estava presente, além dos estudos de Bicudo, no trabalho de Aniela Gins-

---

41 Entrevista com Antonio Candido, 22 maio 2015.
42 Cf. BICUDO, Virgínia Leone. *Atitudes raciais de pretos e mulatos em São Paulo*. Edição organizada por Marcos Chor Maio. São Paulo: Ed. da ELSP, 2010. Sobre a trajetória de Virgínia, cf. GOMES, *Op. cit.*

berg no mesmo relatório Anhembi.⁴³ Tomando-se o caso paulista, esses autores convergiam em considerar o preconceito como ideia--chave para o entendimento da sociedade.

As pesquisas sobre o negro e o preconceito racial na USP não se restringiram apenas a esses estudos. Outros dois assistentes de Florestan, Fernando Henrique Cardoso e Octavio Ianni, também se dedicaram ao tema, estudando aspectos da questão racial na região Sul do Brasil. Em seus mestrados, os dois fizeram pesquisa em Santa Catarina, reunidas no livro *Cor e mobilidade social em Florianópolis* (1960). Defendia-se que no contexto histórico da capital catarinense não houve a construção de condições de inserção social dos negros no pós-abolição e nem aconteceu qualquer integração racial "democrática". A tese em Sociologia de Cardoso, *Capitalismo e Escravidão no Brasil Meridional: o negro na sociedade escravocrata no Rio Grande do Sul* (1962), procurou, por sua vez, confrontar o mito de que as relações raciais no Rio Grande do Sul escravista eram mais "suaves" do que em outras regiões – não eram; o doutorado também em Sociologia de Ianni, *As metamorfoses do escravo* (1962), abordou, com forte influência marxista, aspectos histórico-sociológicos da situação racial no Paraná, analisando o processo de transição do "escravo" em "negro" e a construção das assimetrias entre brancos e negros em meados do século XX.

Esse conjunto de obras constitui, ao longo dos anos 1950 e início da década de 1960, a Escola Sociológica Paulista, isto é, as pesquisas realizadas sob a supervisão de Florestan Fernandes com amparo temático em relações raciais na cadeira de Sociologia I. De origem proletária, Florestan teve notável trajetória na sociolo-

---

43 Sobre essa autora, cf. CUNHA, Renata R. Tsuji; SANTOS, Alessandro. "Aniela Meyer Ginsberg e os estudos de raça/etnia e intercultura no Brasil". *Psicologia USP*, São Paulo, vol. 25, nº 3, 2014, p. 317-29.

gia paulista e na vida universitária e intelectual brasileiras. Tendo já galgado todas as posições na estrutura docente da FFCL, em 1954, com o retorno de Bastide à França, tornou-se catedrático da disciplina de Sociologia I, na qual construiu sólida tradição de pensamento sociológico no Brasil.

O Projeto UNESCO, todavia, atinge um estágio decisivo com *A integração do negro na sociedade de classes*, tese apresentada por Florestan para o concurso de livre-docente em março de 1964, na Maria Antonia. Essa obra coroa o Projeto UNESCO no Brasil e estabelece o que passaria a ser conhecido, a partir daí, como o "mito da democracia racial" brasileira. Não há novidade empírica relativamente à pesquisa de *Brancos e negros em São Paulo*. Entretanto, de um ponto de vista analítico e mesmo político, a tese vai além. Na "Nota explicativa" ao livro, escrita em 10 de abril de 1964, lemos:

> Em sentido literal, a análise desenvolvida é um estudo de como o Povo emerge na história. Trata-se de assunto inexplorado ou mal explorado pelos cientistas sociais brasileiros. E nos aventuramos a ele, por intermédio do negro e do mulato, porque foi esse contingente da população nacional que teve o pior ponto de partida para a integração ao regime social que se formou ao longo da desagregação da ordem social escravocrata e senhorial e do desenvolvimento posterior do capitalismo no Brasil.[44]

Vimos anteriormente como as ideias de "povo" e "agente histórico" perfaziam a gramática política, cultural e acadêmica do Brasil nos anos 1960. Nesse contexto discursivo entende-se melhor sua afirmação em estudar, através do negro e do mulato em

---

44 FERNANDES, Florestan. *A integração do negro na sociedade de classes: o legado da "raça branca"*. Prefácio de Antonio S. Alfredo Guimarães. 5. ed. São Paulo: Globo, 2008, vol. 1, p. 21.

São Paulo, o movimento do povo na história. A partir de autores como Émile Durkheim, Max Weber, Karl Mannheim e Karl Marx, o livro analisa o processo de marginalização social do negro paulistano na transição do sistema escravista para a sociedade de classes do pós-abolição.

Em face de visões idílicas da escravidão e da suposta benevolência das relações raciais brasileiras, imagens correntes na década de 1960, quando a "democracia racial" era ainda um tipo de *consenso*, Florestan diz que a entrada dos negros na ordem capitalista deu-se como um fenômeno "heterogêneo, descontínuo e unilateral, engendrando um dos problemas sociais mais graves para a continuidade do desenvolvimento da ordem social competitiva na sociedade brasileira".[45] O desajustamento estrutural dos negros nessa ordem social seria um obstáculo não apenas para as relações raciais, mas para a própria democracia brasileira.

O primeiro volume, "O legado da 'raça branca'", cobre o período de 1880 a 1930. Relatam-se nessa parte as iniquidades de uma abolição incompleta, o impacto para os negros da competição no mundo do trabalho com os imigrantes europeus e as dificuldades de inserção igualitária em uma sociedade em processo de industrialização e urbanização. O negro "era uma figura deslocada e aberrante no cenário tumultuoso, que se forjava graças à febre do café", figura sujeita à influência anômica das "deformações introduzidas em suas pessoas pela escravidão",[46] o que lhe tolheu condições de inserção econômica e equilíbrio social.

Florestan compreende a anomia social do negro como uma herança negativa da escravidão. Ele, todavia, considera que a he-

---

45   Ibid., p. 22.
46   Ibid., p. 34 e 35, respectivamente.

rança em si não explicava os desajustamentos estruturais dos afro--brasileiros, que deviam ser entendidos pelas "condições sociais engendradas e mantidas pelo processo de pauperização", as quais "forneceram campo propício à persistência e à influência sociopáticas daquela herança cultural".[47]

Constituiu-se na transição histórica do escravismo para a sociedade de classe, através da negligência da casta dominante relativamente aos negros e de sua pouca benevolência para com manifestações de protesto contra essa situação, uma "ideologia racial brasileira", que perpetuou os antigos padrões de ajustamentos raciais na estrutura social e na esfera do comportamento. Receando-se tensões raciais, foi negada a integração dessa população na democratização de direitos sociais. Tal orientação do processo histórico engendrou o mito da "democracia racial brasileira", expressão de uma "*consciência falsa* da realidade racial"[48] que, ao pressupor a igualdade entre brancos e negros no plano jurídico e também social, enevoou o olhar da elite dominante para com a "população de cor".

A tese de Florestan da democracia racial como mito referenda, assim, sua leitura do passado escravista como resíduo societário deixado na passagem histórica para a sociedade de classes em São Paulo. A filosofia "racial democrática" preencheu ainda certas funções sociais, entre elas aquela que apregoava que, não tendo o negro um genuíno problema coletivo, não lhe seria de bom tom envolver-se com movimentos negros, pois se identificava como socialmente indesejável a "discussão franca da situação da 'população de cor' e como 'perigosa' a participação em movimentos so-

---

47   Ibid., p. 272.
48   Ibid., p. 311. Grifos no original.

ciais destinados a minorá-la".⁴⁹ Neutralizavam-se as possibilidades de atuação política dos negros, mantendo-os em inércia social.

O segundo volume da obra, "No limiar de uma nova era", começa com uma discussão sobre "Os movimentos sociais no 'meio negro'", especialmente a FNB e os jornais da imprensa negra da primeira metade do século XX, como o *Clarim da Alvorada* e *A voz da raça*. Era um aprofundamento do que havia sido dito em *Brancos e negros em São Paulo*.

Fernandes considera a gênese do "protesto negro" como um desejo por uma *Segunda Abolição*. A ação desses movimentos orientava-se pela constatação de que o preconceito de cor era fator da desigualdade racial. Movimentos como a FNB (1931-37), em sua avaliação, todavia, tinham caráter assimilacionista e de ajustamento à sociedade de classes, definindo-se politicamente através da ideologia racial dominante. O ideário desse "protesto negro" não formaria uma ideologia autônoma, mas uma "contra-ideologia do desmascaramento racial",⁵⁰ que não visava, por assim dizer, a uma transformação radical das relações raciais – antes, a uma integração no seio da ordem social competitiva.

O malogro desse protesto racial, ainda nos anos 1930, em São Paulo, deveu-se, na opinião de Florestan, à oposição e principalmente à indiferença da parcela dominante da sociedade, que não estava disposta a discutir a mudança da estrutura de poder. Ainda que essa experiência tenha contribuído para questionar a ideologia racial brasileira, era-lhe difícil, no entanto, dotar a estrutura das relações raciais de tendências democratizantes.

---

49 *Ibid.*, p. 320.
50 *Ibid.*, p. 102.

O elefante negro 59

A análise sociológica de *A integração do negro* se direciona, em seu termo, para o que o autor considera o "dilema racial brasileiro". O dilema consistiria em um fenômeno estrutural derivado da dissociação existente entre as normas típicas de uma sociedade de classes com a realidade brasileira de relações raciais assimétricas. Tal situação condenava o Brasil a um desenvolvimento incompleto enquanto sociedade nacional. Para uma efetiva integração do negro, Florestan destaca a importância da ação coletiva dos "homens de cor", clamando por saídas de ordem prática para a solução do dilema racial brasileiro.

Agora se entende melhor a fala de Fernandes no discurso de formatura da turma de Eduardo na FFCL, em 1964, sobre a "superação do dilema social que nos mantém presos a uma herança sociocultural indesejável". É certo que ele almejava, com o estudo do negro, lançar um olhar mais abrangente para a sociedade brasileira e as questões políticas daquele tempo. Foram injunções políticas, aliás, que o retiraram da USP: ele foi "aposentado compulsoriamente", em 1969, pelo Regime Militar – ao que se seguiria o exílio. Apenas um professor do novo Departamento de Ciências Sociais da USP, já no Butantã, dedicar-se-ia, daí em diante, ao estudo do negro: o antropólogo João Baptista Borges Pereira, que se tornaria, em 1974, orientador do mestrado de Eduardo, até então orientado por Ruy Coelho.

Ruy, por sinal, fora forçado a abandonar em 1974 a orientação, pois tinha sido preso e interrogado pela Ditadura Militar em São Paulo, o que o levaria, em 1975, ao exílio. É fato menos conhecido que ele, regente da cadeira de Sociologia II entre 1964-69 – ao passo que Florestan o foi da Sociologia I entre 1954-69 –, também pesquisou sobre o negro.

Vimos que Coelho colaborou junto com Alfred Métraux na concepção do Projeto UNESCO em Paris, nos anos 1950. Mas não só: sua pesquisa de doutorado em antropologia na Northwestern University, Illinois (EUA), *The Black Carib of Honduras* (1954), que tinha o americano Melville Herskovits como orientador, analisou a vida cultural, social e psíquica de populações negras do litoral de Honduras. De caráter culturalista, a pesquisa estava voltada "principalmente para a cultura dos caraíbas negros, encarada enquanto respostas coletivas estruturadas para fazer face ao desafio das circunstâncias históricas". Embora ele diga que "os aspectos psicológicos da vida dos caraíbas negros estão apenas esboçados",[51] o trabalho utilizava testes projetivos da área da Psicologia para aferir elementos da subjetividade dos indivíduos pesquisados, como o Teste de Rorschach, técnica utilizada também por Eduardo em seu mestrado, como veremos mais à frente, no terceiro capítulo.

Cumpre notar que, embora Ruy também tenha se interessado pelo negro, seja na UNESCO ou em seu doutorado, sua identificação historiográfica posterior não registra tal movimento. A socióloga Carolina Pulici diz que o fato de que o negro foi para Ruy também objeto de estudo "apontaria para divergências que não se restringem às escolhas temáticas, mas especialmente as diferentes abordagens dos mesmos temas".[52]

O trabalho de Pulici, *Entre Sociólogos*, realiza uma leitura dessas divergências, baseada nas diferentes concepções da "condição de sociólogo", que circulavam na USP entre 1950-60. À cadeira de Sociologia I, regida por Florestan, ligava-se uma Sociologia das mudanças sociais, científica, monográfica, pragmática; aí figuravam nomes como os de Fernando Henrique Cardoso, Octavio Ianni, José

---

51 COELHO, Ruy de A. Galvão. *Os caraíbas negros de Honduras*. São Paulo: Perspectiva, 2002, p. 26 para todas as citações do parágrafo.

52 PULICCI, Carolina. *Entre Sociólogos: versões conflitivas da "condição de sociólogo" na USP dos anos 1950-1960*. São Paulo: EDUSP, 2008, p. 51.

de Souza Martins, Francisco Weffort e Maria Sylvia de Carvalho Franco. À cadeira de Sociologia II, entronada no mesmo período por Fernando de Azevedo e depois Ruy Coelho (até 1969), afluíam perspectivas mais afeitas a uma Sociologia da cultura, da arte, da literatura, humanista e ensaísta; entre os membros dessa vertente estavam, além de Ruy, Antonio Candido, Gilda de Mello e Souza, Lourival Gomes Machado e Décio de Almeida Prado. Eduardo dialogará intelectual e pessoalmente com os dois grupos, tal como teremos oportunidade de conferir adiante.

A próxima e última seção do capítulo analisa questões de ordem racial e de identidade na USP, mas observadas e vivenciadas no cotidiano da Faculdade de Filosofia da Maria Antonia de outra perspectiva: a da diferenciação social, em termos de marcadores de classe, gênero e raça entre os alunos do curso de Ciências Sociais nos anos 1950-60.

Alunos negros na Maria Antonia

Na seção anterior vimos que toda uma escola de pensamento sociológico sobre o negro – e de confrontação ao mito da "democracia racial" brasileira –, portanto, estava em plena efervescência em São Paulo no exato momento em que Eduardo era aluno do curso de Ciências Sociais da USP, na primeira metade da década de 1960. Sua expressão histórica mais conhecida, evidenciada e lembrada, está nos livros, mas não só.

Para além das obras, das sistematizações de pensamento e dos discursos formais, queremos apreender a atmosfera social na qual estavam imersos nossos personagens – sobretudo Eduardo – de um ponto de vista mais compreensivo. Parece-nos instigante imaginar as problemáticas da diferença social, especialmente de raça, perscrutando o cotidiano do próprio curso de Ciências Sociais e da

FFCL da USP nestes anos 1960. Se ali estavam sendo produzidos alguns dos mais notórios trabalhos da Escola Sociológica Paulista, é de se supor que temas de seu domínio, como diferenciação social, discriminação, preconceito, entre outros, fossem objeto de interesse intelectual para além das salas de aula.

Para explorar esse questionamento, devemos falar sobre a interseccionalidade. A teoria interseccional, oriunda do feminismo negro norte-americano, é uma forma de conceber a dinâmica das diferenças, desigualdades e sistemas de dominação a partir das intersecções possíveis e mutuamente constitutivas entre marcadores sociais de identidade como raça, gênero, classe, sexualidade, entre outras categorias.[53] No Brasil, a teoria interseccional tem sido pautada – especialmente desde os anos 1980 – pelos movimentos de mulheres negras, e teve nos trabalhos da intelectual negra Lélia González uma importante precursora.

A bibliografia referente à interseccionalidade e às questões da diferença, no quadro histórico da USP entre 1950-60, é rarefeita. Os materiais referentes ao tema, além disso, dedicam-se aos docentes. Assim é *Entre Sociólogos*, de Carolina Pulici, que analisa trajetórias de professores das Sociologias I e II. Contrapõem-se as origens sociais – principalmente de classe – dos próceres das cadeiras: de um lado, Florestan e seu passado humilde, e a sociologia daí correspondente; de outro, Ruy, ou Antonio Candido, filhos de certa classe média em ascensão, e as afinidades da condição de classe e seu pensamento social.

De modo similar, *Destinos Mistos: Os Críticos do Grupo Clima em São Paulo (1940-1968)*,[54] da historiadora Heloísa Pontes,

---

53 Cf. AKOTIRENE, Carla. *O que é interseccionalidade?* Belo Horizonte: Letramento/Justificando, 2018. Coleção Feminismos Plurais.

54 PONTES, Heloísa. *Destinos Mistos: os críticos do Grupo Clima em São Paulo (1940-1968)*. São Paulo: Companhia das Letras, 1998.

abordou a história dos estudantes que editaram a revista *Clima* na década de 1940, entre eles Ruy Coelho, Antonio Candido, Gilda de Mello e Souza, Décio de Almeida Prado, Lourival Gomes Machado e Paulo Emilio Salles Gomes. São analisadas as afinidades intelectuais e culturais do grupo, bem como suas situações de classe. Como parte deles tornou-se docente na USP, como Ruy, Gilda e Antonio Cândido, Pontes considerou suas trajetórias também em contraponto à de Florestan, que trilhou caminho social distinto, indo da pobreza na infância até chegar à cátedra de Sociologia I.

Aliás, uma contramaneira de falar de classe na FFCL talvez possa ser encontrada na trajetória de Florestan, bem como na leitura histórica e historiográfica do assunto. Tornou-se lugar-comum falar dele a partir da afirmação de sua condição proletária. Maria Arminda Arruda, cotejando aspectos de suas concepções pertinentes à Sociologia e dos compromissos intelectuais e políticos que ele cultivava, considera que sua experiência biográfica foi "[...] parte integrante da sua trajetória como sociólogo, alojando-se na raiz dos seus investimentos pessoais".[55] A dificuldade em se alcançar a USP é um indicativo inequívoco de uma instituição restrita de um ponto de vista de classe. Embora a Maria Antonia e a USP fossem ambientes por excelência de classe média, algumas chances se abriam para os "de baixo". José de Souza Martins, ele também de origem proletária, considerou que a Maria Antonia "quebrava linhas de separação social arraigada na sociedade paulistana. Ela abria democraticamente o acesso à universidade a populações que, sem a escola pública, teriam ficado fora dela, como era o caso de Florestan, de Luiz [Pereira] e o meu próprio".[56]

---

55 ARRUDA, *Op. cit.*, p. 314.
56 MARTINS, *Op. cit.*, p. 234-5.

Todavia, Arruda lembra que o convite de Fernando de Azevedo a Florestan para tornar-se professor, em 1944, "era sintomático das concepções grassadas no ambiente da Faculdade de Filosofia, caraterizado por uma mescla de traços elitistas em convívio com ideias liberais e democráticas de valorização do talento".[57] A considerar a opinião da autora sobre a convivência de diferentes ideais políticos e de classe na Maria Antonia, vemos como a realidade cinza da história comportava também a iniquidade. Segundo a visão de Martins:

> A sensibilidade ao menosprezo era disseminada entre estudantes e professores de minha geração. Octavio Ianni, de quem fui muito próximo, durante muito tempo, várias vezes se referiu à sua indignação ao tratamento de "italianinho" que recebera na infância, em Itu, sua cidade natal e cidade de brasileiros de velha cepa, uma designação que em vários lugares procurava colocar os filhos do imigrante italiano "em seu lugar". [...] Essa sensibilidade antropológica às questões da diferença social, marcante em Luiz Pereira, em Florestan Fernandes, em Octavio Ianni e em mim mesmo, tem sido própria de pessoas e grupos sociais que experimentaram ascensão social e transição entre posições sociais muito contrastadas.[58]

O tema geral do preconceito, por certo, manifestava-se não somente nas obras que esses sociólogos produziram, mas de alguma maneira nas suas próprias experiências de vida, o que parece ter informado suas perspectivas intelectuais – a exemplo de Fernandes, Ianni, que se dedicaram às relações raciais e ao estudo de outras questões sociais, além de terem ulteriormente também

---

57 ARRUDA, *Op. cit.*, p. 314.
58 MARTINS, *Op. cit.*, p. 239.

apoiado o Movimento Negro. Não seria talvez espanto notar que entre os alunos de Ciências Sociais se entrechocassem diferentes noções de lugar social: havia "os que compartilhavam o que sabiam e os que escondiam o próprio saber, olhando com desprezo e em silêncio os circunstantes, principalmente os que, na relativa pobreza de seus argumentos, mostravam que vinham dos cantos escuros e desvalidos da sociedade".[59]

A filósofa Marilena Chauí, na mesma direção, fala das contradições da Maria Antonia: "laica, livre-pensadora, racista, machista, mesquinha e fecunda, ciosa de sua autonomia e liberdade, conflituosa, distribuidora de privilégios contestáveis e, no entanto, [...] também capaz de reconhecimento pelas obras que fazia nascer [...]".[60] Essas são as únicas palavras encontradas que colocam tais questões em termos tão explícitos. Deixemos o tema do racismo para daqui a pouco, e nos prendamos à problemática de gênero.

A tese em Sociologia de Maria Helena Bueno Trigo, *Espaços e tempos vividos* (1997),[61] é dos primeiros esforços a contemplar as sociabilidades e relações de gênero na Maria Antonia. O livro de Pontes, *Destinos mistos* (1998), também analisou o assunto, salientando a posição das mulheres na revista *Clima*, especialmente Gilda de Mello e Souza. Esta última foi uma das docentes da FFCL que emprestou suas reflexões referentes à mulher para a coletânea *Mulheres na USP: horizontes que se abrem* (2004).[62] Nessa obra, são narrados

---

59 Ibid., p. 216.
60 CHAUÍ, Marilena. "Um lugar chamado Maria Antonia". *Maria Antonia: uma rua...*, p. 240-5, p. 244.
61 TRIGO, Maria H. Bueno. *Espaços e tempos vividos: estudos sobre os códigos de sociabilidade e relações de gênero na Faculdade de Filosofia da USP (1934-1970)*. Tese (doutorado em Sociologia) - FFLCH-USP, 1997.
62 BLAY, Eva Alterman; LANG, Alice B. da Silva Gordo (org.). *Mulheres na USP: horizontes que se abrem*. São Paulo: Associação Editorial Humanitas, 2004.

aspectos das trajetórias de professoras da Faculdade, que falam do preconceito, da discriminação e dos desafios enfrentados em uma instituição que lhes era hostil, por ser, sobretudo, machista. Conquanto tenha havido, pela estrutura de ingresso à USP, expressiva entrada de mulheres na Maria Antonia – e mesmo no corpo docente – desde sua fundação, incluindo o curso de Ciências Sociais, muitas barreiras se interpuseram em seus caminhos.

Finalmente, o doutorado em Sociologia de Claudinei Spirandelli, *Trajetórias intelectuais: professoras do curso de Ciências Sociais da FFCL-USP (1934-1969)* (2011), realizou uma apreciação do percurso pessoal e acadêmico de professoras das duas primeiras gerações de cientistas sociais da USP. Spirandelli perpassa várias biografias e trajetórias intelectuais, identificando nas relações de gênero um importante marcador social na esfera das disputas e embates acadêmicos e profissionais na FFCL.

Um trecho do livro é particularmente interessante para entendermos como a questão de gênero era vista na Maria Antonia em meados dos anos 1960. Eva Blay introduziu, em 1965, uma disciplina sobre a mulher no curso de Ciências Sociais da USP. Mas "seus cursos sobre a condição feminina eram contrariados, ridicularizados, esvaziados, não frequentados", sendo taxados de "'pouco sérios', 'diletantes', 'pequeno burgueses', 'menores', sugerindo que eles dividiriam os movimentos reivindicatórios ou o "proletariado".[63]

Eva Blay deparou-se com o machismo e o sexismo. Spirandelli indica a limitada compreensão, por parte de correntes mais ortodoxas e rasas do marxismo universitário na época, da problemática de gênero – mas também de raça ou sexualidade, cotejadas na sequência deste capítulo. Via-se na luta de classes um abrigo

---

63 SPIRANDELLI, Claudinei Carlos. *Trajetórias intelectuais: professoras do curso de ciências sociais da FFCL-USP (1934-1969).* São Paulo: Humanitas, 2011, p. 165.

conceitual em que haveriam de permanecer outros personagens do social, fossem as mulheres, os negros, os gays.

Por falar nisso, acerca dos homossexuais na Maria Antonia não há quase nenhuma notícia ou estudo. Quase. Em 1960, José Fábio Barbosa da Silva, sociólogo, gay, defendeu *O homossexualismo em São Paulo: um estudo de um grupo minoritário*, monografia apresentada a um curso de especialização em Ciências Sociais da FFCL, publicada apenas em 2004.[64] Trata-se de uma pesquisa de caráter etnográfico sobre homossexualidade masculina na cidade de São Paulo nos anos 1950, com fundamentação sociológica – e não médica, ou patológica, como era usual até aquele momento nas Ciências Sociais no Brasil. O orientador era Florestan Fernandes, e da banca de avaliação participaram FHC e Octavio Ianni. A questão homossexual era na FFCL cercada de interditos: "Florestan e Fábio nunca conversaram sobre a homossexualidade do pesquisador. Era um subtexto inaudível".[65] José Fábio disse posteriormente que seu orientador tinha uma teoria de que os grupos marginais, como os negros e homossexuais no Brasil, tendiam a estabelecer relações entre si, tornando-se "contra-estruturais à estrutura rígida de uma sociedade como a brasileira, e ele [Florestan] queria saber como essas pessoas entraram nesta contra-estrutura e que tipo de liberdade

---

64 A história dessa obra é interessante. Depois de 1960, a monografia dormitou por 44 anos, até ser redescoberta e finalmente publicada pela editora da UNESP, em 2004. Isso só foi possível graças ao empenho do historiador norte-americano James Green, que, através de uma obstinada pesquisa, conseguiu localizar Barbosa da Silva nos EUA, para onde teria se mudado ainda nos anos 1960, aí se radicando.

65 GREEN, James N.; TRINDADE, Ronaldo. "São Paulo anos 50: a vida acadêmica e os amores masculinos" [Apresentação]. In: _____. (org.). *Homossexualismo em São Paulo e outros escritos*. São Paulo: Editora da UNESP, 2005, p. 25-38, p. 27. A monografia de Barbosa consta neste livro entre as páginas 38-214.

possibilitou isso".[66] Há pouco vimos que Florestan encarava o ideário da FNB como uma "contraideologia" de desmascaramento racial, reação à dominação ideológica e social.

A intuição pregressa de Florestan é instigante, mas ele talvez estivesse menos interessado nas problemáticas de negros e homossexuais em si do que nas conexões políticas entre esses grupos. Independentemente disso, é auspicioso lembrar que, no tempo em que Barbosa da Silva fazia seus estudos sobre homossexualidade em São Paulo, na passagem dos anos 1950 para a década de 1960, seu orientador estava às voltas, como sabemos, com o tema do negro nessa mesma cidade, pensando os dilemas da modernização brasileira.

Falamos até aqui de classe, de gênero, homossexualidade, trazendo, de forma breve e sumária, alguns dos marcadores sociais mais importantes envolvendo docentes e alunos da FFCL. Mas e a questão racial? Como era vista para além das discussões teóricas e dos livros de Florestan, Bastide, FHC, Ianni, entre outros, acerca de relações raciais? E, o que é mais importante, onde estavam os alunos negros na Maria Antonia? Ou não estavam?

Para tal, vamos então, antes de tudo, ao que a historiografia escreveu sobre o tópico, nesse período da FFCL. Mas qual? Nossa pesquisa não encontrou nenhum trabalho que se dedicasse por mais de um parágrafo ou nota de rodapé aos alunos negros na Maria Antonia, ou na USP, de sua fundação em 1934 até a destruição da Faculdade, em 1968. Será que a falta de referências mínimas do assunto não é um indicativo, simplesmente, do fato que não houve discentes negros naquela que foi a Faculdade que produziu nada menos que a obra sociológica de um Florestan Fernandes em relações raciais? A resposta é sim e não.

---

66 Entrevista de Barbosa da Silva (2003) citada em: *Ibid., Loc. cit.*

O elefante negro 69

Na realidade existem alguns trabalhos, mas eles abordam trajetórias de professores negros da USP. São duas teses em Educação, escritas – por autoras negras – na própria USP. Trata-se de *O Romper do Silêncio: história e memória na trajetória escolar e profissional dos docentes afrodescendentes das Universidades Públicas do Estado de São Paulo* (2001), de Maria Ribeiro, e *Cores da tradição: uma história do debate racial na Universidade de São Paulo (USP) e a configuração racial do seu corpo docente* (2015), de Viviane Angélica Silva. Essas teses são obras compreensivas e importantes, mas, pela sua natureza, não falam dos alunos negros na USP dos anos 1950-60, na qual se gestou a Escola Sociológica Paulista.

Assim sendo, resta ir aos fragmentos históricos.

Os primeiros foram encontrados casualmente. A USP, no prédio do que hoje é a Faculdade de Filosofia, Letras e Ciências Humanas (FFLCH), no Campus Butantã, abriga o Centro de Apoio à Pesquisa "Sérgio Buarque de Holanda" (CAPH-USP). Em um dia de fevereiro de 2016, fomos a esta instituição procurar um manual didático de história dos anos 1940, escrito por Rozendo Sampaio Garcia, um professor negro do curso de História da USP. No corredor da sala de consulta encontra-se disposta meia dúzia de grandes, solenes e emadeirados quadros de formatura da Maria Antonia dos anos 1940-60. Eis que aparecem, na multidão dos rostos, alguns negros, entre eles o professor Rozendo. Os formandos:

Figura 1 – **Alunos negros da FFCL**
Fonte: Acervo do CAPH-USP.

De aproximadamente duas centenas de rostos, não escolhemos senão três, acerca dos quais não ficaram dúvidas quanto ao fato de *serem* negros ou afro-brasileiros.[67] O grifo justifica-se pela impossibilidade de saber como eles se autoidentificavam racialmente.

---

67 Essas e outras fotografias foram mostradas para três pessoas negras brasileiras do meu círculo de relações, cujas opiniões, somadas às minhas, resultaram na escolha das imagens aqui apresentadas.

Célia L. de Souza formou-se em Letras em 1947; Teda Ferreira graduou-se em Filosofia em 1960; João Joaquim Bento concluiu o curso de Geografia em 1960. Com exceção de Teda,[68] sobre esses sujeitos não há praticamente nenhuma informação. Apenas as fotografias. Por fim, lá estava o professor Rozendo Sampaio Garcia:

Figura 2 – Rozendo Sampaio Garcia (circa 1947)
Fonte: Acervo do CAPH-USP.

Rozendo foi autor de livros didáticos, escritos entre 1930-40, e de *Contribuição ao estudo do aprovisionamento de escravos negros na América espanhola* (1962), artigo conhecido na área de Histó-

---

68 Conversamos com Teda. Ela informou que foi sempre a única negra nos cursos da Maria Antonia e que não se envolveu em atividades políticas nesse período. Todavia, participou, ao lado de seu companheiro, o militante negro José Pellegrini, da Associação Cultural do Negro nos anos 1960 e da fundação do Grupo de Trabalho de Profissionais Liberais e Universitários Negros no início dos anos 1970. Falaremos sobre esses grupos no capítulo seguinte. Em suas palavras, seu marido "era parceiro do queridíssimo José Correia Leite" e o casal mantinha "encontros frequentes com Abdias Nascimentos, Sebastião Rodrigues Alves, Eronides, Henrique Cunha, Israel de Castro e muitos ícones dos anos 60". Entrevista com Teda Pellegrini, 15 nov. 2016, pelo Whatsapp.

ria da Escravidão nas Américas. Essa é o único dado que sugere alguma identificação dele, como afro-brasileiro, a uma questão de história negra.

O arquivo do CAPH-USP guarda uma pasta "Rozendo Sampaio Garcia", que possui, todavia, poucos documentos. Ela guarda papéis burocráticos de uma viagem ao Arquivo Nacional do Paraguai, em 1956, e nada mais. Mas a revista do Grêmio da FFCL traz uma informação importante: entre os licenciados do ano de 1937 da Faculdade está o nome de Rozendo.[69] Isso faz dele talvez o primeiro aluno negro da história da Faculdade, talvez da USP. Em 1938, um ano após a formatura, seu nome aparece, nesse mesmo periódico (na orelha frontal da edição de abril, n° 6), como assistente da disciplina de "Etnografia brasileira e língua tupi-guarani". No quadro de formatura de 1947, ele já era professor do curso de História, no qual permaneceria, ao que parece, até os anos 1970.

A falta de fontes dificulta o conhecimento das histórias de Rozendo e dos alunos negros. O critério que utilizamos é delicado, pois outras dezenas de quadros de formatura da FFCL poderiam revelar outros alunos negros – ou não.[70] Contudo, é estranho que, ao menos a propósito de Sampaio Garcia, um aluno da primeira turma da FFCL e depois professor do curso de História da USP, não haja qualquer coisa escrita que o tome como aluno ou "docente negro".

---

69 Cf. *Filosofia, Ciências e Letras*: Órgão do Grêmio da Faculdade de Filosofia, Ciências e Letras da Universidade de São Paulo. São Paulo, Ano I, n° 4, fev. 1937, p. 85.

70 Fomos informados pela socióloga Flávia Rios da existência de outra aluna negra da Maria Antonia: Helenira Resende. Ela estudou no curso de Letras na década de 1960 e cedo envolveu-se em atividades estudantis e políticas. Foi vice-presidente da UNE e militou no PC do B na década de 1960, engajando-se posteriormente na luta armada na Guerrilha do Araguaia, onde seria morta pelo Regime, em 1972. Conhecida na militância como "Preta", seu nome designa a Associação de Pós-graduandos da USP desde 2012 ("Helenira 'Preta' Rezende").

Como explicar que tal história ainda não tenha sido objeto de interesse no campo das Ciências Humanas, nem mesmo na USP? Como a instituição Universidade no Brasil lida com sua própria história em termos das relações entre conhecimento e sociedade? O primeiro aluno autoidentificado negro foi Jorge Prado Teixeira. Natural de Ribeirão Preto, envolveu-se com o meio negro de São Paulo e foi, com 26 anos, colaborador do Projeto UNESCO, intermediando, entre 1950-51, os contatos entre os intelectuais negros e os sociólogos da USP. Conquanto não haja qualquer registro de que ele tenha frequentado formalmente o curso de Ciências Sociais da FFCL – sabe-se que não se formou[71] –, Antonio Candido lembrou-se dele como um discente negro, levado à USP por Roger Bastide. Jorge Prado Teixeira faleceu precocemente em 1960. Embora não se saiba muito da história desse intelectual, é inequívoco que na gênese da Escola Sociológica Paulista se interpuseram os intelectuais negros, que, como ele, contribuíram com suas ideias e histórias de vida.

Em 1960, ano em que Teixeira desapareceria deste mundo, outro negro adentrava a Maria Antonia. Era Eduardo de Oliveira, com sobrenome ainda no singular. Ele entrara no curso noturno de Ciências Sociais. Seu colega José de Souza Martins assim o descreve: "intelectual refinado e culto, mulato, dos meus conhecidos e amigos o que melhor compreendia as gradações e as implicações da diferenciação social naquele estranho e fascinante mundo da Faculdade de Filosofia da rua Maria Antonia, perto da qual morava".[72]

Martins dá nos a impressão de uma pessoa e também de uma época. Ao ver a sensibilidade de Eduardo – um "mulato" – para a di-

---

71 A biblioteca do Centro Universitário Maria Antonia possui um polígrafo encadernado, sem qualquer registro bibliográfico, dos alunos que se formaram na FFCL entre 1937-68. O nome de Jorge Teixeira não consta.

72 MARTINS, *Op. cit.*, p. 239.

ferença, o sociólogo diz tacitamente que ser negro tinha implicações no "estranho e fascinante" mundo da FFCL. Que tipo de implicações? No mínimo, em uma vista mais imediata, para um negro, estar *sozinho*. Mas claro que não apenas. Em outra chave de leitura, admitir a diferenciação social, fosse pelo racismo, machismo ou homofobia, entre os alunos de um universo no qual se pretendia construir uma sociologia científica, aplicada, rigorosa, transformadora, como era a vontade de Florestan, sugere voltar olhos para a convivência nem sempre olímpica entre a produção do conhecimento e as condições sociais e históricas nas quais ele é engendrado.

O desejo de saber mais da atmosfera das diferenças sociais em que estava imerso o nosso personagem privilegiado na FFCL levou-nos a buscar informação, através das pessoas que com Eduardo conviveram nas salas de aula da Faculdade: seus colegas de turma e curso. Entre e-mails, telefonemas e mensagens em redes sociais, recebemos algumas respostas de pessoas que, malgrado a disposição em ajudar e a gentileza de suas palavras, não recordavam do colega. Outras, entretanto, não só lembraram como fizeram – a exemplo de José de Souza Martins – pertinentes considerações relativas ao contexto da Maria Antonia na década de 1960 no tocante às questões de raça e sexualidade – que lhes foram perguntadas.

Abaixo, podemos distinguir os formandos da Maria Antonia do ano de 1964.

Figura 3 – Formandos da FFCL do ano de 1964
Eduardo de Oliveira aparece na extrema esquerda (de quem vê), na quinta fileira, de trás para frente. Entre os docentes, Florestan é o segundo da esquerda para a direita.
Fonte: Acervo do CAPH-USP.

Albertina Costa, socióloga, disse ser "[...] impossível não lembrar do Eduardo, que era ao que eu lembre o único negro em todo o curso e também porque era elegantíssimo".[73] Já a socióloga e educadora Guaraciaba Perides ressaltou que "[...] você [o pesquisador] deve ter conhecimento de fatos que não chegaram a ser evidenciados... a verdade é que não me lembro de alunos negros em sala de aula ou cursos da Universidade".[74]

Albertina, Guaraciaba e Martins, bem como Eduardo, foram, por volta de 1962, alunos de Fernando Henrique Cardoso e Octavio Ianni. O fato de terem sido docentes e de estarem, no mesmo período, envolvidos com a temática de relações raciais, quis dizer

---

73 COSTA, Albertina. Pesquisa [e-mail pessoal]. 15 set. 2015.
74 PERIDES, Guaraciaba. Pesquisa [e-mail pessoal]. 18 set. 2015.

que a questão racial tivesse sido eventualmente debatida em sala de aula? Albertina indica que não:

> Foi no período em que éramos estudantes que Octavio Ianni e Fernando Henrique defenderam seus doutorados; creio que naquela época prevalecia a perspectiva de Florestan que o Brasil estava rapidamente se transformando numa sociedade de classes e que a estratificação por raça era uma herança persistente da escravidão e que seria substituída por uma discriminação de classe. Não foi tema tratado especificamente em curso. Por outro lado discutia-se o caráter capitalista da escravidão, teses de Fernando Novais, Eric Williams; no entanto, fomos alunos de Fernando Novais, mas seu curso não tratou do tema.[75]

Pelo que as palavras da socióloga apontam, há que se perguntar por que as pesquisas de alguns dos principais professores aparentemente não repercutirem nas aulas que ministravam. Que configuração entre pesquisa e ensino na FFCL ensejava tal disjunção? Por quais motivos a questão racial se restringia aos livros e artigos, à pesquisa, e não se traduzia em termos curriculares mínimos e mesmo em qualquer universo de conceitos políticos?

Guaraciaba Perides, mais uma vez, ajuda a responder a essas indagações:

> Não me lembro de ter conhecido o Professor Eduardo de Oliveira e Oliveira, mas penso que deva ter sido aluno do curso noturno onde estudavam alunos mais velhos e engajados em questões sociais. O contexto social era de efervescência política, onde os movimentos pela mudança do arcaico sistema social eram de abrangência muito forte, não só na Maria Antônia, mas também em outras faculdades da Universidade, como na Medicina,

---
75 COSTA, Albertina. Pesquisa [e-mail pessoal]. 23 set. 2015.

no Direito [...] todos os corações e mentes estavam voltados para a questão política. Não percebi ao longo do curso nenhum tipo de manifestação que colocasse em evidência a questão racial. Possivelmente houvesse, mas, de qualquer forma, não ficou evidente.[76]

A "efervescência política" da época galvanizou as energias daquela geração de sociólogos, fossem os docentes – vejam-se os embates de Florestan pela "mudança do arcaico sistema social" – ou os que estavam em formação. Iray Carone, estudante de Filosofia na FFCL na década de 1960, diz que "a politização era intensa e os sociólogos desempenharam parte importante no processo".[77] O outrora citado Roberto Gambini diz que "os alunos vinham das mais diversas extrações sociais, mas [eram] todos fortemente motivados intelectual ou politicamente".[78] Albertina Costa avalia que "nossas discussões políticas versavam sobre o caráter da revolução brasileira, raça e sexo não eram prioridades".[79]

Teríamos muito que discutir se essa mobilização política fosse o centro de nossas atenções – não o é exatamente. Subsidiariamente, contudo, ao percebê-la (a questão política) situamos problemáticas e sujeitos históricos em seu contexto e absorvemos elementos para entender por que dadas temáticas sociais não figuraram na gramática política e acadêmica da época – e o porquê de certos indivíduos terem *desaparecido*, nomeadamente os discentes negros da Maria Antonia. Até onde podemos afirmar, com base em pesquisa bibliográfica e nos depoimentos de alunos, claro é que, simplesmente, as prioridades da época entre o professorado e alunado eram outras,

---

76 PERIDES, Guaraciaba. Pesquisa [e-mail pessoal]. 18 set. 2015.
77 CARONE, Iray. Pesquisa [e-mail pessoal]. 18 abr. 2015.
78 GAMBINI, *Op. cit.*, p. 158.
79 COSTA, Albertina. Pesquisa [e-mail pessoal]. 23 set. 2015.

mais atinentes aos embates políticos dos anos 1960. Raça, gênero e sexualidade, portanto, eram assuntos desprivilegiados.

Quisemos discutir nesse primeiro capítulo, com algum pormenor, aspectos do pensamento social em relações raciais da Escola Paulista. Ao longo deste livro, analisaremos como essa corrente sociológica foi lida por Eduardo em seus trabalhos, consoante seu diálogo com intelectuais negros brasileiros e norte-americanos e sua relação com a Universidade de São Paulo no decorrer dos anos 1970. Antes, porém, vejamos algumas questões conjunturais concernentes à questão racial no Regime Militar e também um panorama do ativismo negro em São Paulo entre o final da década de 1960 e início da década seguinte.

Movimentos e contextos

O que é interessante jamais é a maneira como alguém começa ou termina. O interessante é o meio, é o que se passa no meio [...]. É no meio que há o devir, o movimento, a velocidade, o turbilhão. O meio não é uma média, mas, ao contrário, um excesso. É pelo meio que as coisas pulsam. Era a ideia de Virginia Woolf. Pois o meio não quer dizer de modo algum estar em seu tempo, ser de seu tempo, ser histórico; ao contrário: ele é aquilo pelo qual os tempos mais diferentes se comunicam. Ele não é nem o ser histórico nem o eterno, mas o intempestivo.

Gilles Deleuze

Costureiras de Vila Gustavo

Sonia Regina de Toledo nasceu na cidade de São Paulo, em 3 de março de 1957. Filha de Darci e Maria de Toledo, ela era, por volta de 1975, uma jovem negra, solteira, de instrução primária. Ocupação: overloquista na empresa Guararapes, à época situada no número 74 da Avenida Casa Verde, no bairro paulistano de mesmo nome.

Esta história, sobre a qual dispomos não mais do que esses modestos retalhos, e que aqui têm cunho simbólico, remete a capítulos pouco conhecidos do universo cultural e político da comunidade negra em São Paulo entre 1960-70, em pleno Regime Militar.

Sabemos da existência de Sonia pelo fato de ela ter sido aluna do curso de madureza que a Associação Cultural do Negro (ACN) promovia, em meados dos anos 1970, no bairro da Casa Verde, Zona Norte da cidade de São Paulo. A ACN foi uma entidade que existiu entre 1954 e 1967, no Centro, e, de 1968 a 1976, na Casa Verde. O historiador Petrônio Domingues afirma que a ACN, de história ainda pouco conhecida, "realizou um trabalho de mobilização e valorização do negro, procurando conscientizá-lo de sua história, de sua identidade e de seus direitos de cidadão", sendo suas prioridades as de "atuar no terreno cultural e lúdico, promovendo palestras, cursos, apresentações teatrais, recitais de poesia, festivais, bailes, competições desportivas; publicando livros e um jornal".[1]

Sonia, que presumimos fosse negra, em paralelo ao curso da ACN, trabalhava como overloquista, que é o profissional que opera o overloque, um tipo de máquina de costura. Em entrevista, João Baptista Borges Pereira, antropólogo, professor aposentado da USP, fez diversas considerações sobre a USP, a Ciência Social brasileira, o Movimento Negro, entre outras temáticas, e nos informou o seguinte fato, relacionado à história da jovem Sonia: "Ele mantinha pelo menos umas três salas [...] no bairro de Vila Gustavo, onde ele botou máquina de costurar, até para bordar etc. e aliciava as mocinhas que não tinham emprego, domésticas, para aprenderem a ser costureira, que era uma forma de melhorar de vida [...]".[2]

Não pudemos definir com precisão o período em que este trabalho acontecia, mas o responsável era Eduardo, que, na oca-

---

1 DOMINGUES, Petrônio. "Associação Cultural do Negro (1954-1976): um esboço histórico". In: Simpósio Nacional de História da Anpuh, São Leopoldo, 2007. Anais... Editora Unisinos, 2007, p. 6. Disponível em: <http://anais.anpuh.org/wp-content/uploads/mp/pdf/ANPUH.S24.0911.pdf>. Acesso em: 11 nov. 2016.
2 Entrevista com João Baptista Borges Pereira, 07 mar. 2015.

sião – primeira metade da década de 1970 – cursava o Mestrado em Sociologia na USP. João Baptista conta que a Vila Gustavo fora constituída nos anos 1950 pela migração de populações pobres do interior de São Paulo, a maioria afro-brasileira. Aliás, na mesma década e perto dali, outro processo migratório semelhante tomava lugar, feito majoritariamente de negros e nordestinos, que se aglomeravam na favela do Canindé, onde Carolina de Jesus viveria e conceberia *Quarto de Despejo: diário de uma favelada* (1960). Também não muito longe da Vila Gustavo estava a sede da ACN na Casa Verde, que, entre 1968 e 1976, foi comandada por Eduardo e Gilcéria de Oliveira.

Gilcéria é uma advogava, branca, fundadora do Partido dos Trabalhadores em São Paulo, ligada a movimentos de base da Igreja Católica e com largo histórico de atuação na comunidade afro-paulistana. Em entrevista, demonstrou apurada sensibilidade quanto às lutas do negro no Brasil e descreveu as atividades da segunda fase da ACN. A partir de uma relação próxima com a comunidade na qual estava inserida – um bairro negro –, a Associação promovia atividades culturais, cursos profissionalizantes e aulas de alfabetização.

Havia no horizonte da ACN o desejo de uma emancipação do negro pela educação profissionalizante. Essa já era a visão da FNB nos anos 1930, que apostava no trabalho como valor social para a educação do negro brasileiro. Gilcéria afirma que o que se fazia na Associação também possuía um caráter político, tendo sido os cursos de alfabetização baseados no Método Paulo Freire e as atividades mais gerais pautadas em soerguer os negros que frequentavam a ACN pela consciência da negritude e do estudo crítico da história afro-brasileira.[3] Nesse sentido, José de Souza Martins relata que

---

3   Entrevista com Gilcéria de Oliveira, 25 maio 2015.

Eduardo "organizou para negros do bairro da Casa Verde uma escola, para a qual convidava professores da USP, com razão convencido da *função emancipadora* dessa ressocialização".[4] Mas o contexto nacional era de forte refluxo quanto a ações para a promoção do discurso da negritude politicamente. Os militares no poder a partir de 1964 passaram a asfixiar e mesmo proibir a discussão do racismo no Brasil,[5] encampando, ao mesmo tempo, a ideologia da "democracia racial" como discurso oficial sobre as relações raciais. Se até então já era difícil para os negros levantarem o problema do racismo em uma nação que, ao menos desde o final dos anos 1930, se imaginava, por definição, miscigenada e sem conflitos raciais e sociais, com os militares adicionou-se a essa dificuldade um ambiente político acentuadamente autoritário e concretamente repressivo, principalmente durante os "anos de chumbo", entre 1968-78. Referindo-se aos motivos pelos quais a ACN fechou as portas – em sua primeira fase, em 1967 –, o sociólogo Mário Augusto Medeiros provê um retrato deste momento histórico: "[…] o teste mais duro da realidade envolvente é o golpe civil militar de 1964: desmobiliza o que já era precário, amedronta os que tinham dúvidas […]".[6]

Embora houvesse, com efeito, pouca margem política para o ativismo negro, ele não deixou de existir. Nem, por sinal, foi "fermentação" histórica para o que viria a ser, em 1978, o "divisor de águas" do Movimento Negro contemporâneo, o MNU. Devemos ver os processos históricos em seus próprios termos e em sua di-

---

4   MARTINS, *Op. cit.*, p. 240. Grifo nosso.
5   Cf. KÖSSLING, Karin Sant'Anna. *As lutas anti-racistas de afro-descendentes sob vigilância do DEOPS/SP (1964-1983)*. Dissertação (mestrado em História Social) - FFLCH-USP, São Paulo, 2007.
6   MEDEIROS, *Op. cit.*, 2012, p. 265-6.

versidade. Assim olhamos para instituições e personagens pouco lembrados, tais como a overloquista Sonia, os alunos de madureza da ACN, as costureiras em Vila Gustavo, mas também o próprio Eduardo. Este era, por sinal, no momento em que assumiu as tarefas da ACN, em 1968, um licenciado e bacharel em Ciências Sociais, mas também um profissional liberal – publicitário.

Entre 1959 e 1960, ele trabalhou como assistente administrativo na Metal Leve, empresa de autopeças que pertencia a José Mindlin, bibliófilo que era, aliás, sócio da ACN. De 1961 e 1964, enquanto fazia o curso de Ciências Sociais, Eduardo trabalhou no MASP como secretário administrativo, local onde, alguns anos depois, ele promoveria atividades culturais, políticas e intelectuais sobre o negro no Brasil e nos Estados Unidos, além de estabelecer boa relação com Pietro e Lina Bo Bardi, mentores da instituição. Ainda, entre 1965 a 1971, atuou como publicitário na sede paulista da empresa Standard Propaganda, condição que lhe possibilitou considerável ascensão socioeconômica na época.[7]

Apresentamos essas informações para dizer que Eduardo, àquele período, entre as décadas de 1960-70, na qualidade de um negro de classe média e com formação universitária, poderia ser membro de um dos mais importantes grupos do Movimento Negro em São Paulo: o Grupo de Trabalho de Profissionais Liberais e Universitários Negros, o GTPLUN.

Para melhor situarmos o contexto no qual navegamos e, ainda, para matizarmos as facetas da comunidade afro-paulistana nesses anos de incerteza política, mas também esperança, detenhamo-nos por algumas páginas na história pouco conhecida do GTPLUN.

---

7 Exemplo disso era o apartamento – espécie de cobertura – que ele adquiriu, no início dos anos 1970, no bairro de classe alta de Higienópolis, em São Paulo, a poucas quadras do prédio da antiga Maria Antonia.

Iracema de Almeida e o GTPLUN

O GTPLUN surgiu em 1972, na cidade de São Paulo. Ivair Santos, cientista político e ativista negro, informa que este grupo era formado "quase que exclusivamente [por] universitários e profissionais liberais, [tendo] a sua orientação voltada para uma integração do negro na sociedade".[8] Seus membros eram universitários e profissionais liberais negros que, apesar de sua formação acadêmica e posição socioeconômica, permaneciam sendo alvos de discriminação racial, mesmo na relativamente dinâmica sociedade paulistana dos anos 1970. Este panorama de racismo mantinha essa classe média universitária negra em uma situação problemática frente ao processo de integração à sociedade de classes.

Como a ACN, o GTPLUN dedicou-se a "campanhas de assistência à comunidade, incentivo à profissionalização de jovens, promovendo cursos de atendentes de enfermagem e principalmente enaltecendo valores culturais do continente africano".[9] Ivair entrevistou um dos fundadores da entidade, Antônio Leite, que disse o seguinte: "[...] a gente queria um algo mais que era que a comunidade negra, o grupo étnico negro, tivesse, de fato, representantes de peso que fossem respeitados aos olhos da sociedade [...]"; para ele, "ser universitário já era uma forma de mostrar que a gente tinha universitários. Isso dava status".[10]

Ser universitário era, com efeito, posicionar-se socialmente ante um ambiente hostil, que a todo o tempo negava, pela discriminação

---

8   SANTOS, Ivair Augusto Alves. *O Movimento Negro e o Estado: o caso do Conselho de Participação e Desenvolvimento da Comunidade Negra no Governo de São Paulo (1983-1987)*. Dissertação (mestrado em Ciência Política) - UNICAMP, Campinas, 2005, p. 56.

9   *Ibid.*, p. 56-7.

10 LEITE apud SANTOS, *Op. cit.*, p. 57.

racial, a humanidade do negro como sujeito apto a ocupar espaços simbólicos de poder e conhecimento, a exemplo da Universidade e profissões liberais. Na mesma fala, Antônio Leite discorre sobre a líder do grupo, Iracema de Almeida, "uma médica [negra] de quem todo mundo falava bem. Ela era médica do INPS e tinha um consultório. Discutimos muito lá e surgiu o GTPLUN". Iracema acabou por se tornar a figura mais importante e conhecida desta organização.

0Iracema não precisa que meio seria esse, mas não seria despropositado supor que fosse o "alvo" ambiente da Escola Paulista de Medicina de 1930-40, ou mesmo entre a corporação médica pelos locais nos quais ela porventura tenha trabalhado nas décadas seguintes. Apesar de tudo, ela tinha seu consultório na Vila Prudente, em São Paulo. Especializou-se em obstetrícia, ginecologia e cardiologia,[11] e, em 1972, assumiu o GTPLUN.

O grupo tinha sede na Vila Prudente e razoável infraestrutura. Entre 1973 e 1978, nas palavras de sua presidente, teve "[...] mais de 1500 pessoas formadas por [...] cursos de auxiliar de enfermagem, datilografia etc.".[12] O historiador norte-americano Robert Levine dimensiona: "[...] Um grupo de 200 profissionais negros brasileiros [...] voltados para o melhoramento de serviços sociais e treinamento/instrução, principalmente para a população

---

11 Iracema foi uma pioneira nos estudos de anemia falciforme, atividade em razão da qual viajou para os Estados Unidos e a Jamaica. Em uma entrevista, em 08 jun. 1990, ela diz: "Então eu falei: mas eu preciso saber como fazer com a anemia falciforme. Eu não sei o que vou fazer com essa anemia falciforme. Então, vou estudar. Estudei. Fiz a localização aqui nas Américas. Na América do Norte muito, e isso eu senti quando estive lá. Queria sentir um lugar mais perto: Caribe. Depois fui para a Jamaica sozinha [...]. Quando cheguei na Universidade de Kingston comecei a olhar, comecei a sentir a Universidade, que eu notei o que eu podia fazer aqui; o que deveria ser feito". Entrevista de Iracema de Almeida para Miriam Ferrara, Acervo de Clóvis Moura, CEDEM-UNESP, São Paulo, Caixa Entrevistas, nº 15, p. 10.

12 Ibid., p. 5.

pobre e não-branca – em São Paulo e nos arredores".[13] Sabe-se também que o GTPLUN atuou junto à Prefeitura de São Paulo, entre 1973 e 1985, em parceria com o programa de Formação Rápida de Mão de Obra. Iracema enfatiza que "um ponto importante para todos nós é o mercado de trabalho, é a profissionalização, a melhoria de nível econômico do negro".[14]

Seu pensamento estava em consonância com uma tradição do ativismo negro brasileiro em se preocupar com a melhoria da condição do negro através da instrução formal. Mas o GTPLUN, além de seus cursos, também prestou importância à cultura africana e à própria África. Santos diz que o grupo "tinha como uma das suas atividades o relacionamento com as embaixadas africanas e uma preocupação em divulgar os estudos sobre a África no período pré-colonial".[15] Henrique Cunha Jr., ativista negro, em entrevista, disse que Iracema possuía a maior biblioteca de África em São Paulo nos anos 1970,[16] e que ministrou um curso sobre história africana na Câmara de Vereadores de São Paulo, em 1979.

Ela notabilizou-se pelo trânsito que possuía com diplomatas e embaixadores africanos. Isso pode ser percebido nas comemorações do primeiro aniversário do GTPLUN, em 15 de outubro de 1973, em São Paulo, ao qual compareceram os embaixadores da Nigéria, de Gana e da Costa do Marfim. A efeméride foi aberta por Adhemar Ferreira da Silva, que fora adido cultural na embaixada

---

13 LEVINE, Robert M. *Race and ethnic relations in Latin America and the Caribbean*. Metuchen (NJ): Scarecrow Press, 1980, p. 60. No original: "[…] a group of 200 black Brazilian professionals […] devoted to improving social services and training facilities for the poor-mostly non-white – in and around the city of Sao Paulo".

14 ALMEIDA, *Op. cit.*, p. 6.

15 SANTOS, *Op. cit.*, p. 61.

16 Entrevista com Henrique Cunha Jr., 02 out. 2015.

O elefante negro 87

brasileira em Lagos, Nigéria, entre 1964 e 1968, e que na ocasião trabalhava na Secretaria do Bem-Estar do Estado de São Paulo. Adhemar diz que uma das preocupações de Iracema "era colocar negros no Itamaraty. Então ela facilitava, do seu próprio bolso, os estudos para que os negros pudessem galgar posições diplomáticas. E ela sempre foi combatida".[17] Não sabemos dizer de onde vinha tal resistência, mas é patente que ela estava envolvida com figuras públicas e do mundo da política.

Em 11 de outubro de 1976, o GTPLUN organizou, na Câmara de São Paulo, uma sessão em comemoração ao "Dia da Promoção Humana", que o grupo costumava celebrar em 11 de outubro. Na oportunidade, fizeram-se presentes enviados das embaixadas de Gana, do Quênia, da Índia e do Zaire. Na mesa da sessão também estava Theodosina Ribeiro. Iracema proferiu um discurso que merece atenção. Ela começa sua fala evocando a presença espiritual dos ancestrais africanos, e diz: "Estamos aqui reunidos [...] para a tomada de uma decisão: a participação e integração do afro-brasileiro". Estar-se-ia diante de um "intricado problema, uma nebulosa que não se consegue ver", uma "doença social". Ainda em suas palavras:

> Nós não somos mais "fôlego vivo"; nós somos e dizemos com muito orgulho e responsabilidade: nós somos brasileiros vivos.
> Não queremos mais, queremos o igual. G.T.P.L.U.N. está vigilante, fará soar os atabaques de Norte a Sul, de Leste a Oeste, clamando pela Integração e participação do afro-brasileiro.
> G.T.P.L.U.N. é um vigilante da Segurança Nacional.

---

17 SILVA, Adhemar Ferreira da. Entrevista concedida em dezembro de 2000. Disponível em: <http://www.portalafro.com.br/entrevistas/adhemar/entrevista>. Acesso em: 22 nov. 2016.

Um povo só é realmente um povo quando constitui um todo harmônico, coerente e puro. G.T.P.L.U.N. "cochila, mas não dorme" – a integridade do grande gigante é uma de suas metas.

A Segurança Nacional é o seu eterno objetivo.

Senhores, G.T.P.L.U.N. agradece, G.T.P.L.U.N. reparte.[18]

A "doença social" é o racismo, mas ela não usa a palavra – ao menos não nessa fala. E nem poderia. O tema estava interditado publicamente, fruto da pressão que o Regime Militar impunha àqueles que se propusessem a discutir medidas de transformação quanto aos problemas e questões sociais. Essa atmosfera de violência política, que afetava diretamente o debate do racismo, era produto, em parte, da Doutrina de Segurança Nacional, radicalizada no Brasil desde 1968, com o AI-5, e que pressupunha o combate ao "inimigo interno" – leia-se oposição ao regime – ou àquilo que pudesse ameaçar a coesão social desejada pelos militares. Assim, parece intrigante a defesa do GTPLUN como "vigilante da Segurança Nacional". Que estranha posição assumia a presidente do GTPLUN entre mundos e perspectivas políticas tão discrepantes? Essa estranheza se dissipa, de certa forma, quando ficamos sabendo que Iracema havia sido candidata, em 1968, à vereança de São Paulo pela Aliança Renovadora Nacional, a ARENA, partido situacionista criado em 1965 para dar um verniz de legitimidade política ao Regime. Na oposição, estava o Movimento Democrático Brasileiro, o MDB. O GTPLUN, pelos relatos de que dispomos, seria um movimento sintonizado mais à direita do espectro político àquele tempo: "Dentre os diversos grupos participantes do movimento negro, alguns eram denominados de direita por dois

---

18 ALMEIDA, Iracema de. "Discurso". In: *Diário Oficial do Estado de São Paulo*: São Paulo, 19 out. 1976, p. 76.

motivos. Em algumas entidades, as suas lideranças eram filiadas à ARENA, partido político da ditadura militar".[19]

No que diz respeito à ligação com a ARENA, temos a confirmar estas palavras apenas o fato de que Iracema foi lançada candidata, como informa o jornal *Folha de S. Paulo*, em 1968: "Há apenas duas mulheres candidatas à vereança em São Paulo, mas uma delas não está legalmente registrada, pois o MDB conseguiu impugnar a sua candidatura: e Iracema de Almeida, da ARENA".[20] Cunha Jr. informa que membros desses grupos negros – possivelmente do GTPLUN – "haviam cursado a Escola Superior de Guerra, o que também era entendido como designação de direita".[21] Tal informação talvez seja uma pista para entender o posicionamento de Iracema nesse discurso quanto à questão da "Segurança Nacional", pois a Doutrina de Segurança Nacional foi gestada precisamente na Escola Superior de Guerra. É evidente que essa foi apenas uma única fala, protagonizada em um ambiente específico, que era o de uma plateia formada por autoridades públicas, basicamente. Mesmo que se tratasse do avançado ano de 1976, já nos estertores da fase mais dura do Regime Militar, ela talvez estivesse, em parte, "dançando conforme a música", em nome de um pragmatismo que, através de contratos com o poder público, por exemplo, mantivesse o GTPLUN em funcionamento em uma dimensão mais expressiva.

Apesar disso, em 1977, o grupo sofreria duro revés. O GTPLUN havia recebido 40.000 dólares da Inter-American Foundation, para a aquisição de uma sede permanente. Um documento

---

19 CUNHA JR., Henrique. "Movimento de consciência negra na década de 1970". *Revista Educação em Debate*, São Paulo, ano 25, vol. 2, n° 46, 2003, p. 47-54, p. 52.
20 "Entre as previsões e as esperanças, os candidatos". *Folha de S. Paulo*, São Paulo, 10 nov. 1968, p. 3.
21 CUNHA JR., *Op. cit.*, *Loc. cit.*

da IAF detalhou as razões: "A Fundação Inter-americana respeita a escolha do GTPLUN de um ritmo de desenvolvimento que enfatiza um progresso gradual atingido nesse caso através da consciência cultural e de treinamento profissionalizante".[22]

O fato de o GTPLUN estar no rol de beneficiados da IAF demonstra a sua importância naquele contexto e também o trânsito e influência prováveis de Iracema junto a organismos internacionais. Entretanto, os militares, sob o governo de Ernesto Geisel (1974-79), não viram com bons olhos esta cooperação, pois a IAF afirmava abertamente a existência do "problema racial" no Brasil – problema então peremptoriamente negado –, e acabaram por suspender as atividades da IAF no país. Isso é sinal de que as relações de proximidade entre o GTPLUN e o Regime, embora inegáveis, pudessem ser possivelmente tensas e ambíguas.

Essas relações são, na realidade, desconhecidas em profundidade, assim como o são as histórias de outros grupos, como o Aristocrata Clube, com quem o GTPLUN compartilhava grande parte de seus membros,[23] mas também as trajetórias de políticos afro-brasileiros entre 1960-70, como Theodosina Ribeiro e também Adalberto de Camargo, deputado federal negro por São Paulo nos anos 1970 – ambos, aliás, interlocutores de Iracema.

Além dessas histórias e trajetórias, a escassa produção acadêmica sobre o GTPLUN deve provavelmente ser fruto da falta provisória de fontes, mas perguntamos se o ostracismo que cerca a história desse grupo, ao menos por parte da historiografia especializada, não se deve a suas ligações com o controverso mundo da política nos anos 1970.

---

22 Citado em: PEREIRA, Amilcar A. *O Mundo Negro: a constituição do movimento negro contemporâneo no Brasil (1970-1995)*. Tese (doutorado em História) - UFF, Niterói, 2013, p. 154.

23 Entrevista com Raphaella Reis, 23 nov. 2016.

Iracema retirou-se da vida pública em 1996, no mesmo período em que também o GTPLUN saía de cena. Faleceu em 2004, em São Paulo. Trouxemos aspectos de sua trajetória e do grupo que levava consigo para, de um lado, apresentar uma dimensão importante do Movimento Negro em São Paulo nos anos 1970; de outro, também assim o fizemos porque Eduardo, além da relação simbólica que pensamos ser possível estabelecer entre sua persona e determinadas facetas do ideário histórico-cultural do GTPLUN, mantinha estreita relação com Iracema – e também Theodosina Ribeiro e Adalberto de Camargo.[24]

Se, para o ativismo negro paulistano, o GTPLUN, com sua dedicação à questão da profissionalização e da consciência da negritude, através do estudo da realidade africana, foi um elemento significativo, no próximo tópico examinaremos outra característica do Movimento Negro do mesmo período, na qual encontramos, em atividades na área cultural, disposição semelhante no sentido da constituição de uma consciência subjetiva, social e histórica do afro-brasileiro: a experiência do teatro negro em São Paulo de princípios dos anos 1970, processo do qual Eduardo, embora no *backstage*, foi um dos personagens centrais.

"E agora... falamos nós": teatro negro

O teatro negro brasileiro possui considerável trajetória na primeira metade do século XX. Citamos outrora a existência do TEN, fundado no Rio de Janeiro nos anos 1940 e que, sob a coordenação de Abdias do Nascimento, desafiou a tradição historicamente

---

[24] Em entrevista, Cunha Jr. mencionou que ele era frequentador da residência de Iracema. Embora o nome desta apareça em alguns documentos do acervo de Eduardo, não há registro de que ele tenha sido membro do GTPLUN. As relações que construímos entre ele e o GTPLUN são de cunho simbólico e de conjuntura histórica.

racista do teatro brasileiro com relação à participação de negros na produção de peças e em papéis de protagonismo, realizando uma reflexão cultural de valorização da negritude brasileira. Mais do que pôr em xeque a ideologia racial brasileira, o TEN revelou talentos que sem esse aporte talvez não tivessem sido conhecidos, como as atrizes Léa Garcia e Ruth de Souza.

O TEN, entretanto, não foi a primeira experiência vultosa de teatro feito por negros no Brasil. No Rio de Janeiro, entre 1926 e 1927, a Companhia Negra de Revistas, tendo à frente o artista De Chocolat, foi um exemplo de teatro produzido, organizado e encenado por negros, colocando o afro-brasileiro como presença viva da cultura nacional, então em fervorosa discussão. A Companhia foi ignorada por Abdias do Nascimento em seus textos sobre a história do teatro negro, situação apontada por Petrônio Domingues no mesmo artigo em que também diz, aliás, que tanto a Companhia quanto o TEN não fizeram um teatro negro ativista e antirracista por excelência, enredados que ficaram por ambiguidades e dilemas de vários tipos, tais como o caráter comercial e a marca do exotismo, presentes nos esquetes da Companhia, e o suposto elitismo do projeto político-cultural do TEN.[25]

O poeta Solano Trindade, por seu turno, encarnou outra vertente do teatro negro. Era amigo de Abdias e havia sido um dos fundadores do TEN, mas criou, com Margarida Trindade e Édison Carneiro, em 1950, a sua própria trupe: o Teatro Popular Brasileiro, no Rio de Janeiro. Esse grupo pensou a experiência histórica e cultural afro-brasileira *pari passu* a uma relação mais orgânica com as comunidades negras. A historiadora Maria Gregório diz que esse teatro "[…] significou a afirmação do compromisso de Solano Trindade com as classes populares e a possibilidade da revitalização da

---

25 Cf. DOMINGUES, Petrônio. "Tudo preto: A invenção do teatro negro no Brasil". *Luso-Brazilian Review*, vol. 46, nº 2, p. 113-128, 2009.

cultura negra, dentro de uma invenção cultural mais ampla: a 'cultura popular'".[26] Além disso, tendo sido Solano militante do Partido Comunista, o Teatro Popular foi um canal para discutir raça e classe. A exemplo da Companhia Negra de Revistas e do TEN, o Teatro Popular, que existiu até meados dos anos 1970, em Embu das Artes (SP), tornou-se um marco cultural no Brasil.

Eduardo prestava atenção a essa dramaturgia. Vimos que ele havia escrito sobre teatro e até mesmo atuado em uma peça com texto de Sartre, em 1957, em São Paulo. Quase 10 anos mais tarde, em 1966, já sociólogo, escreveu um artigo de crítica teatral, *Blues para Mister Charlie*. Publicado no *Suplemento Literário* do jornal *O Estado de São Paulo*, o artigo evidencia aspectos de seu pensamento em negritude no período. Ele faz uma crítica à escolha, pelo Grupo Teatral do Negro de São Paulo, em 1966, da encenação de *Blues para Mister Charlie* (1964), do escritor afro-americano James Baldwin. Deste grupo pouco se sabe além de que foi fundado pelo ator negro Benedito Silva (1941-2011), também em 1966. A partir de uma leitura de Baldwin enquanto escritor negro, ele diz que "a história, ao que sabemos, sempre tratou os negros de maneira 'sui generis'; não propriamente como atores, mas como títeres, os quais, agora qual Fênix, ressurgem e pretendem ser seu próprio oráculo".[27]

Apesar disso, ele reprova o nome dado ao grupo, "[...] que nos parecia uma conivência com a 'alter grupo', no que era nada mais que uma maneira de deixar-se ver apenas em sua aparência

---

26 GREGÓRIO, Maria C. *Solano Trindade: Raça e Classe, Poesia e Teatro na Trajetória de um Afro-brasileiro (1930-1960)*. Dissertação (mestrado em História) - UFRJ, Rio de Janeiro, 2005, p. 84.

27 OLIVEIRA, Eduardo de Oliveira e. "Blues para Mister Charlie". *O Estado de São Paulo*, Suplemento Literário, 17 set. 1966, p. 5. São Carlos, Coleção EOO/UEIM--UFSCAR, Série Produção Intelectual.

étnica em detrimento de sua condição de cidadania".[28] Pareceu-lhe também injustificada a escolha de *Blues para Mister Charlie* para ecoar essa "voz negra", pois o texto de Baldwin tratava de "um problema que, se não nos é estranho, não nos é familiar".[29] Ele não evidencia as razões dessa "não estranheza" nem da tal "não familiaridade" entre os problemas raciais nos Estados Unidos e no Brasil. O texto seria temeroso ainda frente à "[...] considerações imediatas que impossibilitariam um diálogo, dando margem ao aparecimento de rancores e, o que é mais grave, o aparecimento de aproveitadores de situações, os moedeiros falsos da côr".[30] De que se trata? O temor de "rancores" trazidos de alguma forma dos Estados Unidos é a tônica de parte da ideologia da "democracia racial", avessa à noção do conflito. Assim, não fica clara, neste momento, sua posição ante a situação racial brasileira.

Embora ele veja com entusiasmo o aparecimento desse grupo teatral, não podemos deixar de notar um tom algo crítico e quase prescritivo acerca da negritude a ser devidamente considerada pelo negro brasileiro. Inexplicavelmente, o TEN não é citado. Parece que nesse momento – meados da década de 1960 – há uma indecisão relativa aos pressupostos ideais de seu pensamento da subjetividade negra, uma incerteza que se esvanecerá durante os anos 1970, quando o contato literalmente mais direto com os African American Studies dos Estados Unidos renovará suas perspectivas intelectuais. Seja como for, o apreço pelo teatro, mas também pela prosa de Baldwin e pela poesia de Senghor, o acompanhará até seus últimos dias. Por sinal, no inverno de 1968, o então publicitário da Standard Propaganda viajou para o lugar onde

---

28 Ibid., *Loc. cit.*
29 Ibid., *Loc. cit.*
30 Ibid., *Loc. cit.*

a própria negritude, enquanto movimento cultural, havia sido em parte gestada e cultivada: a França. Foi em Paris, no período entreguerras, mais precisamente em 1934, que os então estudantes negros Aimé Césaire, Léopold Senghor e Léon Damas, este oriundo da Guiana Francesa, fundaram a revista *L'étudiant Noir*, passo fundamental para a criação do movimento da Negritude. Eduardo, todavia, mesmo sendo um leitor assíduo desses autores, foi fazer um Curso de Civilização Francesa na Sorbonne. Atenção se deva ao "todavia", porque a negritude francófona de Césaire, Senghor, Damas, entre outros, constituiu-se em contraposição às políticas de assimilação imanentes ao que ainda nesse período se entendia como "civilização europeia" – no caso, francesa, então uma potência colonial –, e que via no negro, no africano e no colonizado elementos de inferioridade racial e cultural.

A Paris, e, especialmente, a Sorbonne do inverno de 1968 eram lugares que respiravam a atmosfera revolucionária e contestatória dos acontecimentos que se dariam em maio deste ano, quando as revoltas estudantis e greves gerais sacudiram a universidade, a França e o mundo. Outros fatores, a maior parte relacionados à Guerra Fria, movimentavam a arena global neste "ano que não terminou", como a Primavera de Praga e a Guerra do Vietnã. Em 4 de abril do mesmo ano, um episódio chocante para os negros ao redor do mundo: Martin Luther King era assassinado, em Memphis, no estado norte-americano do Tennessee. No Brasil, lutas estudantis e mobilizações populares levaram o Regime Militar a um forte recrudescimento, que tomaria a forma do AI-5, em dezembro de 1968.

Mas não era apenas à cultura francesa, à negritude francófona e ao teatro negro brasileiro que o sociólogo e publicitário tornava seu olhar nesse contexto. Ao menos desde 1959, ele fazia frequentes viagens aos Estados Unidos, especialmente para Nova

York, nas quais registrava seu interesse pela cultura afro-americana, e, como não poderia deixar de ser, pelo teatro negro. Parte de suas impressões ficou registrada em outro artigo, que apareceu novamente no *Estadão*, em julho de 1970, intitulado *Black Theatre*. Este texto recobre sua experiência com três peças nos EUA, acompanhando a metamorfose do negro americano da condição de "objeto dentro de um contexto, para a situação de sujeito".[31]

A primeira peça assistida foi *A Raisin in the Sun*, de Lorraine Hansberry, em 1959; a segunda, em 1966, foi *Happy Endings*, de Douglas Ward; a terceira, *No Place to be Somebody*, escrita por Charles Gordone, em 1969. O conteúdo desses dramas, embora aqui secundário, diz respeito a um contexto de grande efervescência cultural e política negra nos Estados Unidos, que se processou ao longo desses anos 1960 e que redundou, de um lado, no conhecido Black Power Movement, e, de outro, no Black Arts Movement, um movimento literário, artístico e de afirmação da identidade afro-americana através da produção de uma linguagem cultural genuinamente negra. O *black theatre* foi um dos principais meios de expressão do espírito transgressor do Black Arts. Para Eduardo, tratava-se de uma busca de autodeterminação, de cidadania e de definição do mundo com uma linguagem própria",[32] com o objetivo de desenvolver uma estética negra. Ao falar do Black Arts Movement, ele expunha na realidade todo um programa de trabalho, especialmente na área da Sociologia, que seria desenvolvido posteriormente. Temas como o da subjetividade negra e o da busca de uma linguagem estética própria para o afro-brasileiro ocuparão as páginas de seus textos e animarão suas intervenções

---

31   Idem. "Black Theatre". *O Estado de São Paulo*, Suplemento Literário, 25 jul. 1970, p. 6. São Carlos, Coleção EOO/UEIM-UFSCAR, Série Produção Intelectual.

32   *Ibid., Loc. cit.*

culturais nos anos 1970, atividades que marcariam a geração de militantes em São Paulo responsável pelo surgimento do Movimento Negro contemporâneo.

O apreço pelo teatro materializou-se em seu próprio espetáculo: "E agora... falamos nós", peça idealizada por ele e pela atriz negra Thereza Santos. *E agora...*, escrita e encenada em São Paulo, em 1971, representa o processo social de uma politizada consciência racial que, em meados do início da década, começava a se solidificar no meio negro paulistano.

Em um de seus currículos, lê-se: "'E agora... falamos nós' – Peça para negros em coautoria com Thereza Santos. Representada no auditório do [MASP] de novembro a dezembro de 1971".[33] Não era, portanto, apenas um drama sobre negros ou feito por negros: era realizado *para* negros. Havia a preocupação expressa, presente também nas agendas da ACN e do GTPLUN, no mesmo contexto, com o sentido pragmático do ativismo. *E agora...* surgiu do diálogo estabelecido entre Eduardo e Thereza quando ela, que era militante comunista, fugiu para São Paulo diante da iminência de ser presa no Rio de Janeiro, em 1969. Os dois foram apresentados pelo jornalista negro Odacir de Mattos, que, na época, fazia parte da ACN. Em sua autobiografia, Thereza Santos anotou que ambos compartilhavam do "desejo de quebrar as estruturas da relação desigual da sociedade branca com a comunidade negra. Havia um entendimento claro, quer dizer, negro entre nós".[34]

Thereza trouxe do Rio de Janeiro experiência com o teatro, o que foi decisivo para a concretização da peça. O elenco de *E agora...* era formado por jovens negros que haviam participado, em 1969, do

---

33 Idem. Currículo (inglês), circa 1975, p. 7. Coleção EOO-UEIM/UFSCAR Série Documentos Pessoais.

34 SANTOS, Thereza. *Thereza Santos: história de vida de uma guerreira*. São Carlos: Edufscar, 2008, p. 40.

Coral Crioulo, um projeto cultural de Eduardo e do maestro – branco – Diogo Pacheco. O sociólogo, em correspondência ao parceiro, enfatizou seus ideais para o projeto: "Pensava eu num tipo de atividade recreativa, popular, (sem ser popularesca, em que os negros deixassem de ser os 'fantoches do carnaval dos outros') em que o Coral contribuísse para o esclarecimento do negro como indivíduo […]".[35] Com problemas internos, o Coral Crioulo durou pouco mais de um ano. O temor de ver o grupo se dispersar fez com que ele, através de Odacir, alcançasse Thereza. No folder de *E agora…*, Eduardo reservou também algumas palavras para a atriz e a peça: ela, "dotada de forte sensibilidade, com uma grande dose de 'cultura no sangue'", ajudou-o a "redigir e 'colar' um texto, que fôsse um cadinho mais ou menos convincente de nossas experiências".[36]

No processo de construção do espetáculo, os dois amigos sentiram a necessidade de criar uma entidade que pudesse ser um espaço formal para o desenvolvimento de atividades culturais, intelectuais e políticas de maior alcance. Em setembro de 1971, era fundado, então, o Centro de Cultura e Arte Negra, o CECAN, "atuou pela criação de uma identidade étnica, recuperando os valores culturais do povo negro por meio da mobilização e, simultaneamente, do resgate da história e da cultura incorporando, em ambos, os elementos de luta e resistência".[37] Um dos mais influentes grupos do Movimento Negro em São Paulo na década de 1970, o CECAN foi elemento-chave na criação do MNU, em 1978.

---

35   Carta de EOO para Diogo Pacheco, 12 nov. 1970, Coleção EOO/UEIM-UFSCAR, Série Correspondências.

36   OLIVEIRA, Eduardo de Oliveira e; SANTOS, Thereza. "E agora… falamos nós" [folder de divulgação da peça], 1971. Coleção EOO/UEIM-UFSCAR, Série Documentos Pessoais.

37   SILVA, *Op. cit.*, 2012, p. 13.

A peça foi o primeiro resultado concreto do trabalho do CE-CAN. Flávia Rios, no artigo *A trajetória de Thereza Santos: comunismo, raça e gênero durante o regime militar* (2014), realizou uma análise da vida e obra da atriz carioca, dedicando um tópico para falar sobre o contexto e o conteúdo da peça. *E agora...* encenava etapas da história do negro no Brasil, a partir de seu próprio olhar. Rios diz que "a montagem procurava sensibilizar o público para a história social e política do negro no Brasil, ao mesmo tempo em que rechaçava a possibilidade de uma integração com aniquilação cultural".[38] Estruturava-se em "Do cativeiro a liberdade", primeiro ato, e "Da liberdade ao reconhecimento", segundo. O caráter histórico da narrativa amparava-se nas pesquisas que Eduardo vinha fazendo como preparação para o ingresso no mestrado na USP, que aconteceria em 1972. Ele trouxe literatos da negritude, como Senghor, Césaire e Guillen, mas estavam também presentes os poetas afro-brasileiros Solano Trindade e Jorge de Lima. O lado musical coube ao sociólogo e músico angolano K. Massangu, e foi Thereza quem "[...] imprimiu o caráter dramatúrgico ao espetáculo, responsabilizando-se pela composição da performance [...]".[39]

E agora... foi apresentada entre novembro e dezembro de 1971 no auditório do MASP, onde Eduardo trabalhara. A peça foi vista e marcou a memória de muitos ativistas negros, como Astrogildo Esteves: "A peça *E agora... falamos nós* foi como uma descarga elétrica na minha mente, a primeira vez que a questão racial me tocou a fundo".[40]

O CECAN, em sua primeira fase, com atividades culturais, existiu até

---

38 RIOS, Flavia. "A trajetória de Thereza Santos: comunismo, raça e gênero durante o regime militar". *PLURAL, Revista do PPG em Sociologia da USP*, São Paulo, vol. 21, nº 1, 2014, p. 73-96, p. 85.

39 *Ibid.*, p. 84.

40 Citado em: *Ibid., Loc. cit.*

1974, quando Thereza foi para o exílio em Angola. Eduardo, nessa época, já não se encontrava mais ligado formalmente ao grupo.

E agora... falamos nós, além da confluência entre as pessoas e ideias envolvidas, representou um passo importante no processo de construção de uma dramaturgia comprometida com a questão racial e disposta à crítica social e ao questionamento do próprio teatro enquanto expressão cultural e política da realidade. O espetáculo pode ser visto em relação ao Black Arts Movements, cujo *black theatre*, acompanhado de perto por Eduardo nos Estados Unidos nos anos 1960, repercutiu no trabalho realizado pelo CECAN.

Não obstante as diferenças, tanto o GTPLUN quanto o CECAN, e, em certa medida, também a ACN, moviam-se num mesmo terreno, o da conformação de um discurso da subjetividade negra. Esse discurso compunha-se, em termos genéricos, da valorização da instrução formal e da profissionalização, como na ACN em sua segunda fase, mas, principalmente, no ideário do GTPLUN, e da identidade, a um só tempo cultural e política, do teatro negro do CECAN. Malgrado nuanças de percepção acerca do caminho a seguir, havia um entendimento compartilhado quanto à importância do conhecimento histórico na tentativa de produção de linguagens e práticas alternativas de resistência ao racismo.

A partir deste contexto, acompanhamos os primeiros passos de Eduardo no sentido da produção de um pensamento crítico sobre a experiência do negro brasileiro do ponto de vista de sua subjetividade, perfazendo – é nossa hipótese – uma dimensão sociológica e acadêmica do processo de constituição do discurso da subjetividade negra em São Paulo na década de 1970 a partir da visão do pesquisador-sujeito. O projeto acadêmico de Eduardo estava conectado ao Movimento Negro que se constituía em São Paulo nessa época, ativismo que teve no CECAN e no GTPLUN duas expressões fundamentais. Este projeto, levado a cabo na USP entre 1966 e 1974, em um mestrado em Sociologia, é o tema do próximo capítulo.

Um programa de estudos

> Aqui esta experiência é a matéria-prima. É ela quem transforma o que poderia ser um mero exercício acadêmico, exigido como mais um requisito da ascensão social, num anseio apaixonado de produção de conhecimento. É ela que, articulada com experiências vividas por outros negros e negras, transmutar-se-á num saber que – racional e emocionalmente – reivindico como indispensável para negros e brancos, num processo real de libertação.
>
> Neusa Santos Souza

Entre dois mundos

Cidade de São Paulo, 1966. Este é o ano e local da primeira menção de Eduardo ao desejo de um estudo aprofundado da questão racial brasileira. Em *Blues para Mister Charlie*, escreveu: "Se por um lado encontramos inúmeros pontos de contato quanto a posição do Grupo e sua problemática, que vem de encontro a todo um programa que pretendemos discutir e estudar com relação aos problemas raciais no Brasil [...]".[1]

Interessa-nos a partir de agora esse programa de estudos que o sociólogo começou a pensar nos anos 1960, e que se estenderá

---

1   OLIVEIRA, *Op. cit.*, 1966, *Loc. cit.*

praticamente até o fim de sua vida, em dezembro de 1980. Antes de entrarmos em detalhes do trabalho em si e de seu contexto, procuremos pistas de como a questão da negritude, em diálogo com o conceito-chave de subjetividade, constituíram-se, no transcorrer de sua trajetória, em questões para seu pensamento.

Uma dessas pistas está em um documento datilografado, sem datação precisa, aparentemente o relatório de uma viagem que ele realizara aos Estados Unidos em 1974. No texto, encontramos reflexões sobre o processo de como Eduardo se interessou pela Sociologia. O sociólogo rascunha ter sido um "negro de extração proletária, formado dentro de um espírito de que o acesso ao estudo seria um mecanismo não só de ascenção social como um meio de adequação ao problema racial".[2] E prossegue:

> Sem saber que carreira superior seguir, sem sentir vocação para nenhuma daquelas geralmente mais divulgadas (direito ou medicina), tardiamente, através de informações trazidas pela antropologia, foram cogitadas as Ciências Sociais e em particular a Sociologia como disciplina que melhor poderia corresponder aos anseios de compreensão de uma realidade não fácil de ser interpretada. Com essa caracterização, praticamente já pode-se perceber o envolvimento 'Sujeito' com a ciência de eleição, e tendo essa ciência sido a escolhida, digamos, como o meio de traduzir uma proposta de vida e não como uma

---

2 Esboço, sem autoria e sem datação, de um provável relatório de EOO para o *Institute of International Education* (IIE), 1974, p. 1. Coleção EOO/UEIM-UFSCAR, Série Produção Intelectual. Por uma questão de coerência e de respeito às fontes – e a seu produtor –, decidimos manter os constantes erros de português de EOO, sem o recurso, que seria frequente demais, da expressão "sic". Os erros mais evidentes de digitação foram corrigidos, simplesmente. A deterioração da escrita de Eduardo ocorre de forma nítida e progressiva a partir do final dos anos 1970, decorrência talvez de uma enfermidade mental que o estava supostamente acometendo, situação percebida – e relatada – por pessoas que conviveram com o autor.

atividade acadêmica, profissional ou como mecanismo de ascensão social ou aquisição de status.³

Note-se que sua visão do papel que o estudo haveria de ter no processo de ascensão social possivelmente colidisse com o de sua origem familiar ou dos ambientes sociais onde porventura estivesse inserido até então. A visão crítica quanto à educação como "adequação ao problema racial" também o diferenciava de uma parte das organizações negras de São Paulo da época, como o GTPLUN, que apostava na educação profissionalizante para a mobilidade social, sem desafiar frontalmente as estruturas da dominação racial. Para ele, ao contrário, o diploma ensejava a possibilidade – para além das conveniências contraditórias do *status* – de não somente demonstrar a capacidade intelectual do negro, mas de questionar as bases excludentes em que a Universidade fora concebida, interpelando as engrenagens raciais pelas quais esse sistema de exclusão se perpetuava. No entanto, há ainda outro elemento em sua fala: o da subjetividade negra: "[...] a sociologia foi tomada como o meio de 'leitura' [...] de uma realidade social [...]. É de prever-se pois, a existência de minha parte (pelo menos seria desejável), de uma constante acuidade para todas as situações sociais [...]".⁴

Esses excertos dão luz ao que José de Souza Martins dizia, no primeiro capítulo, da sensibilidade de seu colega "mulato" aos matizes da diferenciação social na Maria Antonia. E, também, à referência de que Eduardo lia *As culturas negras no Novo Mundo*, do antropólogo Arthur Ramos, em 1948, quando este autor era, ainda em vida, um grande especialista em história e cultura afro-brasileira. Ainda que Eduardo não defina que vertente da Antropologia o teria

---
3   Ibid., *Loc. cit.*
4   Ibid., *Loc. cit.*

levado às Ciências Sociais, é razoável supor que a figura de Arthur Ramos lhe tenha exercido alguma influência, dado que a dinâmica sócio-histórica da experiência do negro nas Américas, essencial em seu pensamento, foi motivo importante da obra de Ramos.

Pressuposições à parte, o fato conjuntural mais relevante em sua guinada para os estudos raciais e afro-brasileiros pode ter sido mesmo a passagem pelo curso de Ciências Sociais da USP, entre 1960 e 1964. Antes disso, vemos seu relacionamento com a temática racial e da negritude apenas na breve citação de Arthur Ramos, em 1948.

Na USP dos anos 1950 e 1960, produziram trabalhos seminais relativos ao negro no Brasil nomes como Roger Bastide, Florestan Fernandes, Octávio Ianni e Fernando Henrique Cardoso. Também sobre negros, como vimos, mas em outro enfoque, escreveu Ruy Coelho, em sua tese dos caraíbas negros de Honduras. Coelho foi amigo e colega de Antonio Candido, que era o principal responsável pelo *Suplemento Literário* de *O Estado de São Paulo*, no qual se publicou *Blues para Mister Charlie*. A documentação de Eduardo registra relações de proximidade, pessoal e intelectual, com todos os nomes acima. Se considerarmos essas relações em paralelo à sua formação na Maria Antonia e à sua produção sociológica, sua identificação acadêmica resta clara: ele o foi, a seu modo, um sociólogo uspiano. Vejamos, em detalhes, em que consistiu sua pesquisa para o mestrado em Sociologia na USP.

Seu caminho na pós-graduação inicia-se em 1966, quando ele começou seu primeiro curso livre de nível avançado, em Sociologia do Conhecimento. Eduardo descreve, no texto provável de seu Exame de Qualificação para o doutorado, de 1978, a natureza da disciplina e de como ela lhe foi importante. Quanto ao modo como a encarava, destacamos o seguinte: "[...] nosso interesse esteve sempre voltado para os textos em que a instância ideológica podia ser abordada como controle social".⁵ O tema das formações ideológicas e suas relações com a sociedade lhe era caro já nesse período, e será ponto nevrálgico de sua tese.

Um ano depois, em 1967, iniciou outro curso, "Raças e classes sociais no Brasil". O docente era Octavio Ianni. Ele era ainda professor na FFCL, e havia publicado, em 1966, o livro *Raças e classes sociais no Brasil*. Por meio de uma história política e social do povo brasileiro, a disciplina de Ianni abordou os significados políticos e econômicos das relações raciais no Brasil a partir do binômio raça/classe. Era uma equação, contudo, que Eduardo dizia estar tentando "compreender e analisar, rejeitando-a de imediato como instância única por acreditarmos conduzir a um 'redutivismo simplista', para o que temos ultimamente procurado nos atualizar com toda uma escola de estudo de relações raciais que pretende tomar a cor como uma determinante básica para a abordagem do problema".⁶

Embora essas palavras tenham sido escritas em 1978, elas dão acesso a um universo sociológico que compreendia a sociedade a partir das intersecções entre raça/classe, e que teve em *A integração do negro na sociedade de classes* sua mais acabada vocalização. Não obstante os esforços de Eduardo nos anos 1970 por uma autonomia analítica para as categorias cor/raça, o conceito de classe, influência do marxismo, não sairá jamais de seus horizontes teóricos. Em 1967, todavia, as margens para uma visão mais crítica e contestadora dessa problemática talvez fossem menores, pois Fernandes, Cardoso e Ianni ainda davam aulas na USP e exerciam considerável influência no debate sociológico de então.

---

5   OLIVEIRA, Eduardo de Oliveira e. "Relatório de atividades para o exame de qualificação do curso de sociologia na F.F.L.C.H. da USP", circa 1978, p. 1. Coleção EOO/UEIM-UFSCAR, Série Produção Intelectual.

6   *Ibid.*, p. 2.

Em abril de 1969, em decorrência do estado de exceção implantado com o AI-5 no Brasil, vários docentes da USP foram "aposentados compulsoriamente". Entre eles estavam Fernandes, Cardoso e Ianni, que eram os expoentes dos estudos de relações raciais na USP. É patente, contudo, que, por volta da metade dos anos 1960, eles já estavam abandonando o assunto – enquanto objeto de pesquisa e ação sociológica. Outros problemas sociais haviam se interposto em suas perspectivas ao longo da década, como as questões da industrialização e do desenvolvimento nacional. Mas os três jamais se distanciaram da questão racial, como suas intervenções intelectuais e políticas ulteriores o atestam, e ao menos Cardoso e Ianni estarão presentes em etapas da vida de Eduardo na década seguinte. As aposentadorias compulsórias de 1969, ainda que tenham aniquilado as carreiras uspianas desses pensadores, não levaram o assunto a ser inteiramente desprivilegiado no contexto do Departamento de Ciências Sociais da Faculdade de Filosofia, Letras e Ciências Humanas da USP (FFLCH-USP).

Pelo menos um professor passou incólume ao expurgo, tornando-se referência nos estudos sócio-antropológicos do negro na FFLCH nos anos seguintes: João Baptista Borges Pereira. O antropólogo de origem italiana, procedente do interior do estado de São Paulo, defendera, em 1966, a tese *Cor, Profissão e Mobilidade: o Negro e o Rádio de São Paulo*,[7] na USP, orientada pelo também antropólogo Egon Schaden. Embora interessado em fazer seu doutorado referente ao negro, João Baptista não foi para a Sociologia, mas para a Antropologia, pois Florestan, em 1964, teria recusado supervisioná-lo. Até a chegada – como professor – de Kabengele Munanga na FFLCH, em 1980, João Baptista seria a principal – e

---

7   PEREIRA, João Baptista Borges. *Cor, Profissão e Mobilidade*. São Paulo: Pioneira/Edusp, 1967.

talvez a única – figura docente na pesquisa do negro brasileiro na USP, em toda a década de 1970. Assim, parece natural que ele tivesse sido o orientador de Eduardo em seus estudos.

Se do lado mais conhecido e lembrado da Sociologia de Relações Raciais da USP estão os cientistas sociais que orbitavam em torno de Florestan, na Sociologia I, de outro, na cadeira de Sociologia II, exercia papel relativamente homólogo Ruy Coelho. Como já ensaiamos dizer, ele fez doutorado com Melville Herskovits, e foi importante na concepção e organização do Projeto UNESCO no Brasil. Mas, além disso, é aspecto menos conhecido – ou menos comentado – que ele foi mentor das pesquisas de pessoas que tiveram papel crucial no que, hoje em dia, poderia ser denominado de estudos da "diáspora africana" no Brasil. Ruy foi o orientador, no mestrado e no doutorado, de Fernando Mourão, que criou, em 1969, o Centro de Estudos Africanos da USP (CEA-USP), que abrigaria, anos mais tarde, Kabengele Munanga em sua chegada. Para Mourão, Ruy foi um "esteta e literato", alguém que enfatizava o "interconhecimento no campo das ciências humanas";[8] Lisbeth Gonçalves diz que ele foi "responsável pela disciplina de Sociologia [II], [e] era também especialista em Antropologia, Psicologia, Psicanálise, Linguística, Letras e Artes, conhecedor de música, artes plásticas, cinema e teatro"; ela lembra ainda que, "como humanista que era, acolheu para orientação diversas pesquisas de pós--graduação, em todos estes campos do saber".[9]

Ruy foi o orientador escolhido por Eduardo para o mestrado. João Baptista – que era o coorientador –, comparando os nomes das

---

8 MOURÃO, Fernando A. A. "Ruy Galvão de Andrada Coelho". *Estudos Avançados*, São Paulo, vol. 8, nº 22, set./dez. 1994, p. 275-77, p. 277.

9 GONÇALVES, Lisbeth Rebollo. "O professor Ruy Coelho e a interdisciplinaridade". *Revista Arte e Cultura*, São Paulo, vol. 2, nº 1, 1991, p. 101-104, p. 101.

"sociologias" da USP, disse que Eduardo tinha um "distanciamento do Florestan, achando que [ele] não captava realmente a sensibilidade do negro, que ele entendia ser. Ele trabalhou também com relações raciais, doutorou-se com Herskovits. Então, quando ele veio ao Brasil, ele trouxe um tipo de sensibilidade para o problema que de certa maneira talvez tenha atraído mais o Eduardo".[10]

É interessante notar as nuanças de percepção de João Baptista quanto ao que significavam, no senso comum sociológico da USP, Florestan e Ruy. Elas se relacionam a uma leitura historiográfica, como o trabalho supracitado de Carolina Pulicci, que os associa a dois universos: em Florestan vê-se uma Sociologia aplicada, científica; Coelho representaria a sensibilidade, o estético na Sociologia. Mas podemos ir além. Contrariamente a Fernandes, as perspectivas teóricas de Coelho, como em seu doutorado, talvez parecessem a Eduardo mais pertinentes ao estudo dos aspectos subjetivos da experiência social do negro, o que seria um de seus objetivos no mestrado. Contudo, os textos de Ruy são por ele raramente citados.

Seja como for, no momento em que se decidiu pelo mestrado, ele talvez estivesse em uma posição ambivalente: transitando entre dois tipos de abordagem e vivência da Sociologia, ele juntou-se, de um lado, a Ruy Coelho e ao que ele representava – escolha que, aliás, fazia pleno sentido se considerarmos sua experiência de vida e sua atenção para o estético da existência, como o teatro negro. De outro, todavia, o seu programa de estudos, transformado em projeto de pesquisa de Pós-graduação, dialogava fundamental e criticamente com a Sociologia de Relações Raciais da USP, disseminada e tornada hegemônica na historiografia pela força da figura de Florestan Fernandes. Mas a perspectiva da subjetividade, mais proeminente no trabalho de Ruy, pode ter sido o fiel da balança na escolha.

---

10   Entrevista com João Baptista Borges Pereira, 07 mar. 2015.

O elefante negro 111

A partir desse quadro contextual, perguntamos: que projeto era esse, e que problemáticas apresentava, no ocaso dos anos 1960 e alvorecer da década de 1970, para a discussão sociológica atinente ao negro e às relações raciais no Brasil?

Ideologia racial: estudo de relações raciais: a dissertação

Em setembro de 1971, no I Encontro de Estudos Brasileiros, na USP, alguém perguntou: "Por que o negro não foi discutido?".[11] Era Eduardo. Ele era um dos secretários do encontro, no qual apresentou um trabalho intitulado "Relações raciais no Brasil". Na mesma semana em que este evento era realizado, acontecia o 8º Encontro Brasileiro de Antropologia, também na USP. O sociólogo apresentou na oportunidade uma "monografia" nomeada "Ideologia Racial". É possível que este fosse seu trabalho de conclusão de curso na graduação da USP, mas não encontramos nenhum sinal de tal texto em seu arquivo. De todo modo, ele aí discutia ideias que dizia estar sendo desenvolvidas em seu mestrado.

Eduardo matriculou-se formalmente no mestrado em 1966. Desse ano até 1971, há registro de suas atividades acadêmicas apenas na forma de disciplinas. Em 1972, ganhou bolsa da Fundação de Amparo à Pesquisa do Estado de São Paulo (FAPESP). Com 43 anos, ele queria enfrentar uma questão que lhe dizia respeito em seu permanente cotidiano: o pesquisador era um negro, sujeito de suas perguntas e de sua própria investigação.

---

11 O documento de onde extraímos tais informações faz parte do que parece ser uma reportagem sobre o I Encontro de Estudos Brasileiros, intitulada "Por que o negro não foi discutido?". Porém, não há informação sobre o periódico, autoria, local nem data. Este documento, de uma página, faz parte do arquivo pessoal de Elbe de Oliveira e encontra-se também na Coleção EOO/UEIM-UFSCAR, Série Folhetos.

De antemão, devemos ressaltar que sua dissertação não foi defendida cabalmente, e o texto final de sua posterior tese, embora suspeitemos que estivesse pronto, em 1979, perdeu-se por motivos diversos e não foi jamais encontrado. Mas o acervo que Eduardo guardava em seu apartamento em São Paulo, ainda que não tenha conservado o copião final da tese,[12] preservou literalmente centenas de papeis relativos à pesquisa.

Neste momento, procedemos a um exercício de organização inicial do quebra-cabeça documental que o processo de construção deste trabalho representa. A tentativa de reconstrução desses meandros de pensamento, no que concerne estritamente à sua vida acadêmica, significa se envolver pelo caráter fragmentário e frequentemente lacunar das fontes, e do que delas – e nelas – podemos ler, analisar e problematizar.

O projeto nomeava-se *Ideologia racial: estudo de relações raciais*. Introdutoriamente, Eduardo procede a um levantamento das obras sobre as relações raciais no Brasil. De Joaquim Nabuco a Nina Rodrigues, de Gilberto Freyre a Arthur Ramos, ele chega ao que ele chama de "Escola Sociológica de São Paulo". Ao listar os trabalhos de Bastide, Florestan, Cardoso, Ianni, Nogueira, Borges Pereira, e também Thales de Azevedo e Costa Pinto, ele diz que os temas tratados por esses autores deveriam ser "reexaminados, desenvolvidos, reformulados e integrados numa tentativa de interpretação do negro brasileiro".[13] Logo em seguida, aparece em aquela que seria uma insistente pergunta dali em diante. Mesmo

---

12 "Tese" e "dissertação" aparecem aqui de forma intercambiável porque, naquele contexto, parecia não haver distinção clara entre os termos. Eduardo dizia "tese" tanto para o mestrado quanto para o doutorado. Usamos "dissertação" na descrição dessa primeira fase de sua pós-graduação, para enfatizar tratar-se de um mestrado.

13 *Ibid.*, p. 2.

reconhecendo o valor das obras elencadas, ele lembra que seus autores eram brancos. Desta maneira, seriam "seus impulsos e níveis de preocupações os mesmos que de um negro?"[14] Eduardo procura delinear um perfil histórico e estabelecer uma análise sociológica da ideologia racial do negro, especialmente em São Paulo no século XX, entre 1900 e 1972, em face das relações entre brancos e negros e do processo de inserção do afro-brasileiro na ordem competitiva. Ele parte de Fernandes (1964) para afirmar que o negro não tinha uma ideologia racial, mas uma contra-ideologia, o modo de manifestação de comportamentos e impulsões sociais do negro no sentido de medir-se segundo os padrões dos brancos. Apesar disso, sua vivência na comunidade afro-paulistana dos anos 1960-70, em entidades como a ACN e o CECAN, sugeria-lhe que havia uma mudança em curso: "[...] o negro brasileiro está em busca de uma definição, que pode ser ideológica, que responda a seus anseios de representatividade ao nível da estrutura sócio-político-econômica de nossa sociedade [...]".[15]

Para a análise dessa situação e no rastreamento histórico de sistemas de representação, ele procura estabelecer padrões de consciência racial no período escravocrata, especialmente a "consciência do escravo", do negro como coisa, e a "consciência do liberto", do negro já como sujeito, mas ainda moldado por condições exteriores que não lhe permitiam – e não o farão no imediato pós-abolição – encontrar meio de expressar sua indignação social. O autor esquadrinha a busca do afro-paulistano por uma ideologia a partir de três marcos: a Abolição, a Primeira República e a passagem da sociedade de castas para a sociedade de classes.

---

14   Ibid., p. 3.
15   Ibid., Loc. cit.

Como estrutura operacional geral, dois conceitos são utilizados: os de "negridade" e "negritude". A palavra negridade surgiu-lhe de um documento da FNB, o *Manifesto à Gente Negra Brasileira*, de 1931, que assim dizia: "A nossa história tem sido exageradamente deturpada pelos interesses em esconder a face histórica interessante ao Negro, aquilo que se poderia dizer a 'negridade' da nossa evolução nacional".[16] Ele entende este movimento social negro paulistano como um "momento de desalienação do negro, mas tendo como modelo, porém, o branco", correspondendo ao "para o outro" sartreano ("pour autrui"). A negridade da FNB seria como que uma etapa anterior à negritude, encarada como o conjunto dos valores culturais do mundo negro, estágio da consciência social que seria o "para si" ("pour soi") do sujeito negro. Mas dados acontecimentos naquele início dos anos 1970 faziam-no suspeitar de uma mudança na consciência racial dos negros na cidade de São Paulo.

Entre esses fatos, Eduardo alude aos bailes do Burro Negro de 1969 e 1970, que celebravam desde a década de 1960 os negros que entravam nas universidades em São Paulo; à eleição de Adalberto de Camargo, em 1966, e de Theodosina Ribeiro, em 1970 – ambos entrevistados no mestrado; à atuação de entidades como ACN e o Aristocrata Clube; nota, também, declarações na imprensa "que sugerem atitudes manifestas de conscientização de um grupo minoritário em busca de uma identidade, identidade que pode ser encontrada através de um 'valôr' que possa ser atribuído ao negro social e culturalmente".[17] A assimilação do negro à sociedade de classes estaria criando atitudes de inconformismo contra o preconceito e a discriminação racial? Como elas se manifesta-

---

16 *Ibid.*, p. 6.
17 Idem, *Op. cit.*, 1971, p. 10.

vam? Esse contexto, diz ele, "faz com que nos questionemos se, na busca de uma ideologia, não estará êle [o negro] construindo uma consciência histórica com a qual poderá tornar-se o próprio agente de seu destino".[18]

Quanto aos aspectos metodológicos, pretendia-se fazer uma sociologia histórica do negro brasileiro, tendo como lastro geral o conceito marxista de ideologia. Apoiado em Karl Marx, Karl Mannheim, Georg Lukács, Louis Althusser, autores que eram presença obrigatória nos cursos da Maria Antonia, ele engendra sua definição: "Tomamos 'ideologia' como aquêles aspectos psicológicos coletivos, capazes de traduzir uma filosofia de vida, uma necessidade de integrar vários elementos de significados numa dada experiência histórica".[19] Quanto à questão da subjetividade, as ideias de Jean-Paul Sartre são constantes nesse e em outros textos; a subjetividade negra era encarada principalmente a partir de Senghor.

A abordagem concernente às fontes do trabalho consistia na análise de documentos diversos, como jornais da imprensa negra, revistas, anúncios de jornal, mas também previa entrevistas formais e informais, histórias de vida, aplicação de questionários e observação participante. O material humano para tal empresa vinha dos membros das associações negras nas quais ele circulava nessa época, como a ACN e o Aristocrata Clube.

Virgínia Bicudo e Guerreiro Ramos: antecedentes

Ainda que o ingresso de Eduardo – um negro observando organicamente o grupo racial do qual fazia parte – no mestrado da USP perfaça um simbolismo histórico, ele não foi o primeiro

---
18   *Ibid., Loc. cit.*
19   *Ibid.*, p. 1.

afro-brasileiro a realizar um mestrado em Ciências Sociais em relações raciais em São Paulo ou no Brasil. Antes dele, em 1945, a socióloga e psicanalista negra Virgínia Leone Bicudo defendeu a dissertação *Estudo de atitudes raciais de pretos e mulatos em São Paulo*, na ELSP, orientada por Donald Pierson. De acordo com a cientista social Janaína Damasceno Gomes, que escreveu uma tese em Antropologia sobre aspectos da trajetória e do trabalho de Virgínia em relações raciais, a dissertação desta intelectual discutia a "importância da formação das associações negras, como a Frente Negra Brasileira, na mobilização contra os obstáculos para a ascensão social dos negros", negando a "suposição de que a ascensão social seria suficiente para a eliminação do preconceito";[20] na realidade, seria justamente "a ascensão social que [faria] com que o negro [adquirisse] consciência racial".[21]

Como Eduardo concretizaria na década de 1970, Bicudo entrevistou líderes da FNB em São Paulo e fez uso, também, de uma leitura psicológica do social para a compreensão das atitudes raciais de pretos e mulatos, visando a entender a situação racial desses sujeitos. Ela, contudo, ao contrário do sociólogo, não foi jamais uma ativista do movimento negro, nem se colocou aberta e claramente como negra em sua pioneira dissertação. Esquecido por mais de 60 anos, seu trabalho foi publicado somente em 2010. Não encontramos nos escritos de Eduardo qualquer comentário à obra de Virgínia, uma ausência intrigante, haja vista a convergência entre o objeto, as fontes e as perspectivas teórico-metodológicas, além, é claro, do fato marcante de Virgínia ser uma intelectual afro-brasileira.

---

20 GOMES, *Op. cit.*, p. 16.
21 *Ibid.*, p. 101.

Além dela, há outro grande ausente no projeto: Guerreiro Ramos. Ele foi o primeiro cientista social afro-brasileiro a colocar a questão da subjetividade negra como fator relevante para o trabalho sociológico. Formado em Ciências Sociais pela Faculdade Nacional de Filosofia do Rio de Janeiro em 1942, exerceu cargos na burocracia estatal, como o de sociólogo do Instituto Superior de Estudos Brasileiros. Participou do TEN nos anos 1940-50 e escreveu, ao longo do mesmo período, diversos textos em que realizou análises cortantes e críticas severas aos estudos do "problema do negro" nas Ciências Sociais brasileiras realizados até os anos 1950. No artigo *O problema do negro na sociologia brasileira*, de 1954, ele inverteu a questão, no sentido de que não haveria um "problema do negro", como pensavam antropólogos e sociólogos até então, mas sim um problema do branco, pois foi o branco que historicamente estabeleceu sua cor/raça como norma e a partir disso considerou o negro como um desvio ao modelo racial visto como normal.[22]

Essa perspectiva desafiava a maneira como os estudos sobre o negro eram até então concebidos, considerando-o como um objeto de pesquisa, e não como sujeito, como ele elabora no artigo *Patologia social do "branco" brasileiro*, de 1955. Para ele, haveria o negro-tema e o negro-vida. O negro-tema é o sujeito coisificado, objeto formalizado, amorfo e exótico; no limite, anormal. O negro-vida é o negro enquanto sujeito, "algo que não se deixa imobilizar; é despistador, proteico, multiforme, do qual na verdade, não se pode dar versão definitiva, pois é hoje o que não era ontem e será amanhã o que não é hoje".[23]

---

22 Cf. RAMOS, Alberto Guerreiro. "O problema do negro na sociologia brasileira". *Cadernos do Nosso Tempo*, Rio de Janeiro, nº 2, jan./jun. 1954.

23 *Idem*. "Patologia social do branco brasileiro" [1955]. Citado em: BARBOSA, *Op. cit.*, 2004, p. 146.

A sociologia de Ramos era engajada e pragmática, e colocava a experiência do negro-vida como fundamental para o enfrentamento intelectual e político da ideologia da brancura: no artigo de 1955, ele dizia ser necessário "reconhecer-se hoje a necessidade de re-examinar o tema das relações de raça no Brasil, dentro de uma posição de autenticidade étnica".[24] Além desses aspectos, é preciso dizer que, assim como Bicudo, Ramos estava interessado nas facetas psicológicas das relações raciais no Brasil. A coincidência temática entre as perspectivas de Guerreiro Ramos, aqui apenas mencionadas, com aquelas que Eduardo ensaiava em seu projeto para o mestrado, saltam aos olhos.[25]

A pesquisa na cidade de São Paulo

A pós-graduação de Eduardo possuiu duas fases. Na primeira, entre 1971 e 1974, o trabalho deu-se ao nível de mestrado. Em 1975, transformou-se, por sugestão da banca de Qualificação em um doutorado direto. Neste tópico abordaremos essa primeira fase, deixando a segunda etapa, de doutoramento, para capítulo posterior. O material para a montagem e análise da primeira parte de pesquisa constitui-se de quatro relatórios para a FAPESP entre 1972 e 1974, além de papéis diversos e algumas correspondências.

---

24 Citado em: BARBOSA, Op. cit., 2004, p. 150.
25 Uma hipótese subterrânea – ou nem tanto – é mais plausível para essa ausência. Ramos era crítico da Escola Paulista, que lhe nutria sentimentos não menos ácidos. A polêmica com Florestan Fernandes nos anos 1950 foi talvez a mais notória. Foi-nos sugerido que tal ausência, bem como outras, poderia ser explicada por questões de temperamento e vaidade intelectual de Eduardo, um sujeito visto muitas vezes como vaidoso e irascível. Pode ser que tenha simplesmente havido algum insondável desentendimento. São possibilidades plausíveis, mas difíceis de serem comprovadas – ou minimamente conjecturadas – empiricamente.

O elefante negro

Duas cartas de 1968 demonstram o alcance temático e o caráter ambicioso do projeto. A primeira delas foi uma carta-resposta enviada por Alioune Sene, senegalês que era, em 1968, diretor de gabinete de Senghor, na época o presidente do Senegal. Sene informa que Eduardo solicitara uma bolsa ao governo do Senegal para realizar lá pesquisas sobre "Sociologia Africana". Ele faz algumas considerações ao projeto:

> Seu projeto se reveste de uma importância singular para nós, posto que participa da afirmação da personalidade cultural da África. Sem dúvida, há entre o Brasil e a África ligações específicas que merecem ser estudadas de uma maneira científica. Deve-se superar o folclore e as imagens dos tempos da escravidão para abordar as mais complexas realidades humanas que revela a comunidade Afro-Brasileira. Essa tomada de consciência que se desenha no Brasil negro responde às exigências do mundo novo, onde qualquer raça, qualquer povo, deve trazer sua contribuição para a edificação da civilização universal. Este é o interesse que eu entendo de seu projeto.[26]

Alguns pontos importantes estão presentes nessas linhas, que reproduzem ideias do brasileiro traduzidas pelo senegalês: laços culturais entre Brasil e África, o questionamento do folclore e da escra-

---

26 Carta de Alioune Sene para EOO, 6 ago. 1968. São Carlos, Coleção EOO/UEIM--UFSCAR, Série Correspondências. No original: "Votre projet revêt une importance singulière pour nous, d'autant qu'il participe de l'affirmation de la personnalité culturelle de l'Afrique. Sans doute, il y a entre le Brésil et l'Afrique, des liens spécifiques qui méritent d'être étudiés d'une manière scientifique. Il s'agit de dépasser le folklore et les avatars des temps de l'esclavage pour saisir les réalités humaines les plus complexes que révèle la communauté Afro-Brésilienne. Cette prise de conscience qui se dessine chez le Brésilien noir répond aux exigences du monde nouveau, où chaque race, chaque peuple, doit apporter sa contribution à l'édification de la civilisation universelle. C'est vous dire l'intérêt que j'attache à votre projet".

vidão como aspectos dominantes nos estudos sociais e históricos do negro no Brasil e alhures, uma concepção de negritude voltada para a "civilização universal", identificada, como não poderia deixar de ser, à negritude francófona de Senghor, e, talvez mais importante, a sugestão de que havia uma consciência negra em formação no Brasil no final dos anos 1960. Cerca de um mês depois dessa missiva, é nada menos que o próprio presidente do Senegal quem, de Dakar, escreveu-lhe para falar sobre o pedido da bolsa de pesquisa, em tom protocolar. Ele não ganhou a bolsa, embora tenha viajado para o Senegal em 1970, para pesquisar no IFAN. Aliás, nos anos anteriores ao do ingresso no mestrado, ele estava tentando fazer contatos acadêmicos fora do Brasil. Em 1966, viajara a Nova York, para "Estudos com o Prof. Carl Withers", antropólogo; para a Sorbonne, em 1968, para um curso de Civilização Francesa, e, na mesma viagem, a Londres, onde pesquisou no Museu Britânico; em 1970, voltaria a Londres e aos EUA, em local ignorado, para "Observação em estudos 'afro-americanos'".[27] Há, ainda, uma versão em inglês de seu projeto de mestrado, o que indica uma disposição provável em fazer o curso nos Estados Unidos.

A abrangência de sua visão sociológica, presente em suas leituras, viagens e esforços de articulação internacional, refletiu-se nos relatórios. No primeiro e mais completo deles, datado de 25 de outubro de 1972, ele define, ao estabelecer as bases teóricas de sua visão histórica, uma abordagem do escravismo brasileiro para além dos particularismos nacionais: partindo do pressuposto de que a escravidão negra no Novo Mundo foi um evento singular e estrutural, diverso no tempo e no espaço e subordinado às flutuações do sistema capitalista internacional, ele afirma querer "fugir

---

27 *Ibid., Loc. cit.*

às posições idealistas que, não tomando a instituição servil de uma perspectiva hemisférica, isolavam o Brasil de um processo globalizador, atribuindo-lhe características particulares, deformando assim o processo como um todo".[28] Essa deformação devia-se a obras como as de Frank Tannembaum (1947) e Stanley M. Elkins (1959), que viam diferenças de grau entre a escravidão no Brasil e nos Estados Unidos. Mesmo sem romper com esses autores, visto pensar, por exemplo, a consciência do escravo brasileiro – ao menos neste momento – como uma não consciência, fruto da reificação imposta pelo modo de produção escravista, ele estava atento às mudanças que se impunham naquele tempo aos estudos de escravidão e relações raciais nas Américas. Ainda que o aspecto "hemisférico" de sua percepção histórica se fizesse presente, a proposta de diálogo crítico mais direto dava-se com a Escola Sociológica Paulista: no "terreno das relações raciais", ele objetivava um "confronto com os estudos mais recentes aparecidos no Brasil, como os de Fernando Henrique Cardoso, Octavio Ianni, Emília Viotti da Costa e João B. B. Pereira, sem perder de vistas as contribuições de Roger Bastide e Florestan Fernandes".[29]

Bastide e Fernandes haviam sido, não é demais lembrar, os primeiros sociólogos da USP a estudar em profundidade as relações raciais em São Paulo e também os movimentos negros dessa cidade na primeira metade do século XX, especialmente na década de 1930 – nesse último aspecto, foram precedidos por Virgínia Dicudo em cerca de uma década. Embora o compreensivo recorte

---

28 OLIVEIRA, Eduardo de Oliveira e. "Ideologia Racial - Estudo de relações raciais" [Relatório número 1 e projeto para pedido de renovação de bolsa da FAPESP, junto com relatório intermediário], 1972, p. 2. Coleção EOO/UEIM-UFSCAR, Série Produção Intelectual.

29 *Ibid.*, p. 16.

temporal do estudo de Eduardo vá de 1900 a 1972, é justamente nos anos 1930 que ele repousa com maior vagar. Isso porque seria nesse contexto, quando a imprensa negra paulistana assume feições políticas, em que a organização do negro manifestaria a "negridade" de sua consciência, embora como uma contra-ideologia, presa ao paradigma da integração do negro. Ele se pergunta acerca dos mecanismos psicológicos que impediam ao negro a "consecução de seus planos, ou seja, atingir o 'para si'".[30]

Embora seus pontos de vista teóricos estivessem informados por quadros de referência derivados de autores como os da Escola Sociológica Paulista, de Sartre, de Senghor, de obras – em geral marxistas – em torno do conceito de ideologia, ele também estava operando com instrumentos teórico-metodológicos advindos de uma das especialidades de seu orientador, Ruy Coelho, que eram os estudos de perspectiva sociopsicológica em cultura e personalidade. Ruy havia utilizado esse *approach* conceitual em seu doutorado e em sua tese de cátedra, *Estrutura Social e Dinâmica Psicológica*, de 1964. Adotando os critérios do orientador, Eduardo partia de uma análise da microestrutura (indivíduo-sociedade) para a macroestrutura (personalidade-cultura), tomando "Cultura e Personalidade como base conceitual para o alcance da instância ideológica. Partimos do sistema cultural e do sistema de personalidade, procurando encontrar uma correspondência entre cultura e caráter nuclear uniforme".[31] Interessava-lhe compreender sincronicamente, por meio das relações raciais e da importância da cor na configuração da sociedade paulistana, níveis de consciência racial; em suas palavras, "a distribuição de frequência de certas ca-

---

30 *Ibid.*, p. 8.
31 *Ibid.*, p. 9.

racterísticas pessoais numa certa 'classe de pessoas' [...] no caso de nosso estudo, a cor do grupo racial negro".³²

No âmbito desse domínio teórico, ele utiliza o conceito de "caráter nacional", proveniente da obra de Dante Moreira Leira (1969), e, mais especificamente, o de "personalidade básica", com o propósito de "estudar o grupo negro, como se referindo a 'uma estrutura de características articuladas de personalidade comum à maioria de todos os membros de uma população culturalmente demarcada'".³³ As técnicas foram testes projetivos – principalmente o Psicodiagnóstico de Rorschach, teste projetivo que utiliza elementos pictóricos para a avaliação psicológica e subjetiva dos indivíduos –, entrevistas, observação participante e questionário. Os testes projetivos, segundo ele, ofereciam maior capacidade de apreensão da estrutura psicológica e dos comportamentos, latentes ou manifestos, dos indivíduos negros "numa sociedade como a nossa, de características mais bi-raciais do que multi-raciais, podendo assegurar informações em torno de um número de variáveis estreitamente comparáveis, e mesmo mensuráveis".³⁴ O Teste de Rorschach ensejaria avaliar ainda as "tensões e ansiedades" do convívio inter-racial, das quais procederiam não só a existência, mas a própria "origem da problemática levantada" ao longo do trabalho.

---

32 *Ibid., Loc. cit.*

33 *Ibid.*, p. 10. Ele não informa de onde extraiu o excerto citado.

34 Sua opinião do Brasil enquanto sociedade primariamente birracial não deve deixar de ser notada. Ela pode ser resultado de suas leituras da época e da visão crítica que estava construindo sobre a questão racial na sociedade brasileira, mas é possível que essa visão proviesse de sua experiência internacional, mormente nos Estados Unidos, para onde viajava com frequência. No próximo capítulo, nos deteremos em sua experiência nos EUA; no restante da tese, discutimos também com mais vagar suas visões sobre as relações raciais no Brasil.

Eduardo reuniu grande quantidade de jornais da imprensa negra (24 periódicos, compreendendo 253 volumes ao total), entre o primeiro deles, *O Menelik*, de 1916, passando pelo *A Voz da Raça*, órgão noticioso da FNB que existiu entre 1933-37, até o *A Velha Guarda*, de 1969. Conversou com alguns dos artífices dessa imprensa étnica e dos movimentos negros, membros da FNB e da ACN. Ele tinha bom trânsito com essa – na época – geração mais antiga do ativismo negro. Para Flávia Rios, ele foi um "mediador geracional", formando "jovens negros interessados nos assuntos referentes à questão racial" ao mesmo tempo em que "frequentava as antigas associações negras paulistanas [...]".[35] Entrevistou Arlindo Veiga dos Santos, José Correia Leite, Francisco Lucrécio, Geraldo Campos, Fernando Góes, Raul do Amaral, Jaime Aguiar, Oswaldo Camargo, Henrique Cunha e Aristides Barbosa. Para Correia Leite, que foi um dos mais importantes militantes da imprensa negra, da FNB e, posteriormente, da ACN, o sociólogo apresentou uma lista de 52 perguntas sobre a história dessas organizações. Conversou ainda com Adalberto de Camargo e Theodosina Ribeiro.

Além dos jornais e das entrevistas, foi aplicado um questionário-piloto em um grupo variado de 60 indivíduos negros da capital, objetivando medir e especificar manifestações de comportamento, com perguntas que abrangiam declaração pessoal de raça, avaliação de solidariedade racial, percepção de problemas comuns, situações de preconceito, conhecimento sobre a FNB, consciência ideológica e vida associativa, entre outras. Esse questionário serviu de base para outro, definitivo, que seria submetido a nada menos que 600 sujeitos negros do município de São Paulo, de onde seriam selecionados novamente 60 pessoas – 33 mulheres e 27 homens, considerando a

---
35 RIOS, *Op. cit.*, 2014, p. 31.

O elefante negro 125

variação de gênero na população total de São Paulo da época –, que realizariam então o Psicodiagnóstico de Rorschach. Nos planos do sociólogo, essas pessoas, de diferentes idades, estariam distribuídas da seguinte maneira:

3 sorteadas entre os elementos do Grupo de Teatro do "Centro de Cultura e Arte Negra"
3 sorteadas na "Associação Cultural do Negro"
6 universitárias
6 encontradas ao acaso no perímetro urbano no setor de trabalho
6 sorteadas entre as associadas do "Aristocrata Clube" clube privativo de negros de poder aquisitivo acima da média
6 encontradas ao acaso em bairros de maior concentração de negros
3 domésticas de cursos noturnos de alfabetização.[36]

O que vemos é uma amostra bastante ecumênica de suas relações pessoais e institucionais, mas também uma visão do que se passava na comunidade negra paulistana em termos de movimentos sociais e culturais. Ademais, tendo ele bom relacionamento com membros do Clube Aristocrata, nossa aposta de que estivesse aproximado do GTPLUN torna-se mais plausível, pois os participantes do GTPLUN eram frequentadores do Aristocrata.

O Teste de Rorschach avaliaria o dinamismo da personalidade negra no âmbito dos processos interculturais e inter-raciais, de um ponto de vista intrapsíquico, mas também dinâmico. O autor queria compreender o negro no sistema social e "no momento presente, ademais de suas características neuróticas e psicóticas",[37] além dos

---

36 OLIVEIRA, Op. cit., 1972, p. 11.
37 Idem. "Do teste de Rorschach", circa 1972, p. 1. Coleção EOO/UEIM-UFSCAR, Série Produção Intelectual.

elementos culturais capazes de servir de meio adaptativo e de como a cultura poderia provocar um "stress" no grupo negro em São Paulo. O *stress* (pressão) seria o momento em que "a cultura pressiona um indivíduo que então reage defensivamente, com um tipo de alarme ou com sentimentos desagradáveis".[38] Essa pressão pode aflorar em termos de pobreza, confusão cultural, frustração, fracasso, dissonância cognitiva e inadequação social, entre outras manifestações do *stress*. As respostas comportamentais, individuais ou coletivas, a esse *stress*, manifestar-se-iam, por sua vez, pelo "strain" (tensão) cultural, como o sentimento de opressão, ansiedade, depressão e revolta. O *strain* seria a forma que os indivíduos encontram de regular a pressão cultural e reparar disfunções psicológicas. Mas o *stress* não era, por si, necessariamente negativo, pois sua incidência poderia "promover reação, reformulando o meio social, conduzindo a níveis de organização pessoal não antes alcançado".[39]

Sendo o afro-brasileiro o resultado de suas circunstâncias, o sociólogo sustentava a hipótese de que este grupo racial no Brasil se constituía em uma identidade social e cultural própria, alternativa, o que o levava, todavia, em razão de suas tendências comportamentais de natureza contra-ideológica, a entender o negro como um "'ser colonizado', independente de sua nacionalidade",[40] tal como escreve no relatório seguinte ao que acabamos de ler, datado de 26 de março de 1974. Essa ideia vinha de encontro à sua busca mais por semelhanças do que por diferenças, em termos de personalidade, entre os negros no Brasil e noutros contextos, ao mesmo tempo em que o afastava de Florestan com relação ao ne-

---

38 *Ibid.*, p. 1.
39 *Ibid.*, p. 3.
40 *Idem*. Relatório número 3 para a FAPESP, de 26 mar. 1974, p. 8. Coleção EOO/UEIM-UFSCAR, Série Produção Intelectual.

gro pensado na perspectiva de classe. Neste relatório, ele diz: "A premissa básica, que viria ou não consolidar-se, era o fato de o negro ser ou não uma entidade 'universal', detentor de uma personalidade idêntica, se bem que passível de variações nacionais, regionais ou mesmo setoriais".[41]

Ao buscar "sua identidade como Ser",[42] ele imaginava nada menos que uma ontologia do negro brasileiro, mas esbarrou em dificuldades, que teriam atrasado a consecução do texto, como a falta de teorização sobre a negritude no Brasil. Ele achava que aqueles que de alguma forma haviam abordado o tema, como Fernando Henrique Cardoso (1962) e Gilberto Freyre (1972), não o fizeram de forma satisfatória – lembrando novamente que, passados quase três anos da concepção do projeto inicial, ele continuava a ignorar a obra de Guerreiro Ramos, que teorizara sobre a negritude em várias oportunidades nos anos 1950. Apesar dos problemas, ele afiançava a finalização da dissertação, e dizia estar indo para o doutorado.

A dissertação não foi defendida. Não se sabe ao certo o que aconteceu, mas o fato de ele ter seguido a pesquisa como doutorando, a partir de 1975, deve ter colaborado para não finalizar o mestrado. O material dessa primeira fase da pós-graduação resume-se ao que foi aqui apresentado – relatórios e cartas – e a uma grande fragmentária quantidade de rascunhos e esboços de prováveis capítulos dessa dissertação, datilografados ou escritos à mão, a maioria intensamente rabiscada, comentada, reescrita, aposta e revisada.

Em meados de 1974, Ruy e sua esposa, Lúcia Coelho, foram para o exílio na França, onde permaneceram até 1976. Antes, em 1971, ele e Lúcia, então professora da FMUSP, haviam sido presos pelo Regime

---

41 *Ibid.*, p. 1.

42 *Ibid.*, p. 9-10.

Militar. Em 1974, com uma nova prisão, não puderam mais permanecer no Brasil. Ruy, então, teve de abandonar a orientação de Eduardo – o que não fez sem pesar.[43] Designou João Baptista Borges Pereira, que assinou como "orientador substituto" o quarto e último relatório enviado para a FAPESP, em agosto de 1974.

Pela altura de 1974, Eduardo era um nome firmado na cidade de São Paulo como intelectual negro. Falava o idioma social de diferentes grupos e emprestava sua voz – posicionada em uma situação privilegiada de classe –, que representava também o conhecimento sociológico da USP, para os movimentos negros que se reorganizavam na cidade, os quais, como a ACN e o CECAN, tomou como tarefa e responsabilidade pessoal – e objetos de preocupação sociológica. Embora não tenha finalizado o mestrado, vislumbramos uma significativa mostra de algumas de suas ideias, experimentos de pesquisa, leituras e visões teóricas. Conquanto as fontes e informações existentes acerca desses primeiros passos de sua pós-graduação sejam dispersivas e relativamente lacunares, permanece aquilo que de mais importante um trabalho científico e acadêmico pode ter: as perguntas.

Ele dizia no projeto de *Ideologia racial...* que "[...] os negros têm perguntas a fazer, para as quais aguardam respostas".[44] Na multidão imperiosa das circunstâncias, Eduardo havia se tornado um questionador que se colocava, enquanto negro, no escopo mesmo de suas indagações, borrando, embaralhando e complexificando as fronteiras e as relações entre sujeito e objeto, subjetividade e objetividade, política e conhecimento, ética e estética.

No final de 1974, Ruy e Lúcia já se encontravam na França. Eduardo partiria também em viagem, mas para outro destino, que,

---

43 Entrevista com Lúcia Coelho, 21 maio 2015.
44 OLIVEIRA, *Op. cit.*, 1972, p. 3.

assim como ao Movimento Negro brasileiro no decorrer da década de 1970, o marcaria profundamente: os Estados Unidos.

Black americas

Toda viagem tem algo de um ritual de passagem, de separação. O viajante é um estrangeiro que se move em terras desconhecidas, ultrapassa os limites de sua província, incessantemente a contradiz e a contrasta à diferença do Outro. Cada nova fronteira é um desafio, aprofundando seu estranhamento.

Renato Ortiz

Eduardo era um viajante. Do Rio de Janeiro para São Paulo, de Buenos Aires para o Taiti, de Dakar para o Cairo, de castelos no Norte da Itália para museus londrinos, da Sorbonne em Paris para teatros em Nova York,[1] ele aportou em diferentes destinos no transcurso de sua vida e fez da viagem uma metáfora de seus próprios anseios intelectuais.

---

1 Entrevista com Bárbara Marruecos, 20 dez. 2014. Bárbara é filha de Diego Marruecos (1929-2013), que foi o amigo mais próximo de Eduardo. De origem espanhola, Diego envolveu-se com a questão do negro no Brasil de diversas maneiras. Além de ter apoiado Eduardo em seus projetos, permanecendo ao seu lado literalmente até o final de sua vida, foi sócio da Associação Cultural do Negro e interlocutor, entre outros, de Pierre Verger. Dono de uma agência de turismo em São Paulo, a Oremar Turismo, possibilitou por essa razão muitas das constantes viagens do amigo sociólogo pelo mundo. Entrevista para o autor em 21 maio 2015.

Suas andanças mundo afora poderiam bem ter figurado nas páginas do livro *O Atlântico Negro*, de Paul Gilroy (2008), em suas reflexões sobre diáspora, negritude e identidade no processo de intercâmbios entre pensadores negros nos inúmeros portos das costas africanas, americanas e europeias. Eduardo foi dos mais cosmopolitas intelectuais afro-brasileiros do século XX, e sua trajetória pessoal e intelectual não pode ser devidamente conhecida sem se tomar o ato de viajar como devir entre a existência e o pensamento.

Dois lugares cativavam-lhe mais de perto. Na França, ele se deslocava ao encontro à literatura, à filosofia, à arte. Amante do *blues*, nos Estados Unidos fascinava-lhe a vastidão da história e cultura afro-americanas, principalmente o teatro e a literatura. Das viagens à França pouco se sabe. Contrariamente ao seu destino europeu, porém, abundam documentos de suas viagens aos EUA. Os livros de sua biblioteca, que ocupam a maior parte das estantes do acervo, são mostra evidente dessa importância: dos 533 títulos, mais da metade é composta de edições americanas recobrindo diferentes facetas da história dos negros, da escravidão e das relações raciais nos Estados Unidos. Das 341 cartas do acervo, a maioria recebida, por volta de metade é proveniente deste país. Além disso, alguns de seus cadernos de anotação contêm muitos registros de suas leituras da experiência histórica e cultural afro-americana.

Na década de 1970, ele foi um intelectual negro no trânsito de pessoas e ideias entre o Brasil e os Estados Unidos, coletando informação, construindo conhecimento e erigindo pontes no espaço cultural das experiências negras desses dois países. Ele viajou várias de vezes para os EUA, travando contato com acadêmicos e intelectuais negros (e brancos), realizando pesquisas em arquivos e divulgando a movimentação político-cultural negra que se constituía em São Paulo nos anos 1970. É nossa hipótese que Eduardo foi um dos principais intérpretes do universo afro-americano em São Paulo, e que essa leitura teve influência em seu pensamento e na constituição do Movimento Negro no período considerado. Este capítulo analisa a história de aspectos das relações intelectuais e acadêmicas entre Brasil e Estados Unidos nos anos 1970 no campo dos estudos raciais. Embora centrado na perspectiva de um indivíduo, o texto encontra também outros sujeitos e o movimento de suas histórias na cadência das "idas e vindas"[2] no Atlântico Negro.

O "filho pródigo"

Os estudos raciais no Brasil no século XX, seja nas Ciências Sociais ou na História, possuem a marca constitutiva de uma alteridade histórica: a comparação com os Estados Unidos. Não apenas as ideias viajaram por entre a imaginação dos autores e as páginas dos livros que escreveram, mas eles mesmos transitaram das mais variadas formas entre o Sul e o Norte do continente americano, em um intercâmbio que pensou e repensou contínua e criativamente as questões raciais em ambos os países e os desafios e problemas impostos pela confrontação sociológica das semelhanças e das diferenças entre elas.

De um lado, nomes da área dos estudos raciais foram aos EUA para realizar seus cursos de pós-graduação, como Gilberto Freyre, Arthur Ramos, Oracy Nogueira, Thales de Azevedo, Josildeth Consorte, Antônio Sergio Guimarães; de outro, uma miríade de autores americanos, em diferentes circunstâncias, veio ao Brasil para realizar suas pesquisas: entre eles estão Donald Pierson, Charles Wagley, Marvin Harris, Thomas Skidmore, Mary Karasch, Robert Slenes, e também acadêmicos afro-americanos, como Mi-

---
2 Cf. PEREIRA, *O Mundo Negro*...

chael Mitchell, J. Michael Turner, James Kennedy e Dorothy Porter. Baseados nos EUA, outros indivíduos não americanos ajudaram a moldar o campo: entre eles estão o alemão Rüdiger Bilden, o argentino Carlos Hasenbalg, o haitiano Pierre-Michel Fontaine, a cabo-verdiana Maria Luiza Nunes e o ganês Anani Dzidzienyo. Finalmente, personagens negros brasileiros tiveram o mesmo rumo nesse circuito, embora seguindo trilhas e tempos muito distintos: Guerreiro Ramos, Abdias do Nascimento, Orlanda Campos e o próprio Eduardo.

Foi através das obras e dos contextos desses autores tão diversos que se construíram e se desconstruíram diferentes concepções de raça e sociedade no Brasil. De uma história escravista abrandada, uma abolição sem conflitos e uma democracia racial como corolário – em oposição aos horrores da escravidão, da Guerra Civil e da segregação racial nos EUA –, passou-se à constatação de um país com desigualdades raciais assentadas em uma violenta história escravista e na presença e reprodução constante do racismo no contexto do pós-abolição. Eduardo acompanhava essa discussão e cumpriu um papel-chave no ambiente transnacional de circulação de referenciais entre Brasil e Estados Unidos.

Essa circulação de referenciais, como observa Amílcar Pereira, já era antiga na época em que o sociólogo fazia suas próprias reflexões sobre o tema. No livro *O mundo negro...*, Pereira analisa o trânsito de ideias que se constituiu entre ativistas negros dos Estados Unidos e do Brasil nos anos 1920, através, por exemplo, das trocas de informações e referenciais entre os jornais *O Clarim d'Alvorada*, da imprensa negra de São Paulo, e o *Chicago Defender*, importante periódico da imprensa negra norte-americana.[3] Pereira desvela,

---

3 PEREIRA, *Op. cit.*, cap. 3, "Circulação de referenciais: Brasil, Estados Unidos e África", p. 106-163.

através de entrevistas com ativistas do Movimento Negro contemporâneo, a complexa teia de relações e influências entre este movimento e as chamadas "influências externas" que lhe foram constituintes nos anos 1970, notadamente as ideias e estratégias de ação política e cultural advindas do Movimento Negro norte-americano e das lutas dos países africanos pela descolonização e independência no século XX. O autor analisa diferentes formas de circulação de ideias. Se, por um lado, figuras icônicas como Martin Luther King, Malcom X, os Panteras Negras e o movimento Black Power sempre estiveram no horizonte dos ativistas brasileiros, essa circularidade consumava-se igualmente por outros meios e referências. No Rio de Janeiro, o movimento musical Black Rio, no final da década de 1970, foi, através do *Soul* e slogans como "Black is beautiful", importante elemento de afirmação de identidade política negra entre a juventude negra das periferias cariocas; em Salvador, o grupo cultural Ilê Aiyê, criado em 1974, "articulava influências africanas e norte-americanas, sempre com um forte caráter político de enfrentamento e afirmação da identidade negra".[4]

Eduardo era parte interessada nesse intercâmbio de ideias, como alguns esboços de seus escritos demonstram. Em um texto de 1976, desdobramento das pesquisas para a tese então em curso, o qual tinha o sugestivo título *Movimentos políticos negros no início do século XX no Brasil e nos Estados Unidos*, ele comenta o impacto das ideias de Marcus Garvey e de acontecimentos da vida afro-americana na imprensa negra paulistana dos anos 1920-30. Casos de violência racial nos EUA, por exemplo, "[comoveram] profundamente alguns elementos negros de São Paulo que já tinham consciência de sua problemática no Brasil e no mundo,

---

4   *Ibid.*, p. 129.

como negros", o que reforçaria sua visão "do Negro como um ser universal, em busca de soluções, que têm base num mesmo nível de identidade e que podem ser compreendidas através do conceito de negritude (nas Américas) [...]".[5]

Seguindo o caminho das fontes, o interesse do sociólogo pelos Estados Unidos remonta pelo menos ao começo dos anos 1960. É do ano de 1960 a primeira evidência de sua relação com os EUA: uma carta enviada pela amiga Wendy Lehrman, de origem judaica, pedagoga e professora de ensino primário na cidade de Nova York. Aparentemente, Wendy conhecia Carl Withers, antropólogo americano que Eduardo conheceu em 1966, em Nova York. No seu currículo: "1966 – Entendimentos com o Prof. Carl Withers".[6] Withers foi professor em várias universidades norte-americanas, e teve também uma passagem pelo Brasil, como professor no Museu Nacional da Universidade do Brasil, no Rio, entre maio de 1953 e outubro de 1954. Dentre seus contatos brasileiros na área de estudos raciais – pelo que pudemos averiguar em um caderno de endereços presente em seu arquivo pessoal[7] – encontram-se anotados Thales de Azevedo e Pierre Verger, além de Eduardo – e Wendy. É provável que Eduardo estivesse fazendo uma prospecção acadêmica com Withers para realizar sua pós-graduação nos EUA, pois esse é o ano em que ele pela primeira vez diz estar interessado em um estudo sobre relações raciais no Brasil. Em 1970, ano em que Withers faleceria, ele voltaria aos EUA, em lugar não identificado.

---

5   OLIVEIRA, *Movimentos políticos negros...*, p. 7-8.
6   Idem, *Currículo...*, p. 3.
7   Caderno de endereços e números telefônicos de Carl Withers. The Carl L. Withers Manuscript Collection, RISM MC 1, caixa 22, pasta 1, Research Institute for the Study of Man/New York University Archives.

Entre 1968 e 1970, enquanto reunia material para a dissertação, fora em viagem de pesquisa para a França, Inglaterra e Senegal. Quase não há registros desses eventos. O contrário dá-se em relação a duas viagens aos EUA: uma em 1974-75 e outra em 1977. Por razões de ordem cronológica e temática nos deteremos na primeira viagem.

A viagem começou em Washington (D.C.), em 28 de outubro de 1974, e terminou formalmente em 23 de dezembro do mesmo ano, em Nova York (NY). Ele fora convidado pelo Institute of International Education (IIE), uma organização estatal americana de fomento ao intercâmbio acadêmico internacional, como especialista brasileiro em relações raciais, para aprofundar conhecimentos sobre os EUA. Sobre o que o havia levado a essa jornada em solo americano, o seu cronograma de viagem assim dizia: "O Professor Oliveira está interessado em todos os aspectos da cultura Afro-Americana, e atualmente completa sua pesquisa sobre as experiências brasileira e norte-americana que serão sua tese de mestrado na Universidade de São Paulo".[8]

Apesar da sugestão de que sua tese analisaria tópicos de história dos EUA, não há nenhuma indicação clara, no conjunto das fontes, de qualquer estudo comparativo ou que de alguma forma abordasse a história afro-americana. Na realidade, é justamente depois dessa viagem que um *approach* voltado a um domínio maior de experiências históricas, incluindo a experiência negra norte-americana, passará a gravitar em seu quadro conceitual.

Entretanto, uma hipótese pode ser suspeitada. Nos primeiros anos da década de 1970, enquanto fazia o mestrado e dava aulas na

---

8 Cronograma oficial de viagem do Institute of International Education, circa 1974, p. 1. Arquivo pessoal de Elbe de Oliveira. No original: "Professor Oliveira is interested in all aspects of Afro-American culture, and is now completing the research of Brazilian and U.S. experiences which will be his master's thesis at the University of São Paulo".

ACN, Eduardo traduziu *Les Amériques Noires* (As Américas Negras), de Roger Bastide. Publicada em edição brasileira em 1974,⁹ a obra, embora não tenha em seu escopo a história afro-americana em conjunto com outras experiências negras das Américas, dedicando--se, na verdade, ao estudo de sobrevivências culturais africanas no contexto pan-americano, possui uma moldura teórico-metodológica que pode ter influenciado a maneira pela qual ele pensou as Américas como um continente negro. Todavia, a influência do livro de Bastide ficará mais evidente, bem como uma visão das "Américas negras" de uma perspectiva transnacional, depois da viagem aos EUA.

A viagem em solo norte-americano começou na capital americana, em 28 de outubro, onde o sociólogo visitou a universidade negra Howard, a Biblioteca do Congresso e museus. De lá seguiu para Chicago, onde encontrou o historiador negro John Hope Franklin, então professor da Universidade de Chicago, e visitou o jornal afro--americano *Chicago Defender*. De Illinois foi para Madison, onde se reuniu com o historiador Thomas Skidmore.

De Wisconsin, Eduardo tomou um longo voo até São Francisco, Califórnia, onde foi às universidades Stanford, Palo Alto, e Universidade da Califórnia, Berkeley, conhecendo os programas de Latin American e African-American Studies, além de museus e bibliotecas. Da Costa Oeste foi ao Novo México, onde esteve no St. John's College, em Santa Fé, e em museus e instituições dedicadas à história dos povos nativos dos Estados Unidos.

Do Novo México ele rumou para o *Deep South*. Chegando na cidade de Jackson, Mississippi, fez pesquisas em arquivos históricos e se encontrou com o educador negro Laurence C. Jones. Em

---

9   Fernando Mourão, em entrevista (15 set. 2015), contou-nos que foi ele o intermediador entre Bastide e Eduardo, para realizar a tradução. Eduardo e Mourão se conheceram no CEA-USP.

um desses encontros esteve presente o governador do estado na época, o democrata William L. Waller, como se vê abaixo.

Figura 5 – Eduardo em Jackson, Mississippi
Elbert R. Helliard, diretor do Departamento de Arquivos do estado do Mississippi, Eduardo e o governador William L. Waller, em 25 de nov. 1974.
Fonte: Coleção EOO-UEIM/UFSCAR, Documentos Pessoais.

Em seguida, já no final de novembro, foi a Natchez, ainda no Mississippi. Deixando o estado, chegou à legendária Nova Orleans. Na cidade, ele visitou o Amistad Research Center, um arquivo dedicado à história e cultura negra do Sul dos Estados Unidos, que se localiza na universidade negra Dillard. Da Luisiana, o próximo destino foi Gainesville, na Universidade da Flórida, onde se reuniu com Charles Wagley. Do extremo sul do país ele foi para Nashville, capital do Tennessee. Esteve no departamento de Latin American Studies da Universidade Vanderbilt, na Universidade Fisk e no Meharry Medical College – estas duas últimas são tradicionais instituições afro-americanas de ensino superior.

Do *Deep South* o sociólogo rumou ao norte da Costa Leste novamente, dessa vez para Boston (Cambridge), em Massachusetts. Nesta cidade ele foi ao departamento de Afro-American Studies de Harvard, onde visitou o historiador haitiano Pierre-Michel Fontaine, e também ao Massachusetts Institute of Technology, onde se encontrou com um amigo, o cientista político negro Michael Mitchell. A última etapa dessa viagem, entre 16 e 23 de dezembro, foi em Nova York. Desta vez, os encontros foram com o psicólogo negro Kenneth Clark, no City College de Nova York, e com o historiador Eugene Genovese, na Universidade Estadual de Nova York (SUNY), Rochester, norte do estado.

Oficialmente, pelo cronograma, a viagem terminou próximo do Natal de 1974. O sociólogo, entretanto, retornou ao Brasil um pouco depois, em janeiro do ano seguinte. Seu regresso marcou também sua volta aos problemas *brasileiros*.

Em uma carta dirigida ao *Jornal da Tarde*, de São Paulo, logo após sua chegada dos Estados Unidos, ele comenta em termos irônicos e amargos um episódio de racismo por ele sofrido, ao ser avisado por um porteiro de que deveria usar o elevador de serviço de um prédio em um bairro de classe "alta" em São Paulo. Eduardo faz aí uma distinção entre o Brasil e os Estados Unidos a partir de sua recente vivência:

> Estávamos, ao que acreditamos, convenientemente apresentáveis. Vestíamos uma suéter *Bremer*, comprada em Londres; calças de gabardine e sapatos comprados em Nova York (em *Barney's*, que agora é muito *in*), e uma bolsa a tira-colo de Roger-Gallet, de Paris (diga-se, a propósito, que reputamos os produtos brasileiros de moda masculina não só de péssima qualidade como vulgares), e convenientemente barbeados. Enfim, um negro de alma branca!

[...]
Estamos chegando dos Estados Unidos, onde fomos convidados, na qualidade de sociólogo, tendo circulado de Washington a Chicago, de São Francisco a Santa Fé; cruzamos o Estado do Tennessee, Flórida, e coisa como esta jamais nos aconteceu. Nem agora nem em nenhuma das vezes em que lá estivemos anteriormente.[10]

Esses casos seriam constantes em sua vida e as entrevistas com as pessoas que o conheceram o corroboram.[11] Além do racismo, a situação política brasileira naqueles anos de Regime Militar exasperava-o. Em 1974, o Regime começava a enfraquecer, com o fim do ciclo de crescimento econômico e uma crescente pressão política pela redemocratização. Todavia, a vigilância e a repressão aos críticos da ditadura ainda estavam presentes. Eduardo temia estar sendo seguido, fato que podemos inferir de uma carta que ele recebeu do supervisor de sua viagem nos EUA junto ao IIE, Wright G. Baker, quando ele estava em Madison, Wisconsin. Baker diz: "Sua carta chegou. Não se preocupe com a Embaixada

---

10 Citado em: SOUZA, *Op. cit.*, 1981, p. 71.
11 Em 1986, o cientista social Paulo Sérgio Pinheiro relata história semelhante, em artigo intitulado "O elevador e a paz social": "Até recentemente o problema não ocorria porque os negros, salvo nas vertigens das favelas, não moravam em apartamento. [...] Meu saudoso amigo Eduardo de Oliveira e Oliveira, sociólogo, negro, se vestia de causar inveja a Marcelino de Carvalho. Estava à vontade numa conferência em San Francisco, aos pegas com o movimento negro, em Paris na École des Haute Études desancando a 'negritude'. É claro falando em inglês e francês. Não dava outra: quando a visitar amigos brancos em apartamento, era convidado para o [elevador] de serviço. Felizmente fazia escândalo, protestava, enquadrava os enérgumenos fiscais. Sinais do tempo morava numa cobertura da rua Sabará elegantíssima, aberta aos militantes negros e seus amigos intelectuais brancos. Subíamos todos pelo elevador social". "O elevador e a paz social". *Folha de S. Paulo*, 14 jan. 1986, p. 37.

aqui. Eu não enviei, e não vou enviar para eles cópias de seu itinerário/programa".[12]

Seus receios tinham razão de ser. Os ativistas negros em São Paulo foram sistematicamente vigiados pela polícia política estadual ao longo da década de 1970, como demonstrou Karin Kössling em sua dissertação *As lutas anti-racistas de afro-descendentes sob vigilância do DEOPS/SP (1964-1983)*.[13] Kössling analisou os prontuários do Departamento Estadual de Ordem Política e Social de São Paulo (DEOPS/SP) para entender a lógica política da vigilância ao ativismo negro paulista, concluindo que essa vigilância, além do temor ao que poderia cheirar a subversão e marxismo, se fundamentava na "perspectiva de preservação da 'democracia racial' brasileira, evitando a introdução de 'antagonismo racial' pelos movimentos negros".[14] Dada sua atuação como um intelectual negro público em São Paulo, no Brasil e nos Estados Unidos, é provável que Eduardo também estivesse sendo monitorado, embora os registros concretos de que estivesse sob a mira do DEOPS/SP correspondam a atividades realizadas entre 1976 e 1977.[15]

Se os debates do racismo, da mobilização política de ativistas negros brasileiros e de sua relação com o movimento negro norte-americano fossem problemas para o Regime Militar, os militares ti-

---

12 Carta de Wright G. Baker para EOO, 7 nov. 1974. Coleção EOO-UEIM/UFSCAR, Série Correspondências. No original: "Your letter arrived. Do not be concerned about the Embassy here. I have not, and will not, send them copies of your itinerary/program".

13 KÖSSLING, *Op. cit.*

14 *Ibid.*, p. 251.

15 A pesquisa de Kössling aponta que ao menos dois eventos encabeçados por Eduardo foram monitorados pelo DEOPS/SP. Um deles foi o ciclo de atividades "O negro na vida norte-americana: da Independência aos nossos dias", realizado nos MASP em setembro de 1976; o outro foi a "Quinzena do Negro na USP", que aconteceu em maio de 1977, na USP. Esses eventos – e os registros do DEOPS – são mencionados adiante.

nham motivos para preocupação com Eduardo, dentro de sua lógica de controle. No rascunho do que parece ser uma palestra no Brasil sobre sua experiência nos Estados Unidos, ele faz comentários de suas razões para a viagem. "Mas quiçá vocês se perguntem: O que prevaleceu como interesse no meu contato com o mundo negro na América?", escreve ele, respondendo: "Armar, digamos, um levantamento da identidade racial".[16] O sociólogo descreve como sua vivência racial o fazia perceber as especificidades e diferenças entre os modos de ser negro (e branco) no Brasil e nos EUA. Na contramão das expectativas de excepcionalidade nutridas pela sociedade brasileira para com os poucos negros que, "eleitos", passavam a se sentir parte integrante dessa sociedade, Eduardo diz que na "experiência com o universo negro norte-americano nos demos conta de como NÃO éramos nada de singular (um a mais entre tantos com o famoso diploma)".[17] Inscrevendo seu lugar de fala no domínio dos contrastes entre Brasil e Estados Unidos, ele diz:

> Um fato curioso que aconteceu em todas as universidades em que estivemos é que nossa presença era saudada como um tipo de filho pródigo, de irmão há muito tempo esperado e que por fim trazia as notícias que a família queria ouvir. Explico-me: nas quatro universidades negras por onde passamos – Howard (Washington) – Jackson State (Mississippi) – Dillard (Nova Orleans) e Fisk (Nashville), acreditamos ter sido o primeiro negro brasileiro, pelo menos na qualidade de cientista social, envolvido e identificado com sua própria realidade.[18]

---

16 Esboço, sem autoria e sem datação, de um provável relatório de EOO para o *Institute of International Education* (IIE), que lhe concedera bolsa para viagem de estudos aos EUA no final de 1974, p. 7. Coleção EOO/UEIM-UFSCAR, Série Produção Intelectual.

17 *Ibid.*, p. 3. Grifo no original.

18 *Ibid.*, p. 4.

A afirmação era decerto muito precisa, embora Abdias do Nascimento, que viveu seu autoexílio nos EUA entre 1968-81, em Buffalo (NY), ainda que não fosse um cientista social, era também um intelectual negro que integrava às lides do pensamento um ativismo social profundamente arraigado na sua consciência negra. Ele circulou em grandes universidades americanas enquanto lá esteve, ganhando projeção internacional, e Howard foi um desses destinos em ao menos uma oportunidade, em 1975. Além de Abdias, Guerreiro Ramos era outro intelectual afro-brasileiro (auto) exilado nos EUA praticamente no mesmo período (1966-82), em Los Angeles (CA), mas que, não obstante seu histórico de atuação política e de produção sociológica sobre a questão racial no Brasil nas décadas anteriores, manteve reserva em relação a este tema durante o tempo em que lá permaneceu.[19]

Eduardo achava que havia desinformação quanto aos estudos de relações raciais no Brasil, creditada por ele, em parte, às deficiências da historiografia norte-americana no assunto, naquele tempo ainda informada por autores como Tannembaum, Elkins, Pierson e Degler, mas também ao desconhecimento da produção brasileira das décadas de 1950-60 – com exceção de Fernandes e o seu *A integração do negro...*, publicado em edição americana em 1969.[20] Pros-

---

19 BROWN, Diana de Groat. "Guerreiro Ramos in the United States: his life through the lens of political exile". *Revista ILHA*, vol. 18, nº 1, jun. 2016, p. 205-227.

20 FERNANDES, Florestan. *The Negro in Brazilian Society*. New York: Columbia Press, 1969. 30 anos antes, Arthur Ramos tinha publicado em edição americana uma obra introdutória sobre o negro brasileiro, *The Negro in Brazil* (Trad. Richard Pattee. Washington: The Associated Publishers, Inc., 1939). De acordo com Santos, o livro "destinou-se especialmente aos cientistas norte-americanos, na época extremamente carentes de informações precisas sobre a complexa situação do negro na vida brasileira. Por isso os propósitos do livro são introdutórios, gerais. Outras obras do autor completam a análise; esta é esquemática". Em sua resenha, a autora realiza um apanhado geral, ressaltando seu pioneirismo e suas limitações. Cf. SANTOS, Marineide.

seguindo a descrição do simbolismo de sua presença nas universidades negras por ele visitadas na América do Norte, o sociólogo lança a seguinte tese, que de alguma forma inaugura uma reflexão que o absorverá nos anos vindouros: "Isto fez com que aparecêssemos praticamente como um Messias que trazia de viva voz a verdade por tanto tempo esperada – de que os estudos de relações raciais no Brasil são o veredito do pensamento branco – de que são trabalhos mais sobre o Negro, mas não para o Negro".[21]

É a primeira vez que aparece a ideia de "pensamento branco", alavanca conceitual, em futuro não distante, para a construção de uma "Sociologia negra", um pensamento negro. Esse vaticínio relativo ao pensamento branco nas Ciências Sociais no Brasil, que representava, segundo ele, a quase totalidade dos trabalhos realizados até aquele momento – excetuando-se Guerreiro Ramos, cujo pensamento continuava a ser ignorado –, somava-se aos desafios teóricos por ele propostos em sua dissertação, que buscava confrontar toda uma escola acadêmica de relações raciais – principalmente aquela da USP – à qual escapava, por ser escrita por brancos, o diferencial do olhar de dentro – do sujeito negro.

Em novembro de 1975, ele foi contratado pela Secretaria de Cultura do Estado de São Paulo, por influência de José Mindlin, secretário da pasta. A contratação foi fundamental para a comunidade negra de São Paulo. Entre setembro de 1976, com patrocínio da Secretaria de Cultura e do Consulado Norte-americano de São Paulo, o sociólogo organizou no MASP um evento que reverberava a experiência nos EUA. "O Negro na Vida Norte Americana – da Independência aos Nossos Dias" homenageou o bicentenário

---

"O negro na civilização brasileira" (resenha). *Revista de Administração de Empresas*, São Paulo, vol. 14, nº 2, mar./abr. 1974, p. 138-140.
21 Esboço de provável relatório para o IIE, *Op. cit.*, p. 4-5.

da independência e o papel dos negros na história do país. Acompanhado pelo DEOPS,[22] o evento consistiu em um programa com debates acadêmicos, exposições de arte, mostra de filmes e, principalmente, concertos de música erudita, encabeçados pelo maestro negro Estevão Maya-Maya.

Na programação do dia 1º de setembro, consta que Eduardo ofereceu uma palestra intitulada "Experiência Acadêmica de um Brasileiro Negro no Ambiente Universitário Negro nos Estados Unidos".[23] Era o esboço de uma reflexão, e estava, por sua natureza de rascunho, lacunar. A curiosidade causada pela incompletude compele-nos a duas perguntas necessárias e complementares: o que, afinal, Eduardo buscava nos Estados Unidos? E também, o que ele trouxe de lá nessa ocasião? A primeira pergunta remete ao campo intelectual e acadêmico dos African American Studies (Estudos Afro-americanos), que se constituíam nas universidades americanas no final dos anos 1960, na esteira do movimento Black Power (Poder Negro). A segunda indagação assume a forma de um livro. Comecemos pela primeira.

Os African American Studies

A década de 1960 foi turbulenta nos EUA. No Brasil, vigorava igualmente uma agitação social e política delicada, que levaria ao Golpe de 1964. Nos Estados Unidos, contudo, era a reação a uma questão social profunda que, ao menos desde a metade dos anos 1950, desatara a turbulência: o racismo. Os Movimentos pelos Di-

---

22 Cf. Dossiê 50-J-0, 5372. Acervo do DEOPS/SP, Arquivo Público do Estado de São Paulo.

23 OLIVEIRA, *O Negro na Vida Americana*... Esta fala pública deve ter sido o propósito do rascunho que citamos há pouco, no qual Eduardo expressava impressões de sua passagem pelas universidades dos EUA.

reitos Civis, especialmente dos negros no Sul do país, que viviam sob a sombra da segregação racial e da sistemática exclusão, foram os catalizadores das lutas que desafiaram a ordem social, ordem codificada por leis contra o casamento inter-racial, pela negação de direitos políticos aos afro-americanos e por restrições de acesso a igualdade e oportunidades socioeconômicas.

De meados dos anos 1950 até aproximadamente metade da década seguinte, protestos como o boicote aos ônibus em Montgomery (1955), os "sit-ins" em restaurantes, as marchas e as viagens dos Fredoom Rides (1961), entre outros incontáveis atos de resistência pacífica e desobediência civil, varreram todas as regiões do país. A Marcha para Washington, em 1963, foi outro grande momento nesse contexto. Um dos principais líderes, Martin Luther King, ganharia o Prêmio Nobel da Paz, em 1964, por sua atuação política baseada na não violência. Nesse mesmo ano, o presidente Lyndon B. Johnson promulgaria o *Civil Rights Act*, que jogaria uma pá de cal definitiva nos fundamentos legais da segregação racial.

Todavia, apesar da proeminência dos Movimentos pelos Direitos Civis, o ativismo negro norte-americano era complexo e diverso. Na metade dos anos 1960, outras correntes políticas e de pensamento, questionando os Movimentos pelos Direitos Civis, entrariam em cena. Uma dessas correntes estaria na origem dos African American Studies: o Black Power Movement. Ao contrário da luta pela integração racial, pautada pela moderação política e não violência, o Black Power pretendia estabelecer uma nova consciência racial, através da luta pela igualdade em termos de empoderamento negro. Com raízes no nacionalismo negro dos anos 1930 e no movimento Nação do Islã, o Black Power passou a fazer parte do horizonte do Movimento Negro a partir de 1965. Nesse ano, revoltas em bairros negros de Los Angeles levaram um grupo de ativistas do Student Nonviolent Coordinating Committee a mudar as estratégias de luta, renunciando à filosofia da não violência em nome da autodefesa e autodeterminação. Mais do que o fim da segregação, eles queriam ocupar espaços de poder, através de práticas políticas e instituições que promovessem valores culturais negros e servissem aos interesses das comunidades afro-americanas. O período mais ativo do Black Power concentrou-se entre a metade dos anos 1960 até meados da década de 1970.

Cursos e departamentos de African American Studies – ou Black Studies – surgiram ao fim dos anos 1960 sob a influência do Black Power. O marco fundador desse processo aconteceu em 1968, quando uma greve estudantil tomou conta da Universidade Estadual de São Francisco (SFSU). O protesto, capitaneado pelos negros, reuniu estudantes de vários grupos étnicos – inclusive brancos –, que questionavam o eurocentrismo dos currículos da SFSU, que era, assim como a maioria das universidades do país, majoritariamente branca. Os estudantes reivindicavam a criação de departamentos de estudos étnicos, maior representação de professores negros e de outras minorias, oportunidades de acesso à universidade de alunos oriundos dos grupos marginalizados e a transformação das estruturas curriculares em vista das necessidades concretas desses estudantes e suas comunidades.[24]

Um departamento de Black Studies seria, então, criado em 1969, na SFSU. Nos anos seguintes, dezenas de instituições similares foram instituídas em universidades dos EUA. Para o sociólogo norte-americano Fabio Rojas, o principal fator social que

---

24 A descrição sobre o movimento Black Power e os eventos na SFSU é baseada em: ROJAS, Fabio. *From Black Power to Black Studies: How a Radical Social Movement Became an Academic Discipline*. Baltimore: John Hopkins University Press, 2007, Capítulo 3, "Revolution at San Francisco State College", p. 45-92.

possibilitou os Black Studies naquele contexto foi a ação dos Movimentos pelos Direitos Civis e a consequente desarticulação da segregação racial, principalmente no âmbito das instituições de ensino.[25] Mesmo considerando a importância histórica dos Black Colleges, universidades afro-americanas surgidas no pós-Guerra Civil no século XIX, e que ao longo do tempo formaram milhares de acadêmicos negros, foi apenas no contexto do pós-guerra e fim da segregação no século XX que estudantes negros começaram a afluir em massa ao sistema universitário. A chegada desses novos universitários, conjugada à atmosfera política de protesto social, impôs um desafio desconcertante às universidades. Rojas diz que outro fator nesse processo de interpelação social do sistema de educação superior foi o "[...] sentimento de que o currículo universitário precisava ser reformado, porque as universidades e disciplinas existentes não estavam preparadas para lidar com a cultura negra de forma significativa".[26]

Em linhas gerais, a disciplina de African American Studies constituiu-se como um campo abrangente, multitemático e interdisciplinar, que investigava crítica e criativamente as experiências afro-americana e da diáspora africana pelo mundo em termos históricos, culturais, políticos, econômicos, intelectuais. A orientação dessa área, voltada para o melhoramento da vida dos negros, é sublinhada por Maurice Jackson: "Black Studies devem produzir insights acerca dos papéis históricos e contemporâneos dos negros, com o objetivo de fazer progredir a vida da comunidade negra".[27] Resul-

---

25 Ibid., p. 24.

26 Ibid., p. 28. "The second factor leading to black studies was the sense that the curriculum needed reform because existing colleges and academic disciplines were unable to meaningfully accommodate black culture".

27 JACKSON, Maurice. "Toward a Sociology of Black Studies". Black Studies, n° 2, 1970, p. 131-140, p. 134.

tantes da confluência entre protesto racial, demandas comunitárias, mudanças sociais, transformações universitárias e, ainda, o suporte de instituições como a Fundação Ford, os African American Studies consolidaram-se, em meio a inúmeras adversidades, como uma original e prolífica área do conhecimento.

Era esse ambiente acadêmico que fascinava Eduardo. Foi em busca de inspiração para suas ideias e projetos que ele viajou aos Estados Unidos, em pelo menos três ocasiões: em 1970 e 1974-75, como vimos anteriormente, e também mais tarde, em 1977.

No Brasil, um processo tímido e mais ou menos análogo ao da formação dos African American Studies tomava lugar na circunstância em tela. Ao fim dos anos 1960, no rastro do "milagre econômico" e da modernização conservadora dos militares, houve uma considerável expansão do sistema universitário brasileiro, em especial no setor privado, como efeito da Reforma Universitária de 1968. O número de universitários aumentou em proporções inéditas. Ainda que de forma diminuta, muitos negros, principalmente em grandes centros como São Paulo e Rio de Janeiro, passaram também a ter acesso à educação superior. Tal promissor quadro, todavia, não significou uma integração social de fato, tampouco evanesceu o problema racial que atingia os negros no cotidiano urbano em plena expansão no Brasil. O historiador negro Joel Rufino dos Santos disse, em artigo de 1985, que, "disputando lugares com graduados brancos [...] em igualdade de condições, esses diplomados negros foram geralmente preteridos, ou remunerados em média 30% abaixo"; este autor afirmou ainda que "não se confirmou a geral expectativa de que a internacionalização e o acelerado crescimento da economia brasileira anulassem as desvantagens baseadas na cor".[28]

---

28 SANTOS, Joel R. "O Movimento Negro e a crise brasileira". *Política e Administração*, Rio de Janeiro, vol. 2, jul./set. 1985, p. 285-308, p. 290.

A decorrente percepção por uma emergente classe média universitária negra da permanência do racismo e da discriminação foi um dos elementos psicossociais que ensejaram a constituição do Movimento Negro contemporâneo na década de 1970, como considerou Joel Rufino. Esse movimento teve expressão política e cultural também de uma forma universitária. Em São Paulo e no Rio de Janeiro, grupos organizaram-se nesse sentido ao longo dos anos 1970, no que Alex Ratts definiu como "Movimento Negro de base acadêmica". Para o autor, os ativistas "[...] que [participaram] da reorganização do movimento negro contemporâneo, também se [situaram] no interior de algumas universidades públicas e privadas e [chegaram] a constituir grupos de estudo e de intervenção nesse âmbito [...]".[29] Tal movimento social e de ideias foi representado no contexto paulistano pelo CECAN, mas também pelo igualmente importante, embora menos conhecido, GTPLUN.

Curiosamente, em maio de 1968, ao mesmo tempo em que os afro-americanos promoviam a greve estudantil, que daria origem ao primeiro departamento de Black Studies na Califórnia, alunos negros da Faculdade de Direito da USP, fundaram o Movimento Universitário Negro (MUN). Uma matéria no *Jornal do Brasil* registrou os objetivos do movimento e algumas das opiniões de seus membros quanto aos problemas raciais brasileiros. O autor do texto escreveu que o MUN reivindicava "igualdade de direitos, oportunidades de apoio cultural e social aos estudantes e famílias negras e às sociedades que visavam a melhoria e aprimoramento cultural do negro brasileiro". O estudante negro Nelson José de Freitas, filho de um cobrador de ônibus, informou o seguinte ao jornalista: "Nosso movimento não será só universitário.

---

29 RATTS, Alex. "Corpos negros educados: notas acerca do movimento negro de base acadêmica". *Nguzu*, Londrina, vol. 1, nº 1, mar./jul. 2011, p. 28-39, p. 29.

[...] devemos agir junto às famílias, aos movimentos negros, dando assistência social e jurídica, junto às crianças, animando-as e ajudando-as a continuar os estudos secundários e universitários [...]". Nelson foi avaliado "sereno" pelo jornalista, que considerou "radical" outro membro, Natanael de Oliveira ("mulato"), por querer "dar ao movimento um caráter político e 'partir para a briga'". O "radicalismo" de Natanael foi deduzido do seguinte: "O estágio em que os negros se encontram é o mesmo da maioria dos brasileiros que vive esmagado por uma minoria. Por isso, nossa luta está inserida na luta de classes. Acredito que nenhum grupo consegue se impor se não tiver uma atuação política". A conversa com o MUN encerrou-se na opinião de Paulo Matoso: "Nós não podemos pedir, devemos exigir. Não adianta comemorar o 13 de maio, nem chorar o que passou. O negro brasileiro precisa ter, de fato, acesso ao estudo, a cargos sociais e políticos".[30]

Qualquer semelhança com o que acontecia nos EUA no mesmo período pode ser coincidência, mas é patente que o MUN dividia com os afro-americanos um vocabulário político afim: a importância da comunidade negra, a valorização da educação, a busca por espaços de poder e também o flerte com a luta de classes, orientação comum naquela época entre os movimentos políticos e sociais no Brasil. Pouco se sabe da história desse grupo.[31] Entretanto, o teor das ideias de alguns de seus ativistas revela que havia uma gramática conceitual e um espectro compartilhado de experiências históricas e anseios de transformação social entre universitários negros no Brasil e nos EUA nas décadas de 1960-70.

---

30 "Universitários negros iniciam em São Paulo luta por direitos". *Jornal do Brasil*, Rio de Janeiro, 1º Caderno, 19 maio 1968, p. 20 para todas as citações da página.

31 Além das matérias de jornal, o MUN é citado no filme *Compasso de Espera*, de 1973 (retomado adiante).

Embora não haja evidências, não é improvável que Eduardo conhecesse o MUN. Sua atuação enquanto intelectual negro público no contexto paulistano inseriu-se no domínio das articulações entre educação, sociedade e questão racial no Brasil na década de 1970, mas seu ativismo e seu pensamento vestiram-se, por sua vez, de características particulares, que reverberavam os African American Studies. No próximo tópico, procuramos responder a outra questão: o que ele trouxe em sua bagagem na viagem de 1974-75?

The Death of White Sociology

Em 14 de maio de 1974, o africanista francês René Lemarchand, da University of Florida, Gainsville, escreve uma carta para Eduardo. Em certo momento da missiva, é possível distinguir uma resposta: "Não, para meu grande pesar, não li 'The Death of White Sociology', mas espero corrigir em breve esta lacuna. Qual é o nome do editor?"[32]

Era uma editora: Joyce Ladner. A socióloga afro-americana organizou em 1973 o livro *The Death of White Sociology* (A Morte da Sociologia Branca), coletânea que teve grande influência em Eduardo, como vários de seus textos e cartas recebidas sugerem. Através de sua tradução intelectual, as ideias do livro se materializaram em atividades acadêmicas e culturais que ele construiria com a comunidade afro-paulistana entre 1976 e 1979, e que estariam na origem da mobilização social do ativismo negro em São Paulo de finais dessa década.

The Death of White Sociology foi publicado em abril de 1973. O título é autoevidente. A proclamada morte da Sociologia Branca era prenúncio de uma nova visão no campo das Ciências Sociais

---

32 Carta de René Lemarchand para EOO, 14 de maio de 1974. São Carlos, Coleção EOO-UEIM/UFSCAR, Série Correspondências.

nos EUA: seria preciso conceber, através do trabalho dos sociólogos negros, uma "Black Sociology" (Sociologia Negra). A epígrafe de Lerone Bennett fornece um panorama das ideias e dos desafios que esses acadêmicos atribuíam para si:

> É necessário que desenvolvamos um novo quadro de referência que transcenda os limites dos conceitos brancos. [...] De forma geral, a realidade tem sido conceituada em termos do estreito ponto de vista de uma pequena minoria de homens brancos que moram na Europa e na América do Norte. Nós devemos abandonar o quadro de referência parcial de nossos opressores e criar novos conceitos que vão liberar nossa realidade, que é também a realidade da imensa maioria dos homens e mulheres do globo. Nós devemos dizer ao mundo branco que existem coisas no mundo que não são sonhadas a partir de sua história, de sua sociologia e de sua filosofia.[33]

Ladner afirma que a Sociologia Negra surgiu como uma reação aos preconceitos e deficiências do que ela define como Sociologia Branca, burguesa, liberal, que até aquele momento ditava os rumos dos trabalhos sociológicos do negro nos EUA. Do final do século XIX ao início do século XX, a perspectiva dominante da "Sociologia" era abertamente racista, empenhada em provar a suposta inferioridade racial do negro. Com o desmoronamento do racismo científico na primeira metade do século XX, através das críticas de cientistas sociais como Franz Boas, além do impacto da Segunda Guerra, a Sociologia muda de orientação, abandonando o conceito biodeterminista de raça em nome de enfoques sócio-históricos. Entretanto, perante o crivo dos acadêmicos afro-americanos, que estavam se estabelecendo

---

33 BENNETT, Lerome. *The Challenge of Blackness*. Chicago: Johnson Publishing, 1972, p. 17.

nos departamentos de African American Studies em emergência nos anos 1970, esta segunda etapa da Sociologia Branca havia, ao longo da primeira metade do século XX, falhado em suas tentativas de abordar a história e cultura dos afro-americanos, estigmatizando as experiências – passadas e presentes – dessa população como "desorganizadas, patológicas, de um grupo aberrante"[34] – uma avaliação que seria reeditada nos mesmos termos no Brasil pouco tempo depois, através da crítica de intelectuais negros como Eduardo e Beatriz Nascimento à Escola Sociológica Paulista, como veremos adiante.

Ladner encontra um exemplo cristalino dessa visão no livro *Beyond the Melting Pot* (1965), no qual Nathan Glazer e Daniel Moynihan sustentavam que o negro americano não podia ver a si tal como outros grupos étnicos se percebiam, porque ele era um "americano": "ele [o negro] não tem valores e cultura para guardar e proteger".[35] Para a autora, esse tipo de perspectiva refletia relações de poder e a ideologia racial dominante na sociedade americana. Essa Sociologia, deste modo, "excluiu a totalidade da existência negra de suas grandes teorias, exceto na medida em que ela *desviou* das ditas normas".[36]

Negando radicalmente esse enfoque, a Sociologia Negra era um esforço dos cientistas sociais afro-americanos para estabelecer definições elementares, conceitos e sistemas teóricos que levassem em conta as histórias, experiências de vida e as especificidades sociais da população afro-americana. Esse campo tinha seus antecedentes. A referência mais paradigmática é a obra do sociólogo,

---

34 LADNER, Joyce. "Introduction". In: _____. (org.). *The Death of White Sociology*. New York: Vintage Books, 1973, p. xxi.

35 GLAZER, Nathan; MOYNIHAN, Daniel. *Beyond the Melting Pot*. Cambridge: MIT Press, 1965, p. 53.

36 LADNER, *Op. cit.*, p. XXIII. Grifo no original.

historiador e ativista W. E. B. DuBois (1868-1963), autor de livros como *The Souls of Black Folk* (1903) e *Black Reconstruction* (1935), que, já no ano de 1897, em discurso na Academia Americana de Ciências Sociais e Políticas, sugeria a criação de um centro de pesquisas sociológicas sobre o negro. DuBois era um pragmático, que colocava a Ciência Social a serviço de sua comunidade: "Eu me determinei a conjugar a ciência na Sociologia através de um estudo das condições e problemas do meu próprio grupo", afirmava ele em 1940, em uma de suas autobiografias.[37]

O sociólogo e ativista político Nathan Hare, no capítulo *The Challenge of a Black Scholar*, embora reconhecendo a importância de nomes como DuBois e E. Franklin Frazier, avança em sua assertividade: o acadêmico negro deveria "descolonizar sua mente para que ele possa efetivamente guiar outros intelectuais e estudantes em sua busca por libertação".[38] Criticando com veemência os intelectuais da "burguesia negra" – que dominavam também a esfera dos Black Colleges nos Estados Unidos –, ele diz que os acadêmicos afro-americanos deveriam ocupar espaços nas universidades brancas de elite, em busca de uma ideologia política e de uma teoria da ação. Hare representava uma nova geração de universitários que, informada pela retórica do movimento Black Power dos anos 1960, elevou o pragmatismo sociológico de DuBois para um outro patamar. De um lado, Hare rejeita as possibilidades de "objetividade" e "neutralidade" dos pesquisadores de relações raciais, sugerindo uma iconoclastia teórica baseada na incorporação da subjetividade do pesquisador na atitude de solapamento da Sociologia Branca; de

---

37 DUBOIS, W. E. B. *Dusk of Dawn*. New York: Harcourt Brace, 1940. In: BRACEY, John; MEIER, August; RUDWICK, Elliott. "The Black Sociologists: The First Half Century". *The Death...*, p. 6.

38 HARE, Nathan. "The Challenge of a Black Scholar". *The Death...*, p. 68.

outro, estabelece o imperativo de o sociólogo negro estar consciente da função social do conhecimento, devendo não apenas "desenvolver uma nova ideologia com as metodologias apropriadas, mas levantar novas e sérias questões mesmo quando ele não pode achar as respostas imediatamente".[39] Como, então, seria definido esse campo sociológico? Robert Staples, que foi cofundador do periódico *The Black Scholar* em 1969, importante canal de divulgação da Sociologia Negra, coloca a questão da seguinte maneira:

> A Sociologia negra baseia-se na premissa de que brancos e negros nunca compartilharam, em nenhuma grande medida, o mesmo espaço físico ou experiências sociais. […] O resultado é um diferente padrão de comportamento, uma configuração que deveria ser analisada da perspectiva do oprimido – não do opressor. Tal análise constitui a Sociologia negra. Se a Sociologia branca é a ciência da opressão, a Sociologia negra deve ser a ciência da libertação.[40]

Outro ponto de demarcação teórico-metodológica do campo, e que subjaz à maioria dos textos, era o da posição do pesquisado como "observador envolvido". O psicólogo negro Kenneth B. Clark, no texto *Introduction to an Epilogue*, que era a introdução do seu livro *The Dark Ghetto* (1965), um estudo de comunidade centrado no Harlem, em Nova York – onde ele crescera e fora socializado –, diz que o observador envolvido difere do "observador participante" da Antropologia, pois, além de ter de comungar dos rituais e costumes das pessoas que se dedicam a estudar, acaba sendo interpelado em seus motivos pessoais para a pesquisa e se vê

---

39 HARE, *Op. cit.*, p. 76-7.
40 STAPLES, Robert. "What is Black Sociology?" *The Death...*, p. 161-172, p. 168

inapelavelmente envolto nas competições e tensões sociais intrínsecas às relações raciais. O observador envolvido assume os riscos de "entrar na competição por status e poder, e não pode escapar das turbulências e conflitos inerentes a essa luta".[41] Essa "pesquisa sociológica subjetiva" é também objeto das preocupações de Joyce Ladner, em *Tomorrow's Tomorrow: the Black Woman*. Introdução de seu livro homônimo, que se debruçava sobre aspectos da vida de adolescentes afro-americanas em um conjunto habitacional de St. Louis, o texto discute as condições subjetivas da socióloga como uma observadora participante. O *approach* de Ladner interpelava a Ciência Social que via o negro como um *desviante*. Ela considera que os estudos referentes à comunidade afro-americana, ao invés de serem conduzidos em torno dos problemas de uma "comunidade desviante", deveriam ser redefinidos a partir do "problema do racismo institucional".[42]

O movimento da Sociologia Negra, acompanhando o outono do Black Power, não foi muito além do final da década de 1970, nos Estados Unidos. Todavia, apesar de diferenças e tensões internas, expressas na própria pluralidade de ideias e visões do livro *The Death of White Sociology* acerca dos conceitos definidores desta nova Sociologia e de qual perspectiva teórica seria a mais adequada para refletir as experiências dos afro-americanos, este movimento ajudou, ao confrontar o *mainstream* sociológico da época sobre questões de raça em alguns de seus pressupostos mais caros, a transformar as Ciências Sociais e Humanas e a própria atmosfera das universidades nos Estados Unidos.

---

41 CLARK, Kenneth. "Introduction to an Epilogue". *The Death…*, p. 399-413, p. 403.

42 LADNER, Joyce. "Tomorrow's Tomorrow: the Black Woman". *The Death…*, p. 414-428, p. 419.

As vozes desses intelectuais afro-americanos foram ouvidas no Brasil alguns anos depois. Entre 1977 e 1979, Eduardo procurou traduzir a *Black Sociology* em uma série de textos, projetos, simpósios universitários, atividades públicas e, de certo modo, nos pressupostos de sua tese. Ele e outros intelectuais negros, como Beatriz Nascimento, fariam também uma crítica da "Sociologia Branca" brasileira – a Escola Sociológica Paulista – quase nos mesmos termos da crítica que a Black Sociology dirigira à Sociologia branca americana no início dos anos 1970. A miríade de acontecimentos na última metade da década de 1970, que compõe o período mais intenso da trajetória de Eduardo em termos de ideias, proposições e realizações culturais, conformou-se em um diálogo com ativistas afro-brasileiros de São Paulo e do Rio de Janeiro, com acadêmicos norte-americanos e, institucionalmente, com a USP e a UFSCAR. Esse período é o objeto de estudo dos próximos capítulos.

Antes de adentrar nessa conjuntura, porém, cabe perguntar: quem eram os interlocutores de Eduardo nos Estados Unidos?

Rüdiger Bilden

O acervo em São Carlos abriga um extenso conjunto de correspondências. Podemos saber dos contatos de Eduardo e das redes de relações intelectuais nas quais estava envolvido através da leitura das mais de 400 cartas – a maioria delas recebida, como é comum de ser em arquivos. O volume maior se encontra entre 1977 e 1979, período em que ele realizou e participou de vários projetos colaborativos no Brasil, na América Latina e nos Estados Unidos. As cartas oriundas da América do Norte, contudo, dominam esse quadro.

Seu primeiro contato conhecido com norte-americanos foi Wendy Lehrman, em 1960. Em 1964, ela foi convidada, talvez por influência do brasileiro, como "visitante" pelo então Juizado de Menores da Comarca de São Paulo, visando a ampliar debates sobre educação, juventude e violência.[43] Wendy era possivelmente ligação comum entre o brasileiro e o antropólogo Carl Withers, a quem Eduardo encontrou em 1966, em Nova York. Em 1970, ele reuniu-se novamente com um "eminente antropólogo em Nova York",[44] mas não disse de quem se tratava. Em 1971, recebeu correspondência do africanista George Shepherd, da Colorado University: "[...] deparei-me com material de seu programa enviado para mim pelo meu amigo, Wilbert LeMelle. Estamos de fato interessados no desenvolvimento cultural dos negros no Brasil e gostaríamos de manter contato com você".[45]

Em 1975, outro documento descortina algumas das relações do brasileiro nos EUA. Em 9 de janeiro deste ano, ainda em território americano depois de sua longa viagem, ele enviou um pedido – ou apenas preencheu o formulário – de bolsa para a John Guggenheim Memorial Foundation, de Nova York.[46] No formulário, são encontradas informações de seu projeto de pesquisa e experiência profissional, e também listadas quatro referências. Antes de falarmos desses nomes, um dado interessante: o endereço da postagem é Wicliffe, pequena cidade vizinha a Cleveland, em Ohio. Próximo a esse local encontra-se a Universidade de Akron, na qual o irmão de Wendy Lehrman, Walter Lehrman, lecionou inglês por déca-

---

43 Carta de Hélio Furtado do Amaral para Wendy Lehrman, 24 fev. 1964. São Carlos, Coleção EOO/UEIM-UFSCAR, Série Correspondências.

44 Cf. OLIVEIRA, *Black Theatre...*

45 Carta de George Shepherd para EOO, 5 jan. 1971. São Carlos, Coleção EOO/UEIM--UFSCAR, Série Correspondências. LeMelle era um afro-americano especialista em relações internacionais, diplomata no Quênia e Seychelles no final dos anos 1970.

46 OLIVEIRA, Eduardo de Oliveira e. Solicitação de bolsa de pesquisa junto a John Simon Guggenheim Memorial Foundation, Nova York, jan. 1975. Coleção EOO/UEIM-UFSCAR, Série Documentos Pessoais.

das, e onde, também, foi um pioneiro na tarefa de introduzir Black Studies no currículo da universidade, nos anos 1970. Embora seja ilação de nossa parte, é possível que Eduardo se encontrasse nessa ocasião, com a amiga Wendy, na casa de Walter, e não seria surpreendente se o brasileiro fosse uma inspiração para os irmãos Lehrman – e vice-versa.[47]

As referências apresentadas no formulário eram as seguintes: os historiadores John Hope Franklin, Leslie Rout Jr. e Thomas Skidmore e o antropólogo Charles Wagley. Wagley e Skidmore são figuras bem conhecidas da historiografia brasileira. Aquele coordenou com o antropólogo Thales de Azevedo, no final dos anos 1940, como desdobramento do Projeto UNESCO na Bahia, um estudo antropológico comparativo de relações raciais,[48] além de ter sido orientador de dezenas de pesquisadores na Columbia em seus trabalhos sobre o Brasil, entre 1940-70; Skidmore, professor da Brown, notabilizou-se, entre outros, por seu trabalho clássico de pensamento social brasileiro, raça e nacionalidade, intitulado *Black into White: Race and Nationality in Brazilian Thought* (1974). Esses acadêmicos foram dois representantes de uma importante área de estudos relativa ao Brasil desenvolvida no século XX, principalmente no meio acadêmico dos Estados Unidos: o brasilianismo.

Sem aprofundar um vasto e diversificado campo do conhecimento, podemos dizer que o brasilianismo se consolidou como desdobramento das necessidades norte-americanas de compreensão da realidade histórica, social, política e cultural brasileira – e latino-americana em geral – durante a Guerra Fria, entre os anos

---

47 Tal inferência foi-nos confirmada por Elizabeth Raptis, sobrinha de Wendy Lehrman. Ela relatou que seu pai e sua tia, judeus, eram empáticos a discriminações baseadas em raça, gênero ou classe.

48 WAGLEY, *Op. cit.*

1960-70, frente às influências do comunismo que alegadamente ameaçava – ainda mais no contexto pós-Revolução Cubana, em 1959 – espalhar-se pela América Latina. As temáticas da escravidão e relações raciais sempre foram de interesse dos acadêmicos norte-americanos em suas pesquisas sobre o Brasil. O primeiro grande brasilianista nos EUA a se devotar ao tema, entretanto, como já falamos na *Introdução* deste trabalho, foi um alemão: Rüdiger Bilden. Nos anos 1920, Bilden, amigo de Gilberto Freyre, desenvolveu na Columbia um projeto de estudo de um tema ainda então inexplorado em profundidade: a influência da escravidão na história brasileira.

A historiadora brasileira Maria Lúcia Pallares-Burke, no livro *O triunfo do fracasso: Rüdiger Bilden, o amigo esquecido de Gilberto Freyre* (2012), trouxe à tona a trajetória pessoal e intelectual de Bilden. Alemão, nascido em Eschweiller em 1893, tendo imigrado para os Estados Unidos e se radicado em Nova York em 1914, ele foi uma figura ímpar no campo de estudos de história da escravidão e das relações raciais no Brasil entre as décadas de 1920-40, mas esquecido pela historiografia especializada.

Bilden foi lembrado – quando, e nas poucas vezes, que o foi – por sua estreita relação com Gilberto Freyre, cultivada ao longo de várias décadas, a partir do início dos anos 1920, quando se conheceram e se tornaram amigos na Columbia. Um dos aspectos concretos dessa relação está consubstanciado nada menos que em *Casa-Grande & Senzala*. Ao tomar em mãos a obra, o amigo alemão ficou estupefato por nela encontrar algumas das teses sobre a história brasileira que ele desenvolvera – e que compartilhava com Freyre – ao longo dos anos 1920, tendo em vista um livro que, por infortúnios diversos, não chegou a ser concluído.

O trabalho de Pallares-Burke é fruto do que a autora deno-

O elefante negro 163

mina de uma "obsessão" em torno do nome de Rüdiger Bilden – até então coadjuvante –, que pululava nos documentos de suas pesquisas sobre o jovem Freyre.⁴⁹ *O Triunfo do Fracasso* é escrito a partir das parcas fontes documentais, a maioria de correspondências e textos esparsos do historiador alemão, encontradas na Alemanha, EUA e Brasil. A partir de uma minuciosa pesquisa, contudo, a historiadora reconstituiu a singular e dramática biografia do personagem em questão.

O interesse de Bilden na história brasileira constituiu-se no decorrer de sua formação na Columbia, iniciada em 1917. Nessa instituição, o jovem estudante alemão se relacionou com intelectuais como Franz Boas e William Shepherd. Este último foi pessoa decisiva para que ele se debruçasse, já na pós-graduação, em 1922, no tema da escravidão no Brasil.

A área de estudos de história latino-americana e brasileira estava tomando corpo nesse período na Columbia pelo empenho de Shepherd, que se tornou mentor intelectual do alemão. Tendo recebido duas bolsas de estudo entre 1922 e 1924, que lhe deram estabilidade financeira, Bilden se dedicou com afinco ao seu doutorado, *Slavery as a Factor in Brazilian History*. A boa situação de vida, que se mostraria episódica, permitiu-lhe também uma viagem de estudos ao Brasil, que se realizou com a ajuda do amigo Oliveira Lima, em 1925.

A viagem para o Brasil marcou o jovem Bilden, que definia os contornos da nova abordagem histórica que trazia – ou que praticamente inventava. Viajando por Pernambuco, Bahia, Rio de Janeiro, Minas Gerais e São Paulo, tomava corpo em seu espírito a ideia do Brasil como um "laboratório de civilização". Já nos Esta-

---

49 PALLARES-BURKE, Maria L. *Gilberto Freyre: um vitoriano nos trópicos*. São Paulo: Ed. UNESP, 2005.

dos Unidos, em 1927, retornando do Brasil, esperava-se que suas ideias tomassem corpo no livro que se desenhava.

Uma ideia dos contornos que este trabalho vinha tomando está no artigo publicado na revista *The Nation*, em 1929, *Brazil, Laboratory of Civilization*. Nele, Bilden afirmava, contrapondo-se às ideias ainda em voga do racismo científico, que a dita inferioridade do Brasil tinha razões históricas e culturais, e não biológicas ou raciais. Considerava o sistema colonial brasileiro assentado na monocultura latifundiária, na escravidão e na miscigenação, que teriam ensejado a produção de uma nova civilização. Sem negar a estrutura dos antagonismos raciais e "resíduos" de discriminação, ele argumentava que esses antagonismos se davam mais em termos de categorias sociais, como "senhores" e "escravos", do que entre raças. Em suas palavras, "a causa dos males não é a raça: foi a escravidão".[50]

O artigo na *The Nation* terminou por ser a única amostra publicada do que teria sido o "livro que não foi". Não são claras as razões concretas pelas quais o trabalho doutoral de Bilden não chegou a uma conclusão, mas Pallares-Burke apresenta hipóteses plausíveis. Entre elas estariam a imensa amplitude do projeto de pesquisa, fato admitido por ele mesmo; alguns trabalhos que assumiu nos anos seguintes, como de professor na Fisk University, que lhe tomavam, pela dedicação que despendia aos alunos, bastante tempo; certo "esvaziamento", com a aparição de *Casa-Grande & Senzala*, em 1933, do tema que ele se propunha a investigar; e também os problemas pessoais e dificuldades financeiras que o acompanhariam pela maior parte de sua vida. A autora, aliás, demonstra como a condição de estrangeiro foi decisiva para os infortúnios de Bilden. Vivendo em uma época agitada pelas grandes guerras

---

50 Idem. *O Triunfo do Fracasso: Rüdiger Bilden, o amigo esquecido de Gilberto Freyre*. São Paulo: Ed. UNESP, 2012, p. 193.

O elefante negro 165

mundiais, ser alemão nos EUA mostrou-se um peso às vezes difícil de ser superado.

"Para além do livro que não foi" constitui o título dos dois últimos capítulos do livro, que abordam o período de sua trajetória da década de 1930 até 1956. Bilden dedicou-se, em meados dos anos 1930, à docência universitária e também ao ativismo junto ao efervescente Movimento Negro. Em 1936, conseguiu uma oportunidade de se dedicar à sua especialidade na Fisk University, universidade negra. Sua experiência de professor, todavia, durou apenas até o término do contrato, em 1938. A partir daí ministrou cursos esporádicos em instituições como o Harlem Labor Center, em Nova York, e o Tuskegee Institute, no Alabama. Foi também nesse período que conheceu e se tornou próximo de membros da "Renascença do Harlem", como Arthuro Schomburg e Aaron Douglas. Ele era reconhecido como autoridade em história da escravidão e das relações raciais no Brasil, e mostrou-se sempre interessado, comprometido e atuante nas questões do negro e do racismo nos Estados Unidos.

A partir do final dos anos 1950, com o livro sobre o Brasil abandonado, projetos fracassados e dificuldade em conseguir uma posição como professor, Bilden *desapareceu* na historiografia.[51]

---

51 No epílogo do livro, Pallares-Burke aborda a relação entre o historiador alemão e Gilberto Freyre. Na Columbia, nos anos 1920, os dois fizeram de uma sólida amizade também esteio de relações e trocas intelectuais. O jovem Freyre deixara patente a admiração por Bilden em um elogioso artigo escrito sobre o trabalho do amigo para o *Diário de Pernambuco*, em 17 de janeiro de 1926. O teor da avaliação positiva do trabalho de Bilden, contudo, mudou sensivelmente quando esse mesmo artigo foi republicado décadas mais tarde, em 1979, no livro *Tempo de Aprendiz*. A autora demonstra como Freyre fez um esforço para mudar o sentido de suas afirmações pretéritas, em um claro exercício derrogatório do papel que Bilden teve em suas perspectivas intelectuais, especialmente aquelas de *Casa-Grande & Senzala*. O exemplo descrito é sintomático, entre outros apresentados no livro, da obtusa postura ulterior do sociólogo brasileiro frente a alguém que ele sabia ser

Teria terminado seus dias como escriturário, vivendo em um modesto apartamento em local ignorado de Greenwich Village, Manhattan. Morreu em 1980.

Embora não tenha havido contato conhecido e direto entre Eduardo e Bilden, seus projetos intelectuais e suas atribuladas e malfadadas trajetórias, tanto em vida quanto em sua posteridade historiográfica, estão de alguma forma histórica e simbolicamente conectados.[52] Separados por distâncias espaço-temporais, mas constrangidos pela inexorável ordem das circunstâncias – a marca da negritude em Eduardo, a do estrangeiro em Bilden –, foram intelectuais importantes – embora esquecidos – da área de estudos raciais brasileiros no século XX que trabalharam em promissoras "teses que não foram", mas que produziram efeito duradouro – algo que, no caso do brasileiro, ficará mais evidente nos próximos capítulos.

O historiador alemão talvez não tenha acompanhado, mas os estudos de escravidão e relações raciais brasileiras nos Estados Unidos expandiram-se qualitativamente ao longo do século XX. Essa historiografia é vasta, e não cabe em nossos objetivos aqui revisá-la.

De qualquer forma, das relações documentadas – em correspondências – de Eduardo com acadêmicos norte-americanos – ou residentes nos EUA –, além de Wagley e Skidmore, encontram-se os historiadores Mary Karasch e Richard Morse e a especialista em Literatura Brasileira Joan Dassin – personagens que aparecerão em seus papéis no final dos anos 1970. Entretanto, a despeito da amizade que o brasileiro ofertava a esses estudiosos – e do afinco e apreço com que lia suas obras –, era com outro

---

muito importante – e que passou a ser visto como uma presença incômoda em sua biografia intelectual.

52 Há uma cópia do artigo "Brazil, Laboratory of Civilization" no arquivo de EOO, na seção Folhetos.

grupo de acadêmicos na América do Norte que ele mantinha uma interlocução mais próxima.

Os Afro-brasilianistas

No relatório enviado a John Guggenheim Memorial Foundation, no início de 1975, Eduardo havia citado, além de Wagley e Skidmore, os nomes de John Hope Franklin (1915-2009) e Leslie Rout Jr. (1935-1987). O brasileiro conheceu Franklin, historiador, em 1973, em São Paulo, onde organizou uma mesa-redonda no MASP em que ele fora o convidado. Leslie Rout Jr., professor na Universidade Michigan, esteve no Brasil em 1962 e no início de 1970, para pesquisas de seu doutorado. Foi por volta dessa época que conheceu Eduardo.

Tal suposição baseia-se no historiador haitiano Pierre-Michel Fontaine, professor aposentado da UCLA, com passagens pelo Brasil, e que, em 1981, escreveu um tributo – citado na *Introdução* – a Eduardo – do qual Rout Jr. foi signatário: "Para nós Eduardo era uma indispensável fonte de contatos, informação e insights", além de ser "um amigo dedicado e um anfitrião charmoso".[53] Outro de seus interlocutores, o historiador afro-americano Zelbert Moore, professor na SUNY, disse que ele "viajou extensivamente [...] para reunir material (e trocar ideias) sobre os Afro-Brasileiros e outros negros na Diáspora Africana".[54]

---

53 FONTAINE, *Op. cit.*, p. 3. Assinaram o tributo, além de Fontaine e Rout Jr., Anani Dzidzienyo, Michael Mitchell, Thomas Skidmore, J. Michael Tuner, Jane McDivitt e Angela Gilliam.

54 MOORE, Zelbert. "Out of the Shadows: Black and Brown Struggles for Recognition and Dignity in Brazil". *Journal of Black Studies*, vol. 19, nº 4, jun. 1989, p. 394-410, p. 403.

Outro afro-americano que veio para o Brasil atrás de material para suas pesquisas foi o cientista político Michael Mitchell (1944-2015). Em 1977, ele defendeu, na Universidade de Indiana, a tese *Racial Consciousness and the Political Attitudes and Behavior of Blacks in São Paulo, Brazil*. Mitchell era um acadêmico que procurava articular sua vivência como negro ao seu trabalho intelectual. Assim, suas motivações, derivadas de sua experiência no ambiente social dos Estados Unidos, levaram-no a "estudar o negro [brasileiro] no contexto da vida contemporânea [...], como agente da sociedade, e, nesse sentido, com papel político, econômico e cultural bem definido".[55] A pesquisa de Mitchell foi realizada entre 1971 e 1972, com ativistas da FNB e da imprensa negra paulistana. Ele foi um dos principais acadêmicos norte-americanos a conectar o universo afro-americano e o Movimento Negro brasileiro nos anos 1970. Em um contexto de intensiva violência do Regime Militar, o apartamento que Mitchell em São Paulo era considerado um espaço seguro para reuniões de ativistas afro-brasileiros, que posteriormente formariam o MNU.[56]

Assim como Mitchell, o historiador afro-americano J. Michael Turner (1949-2016) também foi um importante personagem nessa conjuntura de trocas intelectuais e circulação de referenciais. Ele, que se via como um "afro-brasilianista ou um brasilianista africanista",[57] fez pesquisas no Brasil, no Benin e na França no início dos anos 1970, foi professor na UNB entre 1976 e 1978, e também oficial de programas da Fundação Ford no Rio de Janeiro, de 1979 a 1985, posição que ajudou ativistas e instituições ligadas

---

55 MITCHELL, Michael. "Depoimento". In: MEIHY, Jose C. S. B. (org.). *A colônia brasilianista: história oral de vida acadêmica*. São Paulo: Nova Stella, 1990, p. 436-7.

56 Entrevista com Rafael Pinto, 18 set. 2015.

57 TURNER, J. Michael. "Depoimento". *A colônia brasilianista...*, p. 401.

à causa política negra no Brasil. Tornou-se próximo de Eduardo em meados de 1976.

O historiador ganês Anani Dzidzienyo, desde os anos 1970 professor da Universidade Brown e pesquisador da história afro--brasileira – ele mesmo um destacado acadêmico nesse circuito internacional de relações acadêmicas e intelectuais[58] –, assim se definiu com relação ao brasilianismo: "A palavra brasilianista me soa estranhíssima. [...] Se dependesse de minha escolha, gostaria de ser chamado de 'afro-brasilianista', porque [...] as coisas que sinto quando estou no Brasil são similares às que vivo na África... [...]".[59] Dos "afro-brasilianistas" – noção que tomamos de empréstimo a Dzidzienyo e Turner –, ele diz:

> Enquanto negros, não somos muitos os que de uma ou de outra forma nos enquadramos como "brasilianistas". Temos nos esforçado para somar esforços e estabelecer pressupostos comuns... [...]. Há alguns colegas, como Michael Mitchell, Michael Turner [...], Pierre-Michel Fontaine [...], em Washington está o James Kennedy, que trabalha com Literatura e atuou numa escola para negros [...]. Felizmente, as mulheres negras começam a aparecer e entre elas temos, também trabalhando com Literatura, a Maria Luiza Nunes, que é feminista...[60]

Dzidzienyo informa, além da intenção de estabelecer pressupostos compartilhados no estudo da experiência afro-brasileira nos EUA, a presença de dois nomes importantes do campo, em-

---

58 Dzidzienyo estudou na Universidade Essex, Inglaterra, e entre 1970-71, viveu em Salvador, Bahia. Escreveu o trabalho *The position of blacks in Brazilian society* (London: Minority Rights Group, 1971).
59 DZIDZIENYO, Anani. "Depoimento". *A colônia brasilianista...*, p. 311.
60 *Ibid.*, p. 312.

bora raramente lembrados pela historiografia: o afro-americano James Kennedy e a cabo-verdiana, negra, Maria Luisa Nunes. Eles eram também, por sinal, como os outros nomes citados por Anani, amigos e interlocutores do sociólogo brasileiro. O nome de Kennedy é constante nas cartas de Eduardo. Não há muitas informações disponíveis sobre ele. Sabe-se, contudo, que viveu na cidade de São Paulo nos anos 1970, onde trabalhou como diretor do American Language Center – organização na época ligada ao Consulado Norte-americano de São Paulo – e como professor de Língua Inglesa e Literatura Norte-americana na Universidade Metodista de São Paulo. As datas são imprecisas. A primeira referência de Kennedy ligada ao American Language Center – em um artigo de sua autoria – é de 1973, e a última, em carta para Eduardo, vinculado à Universidade Metodista, de 1979. Antes de vir ao Brasil, ele era professor em Howard, posição que aparentemente reassumiu ao voltar para os Estados Unidos, no final da década de 1970. Aposentar-se-ia na Universidade do Distrito de Columbia, no início dos anos 2000. Escreveu diversos artigos acerca da presença africana na América Latina e Literatura afro-brasileira, e publicou ao menos um livro.[61] Além de ter intermediado o encontro de Eduardo com pessoas-chave na viagem aos Estados Unidos em 1974-75, somou esforços com o brasileiro em uma de suas ideias, jamais realizada, de uma revista acadêmica com sugestivo nome: *Amero-África*.

Embora não saibamos, não seria surpresa se Kennedy tivesse sido a pessoa que pôs Eduardo em contato com outra aficionada pela história e da Literatura negra brasileira: Maria Luiza Nunes. Ela fez parte de outro grupo de intelectuais: as mulheres negras que, norte-americanas ou baseadas nos Estados Unidos no perí-

---

61 KENNEDY, James H. *Relatos Latinoamericanos*: La Herencia Africana. Lincolnwood: Textbook, 1994.

odo – década de 1970 –, dedicaram-se à reflexão acadêmica da experiência afro-brasileira em suas múltiplas dimensões e conexões com outras experiências no domínio histórico da diáspora africana nas Américas.

Ao menos duas delas são conhecidas no Brasil: Angela Gilliam e Sheila Walker. Gilliam é uma antropóloga que viveu no Brasil em 1963 e 1973 e que, de acordo com Pereira, "conviveu com muitos militantes negros brasileiros", como Abdias Nascimento e Milton Barbosa, e "também participou da luta contra o racismo no Brasil".[62] Ela notabilizou-se por uma entrevista no jornal *O Pasquim*, em 1973, na qual denunciava o racismo no Brasil. Ela disse que suas viagens pelas comunidades negras ao redor do mundo, que dividiam similaridades culturais e sociais, ajudaram-na a "definir melhor a minha situação particular como mulher negra nos EUA".[63] Não há nenhuma carta entre Gilliam e Eduardo, embora seu nome apareça em correspondências de terceiros no acervo do brasileiro. Ela, de todo modo, foi uma das signatárias do tributo de Fontaine em homenagem ao sociólogo.

A antropóloga e ativista afro-americana Sheila Walker, ao contrário, trocou animada correspondência com Eduardo, em 1978. Os dois se conheceram em 1977, no I Congresso de Cultura Negra das Américas de Cali, na Colômbia. Ainda que os planos por eles aventados – discutidos em capítulo subsequente – não tenham se completado, registrou-se a expressão de um interesse comum pela história afro-brasileira. Walker, que foi professora da Universidade do Texas, tem rodado o mundo – incluindo passagens pelo Brasil, onde estabeleceu relações acadêmicas e de

---

62 PEREIRA, *O mundo negro*..., p. 145.
63 GILLIAM, Angela. "Entrevista". *O Pasquim*, Rio de Janeiro, ano V, nº 227, 12 nov. 1973, p. 13.

amizade – desde os anos 1970 para reflexões referentes à diáspora africana. Publicou artigos e livros, concentrados, no caso do Brasil, nas religiosidades negras.[64] Assim como Walker, outra antropóloga afro-americana que se correspondeu com o brasileiro em 1978 foi Vera Mae Green. Ela foi professora da Universidade Rutgers durante a segunda metade da década de 1970 e dedicou-se ao estudo da diversidade cultural da família negra nos Estados Unidos e no Caribe.[65] Pelo que inferimos de sua correspondência, no Brasil ela tinha contato, além de Eduardo, com o geógrafo Milton Santos e a socióloga Rose Marie Muraro. Em 1978, planejava um livro, "Multiple Dimensions of Development: Latin America and the Caribbean", para o qual Eduardo fora solicitado a colaborar com artigo sobre os problemas que "os negros no Brasil e em outras partes da América Latina enfrentam no processo de desenvolvimento ou qualquer outra posição que eles podem enfrentar que poderia diferir levemente daquelas de outras comunidades em outros países latino-americanos".[66] Green faleceu precocemente aos 53 anos, em 1982, e o livro nunca veio a lume.

Maria Luisa Nunes (1937-2007), ainda que tenha tido trajetória acadêmica análoga às das cientistas sociais citadas, especializou-se em Literatura. Outra diferença era sua origem: nascera filha de cabo-verdianos que se conheceram nos Estados Unidos, em Providence (Rhode Island). Embora sua ascendência compunha-se, como é característico de Cabo Verde, de origens europeias

---

64 Conferir, entre outros textos, WALKER, Sheila. *African Roots/American Culture: Africa in the Creation of the Americas*. Lanham (MD): Rowman and Littlefield, 2001.

65 Cf. COLE, Johnnetta B. "Vera Mae Green, 1928-1982". *American Anthropologist*, vol. 84, set. 1982, p. 633-35.

66 Carta de Vera Mae Green para EOO, 23 set. 1977. Coleção EOO/UEIM-UFSCAR, Série Correspondências.

– portuguesa e inglesa – e africanas, ela se identificava como negra – escolha que ela, vivendo nos Estados Unidos, não poderia evitar.

Ela realizou a graduação, entre 1960-64, no Radcliffe, *college* feminino complementar a então apenas masculina Harvard, especializou-se em Literatura Luso-brasileira no mestrado na Columbia (1965) e doutorado no City College (1972), e foi professora em Yale, Brown e Princeton, finalizando sua carreira como professora emérita na Universidade Estadual de Nova York, em Stony Brook (NY), onde lecionou entre 1984 e 1999.[67] Escreveu artigos sobre Literatura afro-luso-brasileira, teoria literária e representações da mulher negra na literatura brasileira, editou uma tradução de contos de Lima Barreto para o inglês[68] e escreveu também dois livros em Literatura e cultura no mundo lusófono.[69] Foi responsável, ainda, pela publicação de um livro de história oral, uma autobiografia de sua tia,[70] e deixou, no acervo da biblioteca da Stony Brook, seu próprio relato autobiográfico: *In the Light of Memory* (1999).

Essa autobiografia – cujo único exemplar disponível publicamente para consulta, acreditamos, encontra-se na biblioteca em Long Island – abarca os principais acontecimentos de sua vida pessoal e profissional, e, em menor medida, intelectual. Ela narra momentos e elementos-chave de sua trajetória, tais como a condição fe-

---

67 Informações do "Curriculum Vitae" de Maria Luisa Nunes. Arquivo pessoal de *Lou Charnon-Deutsch*.

68 NUNES, Maria Luisa (Org.). *Lima Barreto: Bibliography and Translations*. Boston: G.K. Hall, 1979.

69 Idem. *The Craft of an Absolute Winner*: Characterization and Narratology in the Novels of Machado de Assis. Westport (CT): Greenwood Press, 1983; *Becoming True to Ourselves*. Westport (CT): Greenwood Press, 1987.

70 NUNES, M. Luisa (Org.) *A Portuguese Colonial in America: Belmira Nunes Lopes - The Autobiography of a Cape Verdean-American*. Pittsburgh: Latin American Literary Review Press, 1982.

minina e o feminismo, o preconceito racial, a religiosidade – católica –, os seus amores e frustrações, realizações e sonhos, e, para o que nos interessa, suas viagens e relações com escritores e intelectuais brasileiros. Sua primeira viagem ao Brasil ocorreu em 1959, quando veio ao Rio de Janeiro. Ela voltou em 1964, para seu mestrado. Nunes mantinha diálogo com Clarice Lispector e Jorge Amado,[71] que entrevistou no Brasil e acerca dos quais escreveu.[72] De Gilberto Freyre, com quem esteve no Recife, registrou melancolicamente: "Foi um catalizador da discussão sobre relações raciais no Brasil. Estava errado sobre o Brasil ser um paraíso racial. [...] Foi um homem de seu tempo, mas seu momento ficou para trás".[73]

Em 1977, em São Paulo, esteve com Antonio Candido, objeto de agradecimento em seu livro sobre Machado de Assis. Candido lembrou-se espontaneamente da autora ao citá-la, em entrevista para esta pesquisa, como uma acadêmica negra de referência nos estudos em Literatura brasileira nos EUA. Dizíamos há pouco que James Kennedy, um entusiasta da história e Literatura afro-brasileira, poderia ter recomendado Nunes a Eduardo quando de sua viagem para a América do Norte, em 1974, mas era uma licença poética. É mais provável que eles tenham se encontrado em São Paulo, em junho de 1977, por intermédio de Antonio Candido e Gilda de Mello e Souza. Em setembro deste mesmo ano, eles se veriam novamente na Universidade Yale, na qual Nunes estava então

---

71 Essa informação não consta na autobiografia. Ela nos foi repassada por uma amiga e ex-colega de Maria Luisa, professora da SUNY (Stony Brook). Entrevista com Lou Charnon-Deutsch, 12 abr. 2017.

72 NUNES, Maria Luisa. "The Preservation of African Culture in Brazilian Literature: The Novels of Jorge Amado". Luso-Brazilian Review, vol. 10, nº 1, 1973, p. 86-101; "Narrative Modes in Clarice Lispector's 'Laços de família'". Luso-Brazilian Review, vol. 14, nº 2, 1977, p. 174-84.

73 Idem. In the Light of Memory. Stony Brook: s/e, 1999, p. 59.

O elefante negro 175

lecionando. Seus interesses acadêmicos, literários e políticos eram afins, bem como a atitude de articulação entre o pensamento e a história de vida do sujeito-pesquisador, como pode ser visto nas páginas dos vários escritos de Maria Luisa, que aqui não iremos aprofundar. Seu acervo pessoal perdeu-se.

De sua relação com Eduardo existem apenas duas cartas, por ela enviadas. Nunes não o menciona em *In the Light of Memory* – a rigor, não cita nenhum brasileiro, à exceção de Gilberto Freyre –, mas seu percurso intelectual reverbera um estilo de pensamento que, como o de Eduardo, não se furtava em integrar as experiências pessoais – no caso dela, de nacionalidade, raça e gênero – aos pressupostos teóricos pelos quais se movia.

Ela, mais do que uma afro-brasilianista, foi, como as outras mulheres negras aqui apresentadas, uma "afro-brasiliana". Essa identificação tem um sentido estilístico, por certo, mas também possui uma razão concreta e diretamente conectada à trajetória de Eduardo e à história da circularidade de ideias e referenciais entre intelectuais negros do Brasil e dos Estados Unidos no século XX.

Afro-Braziliana[74] *foi o nome dado a uma abrangente bibliografia do Brasil negro publicada, em* 1978, por uma bibliotecária e bibliófila afro-americana de nome Dorothy Porter (1905-1995). Porter foi a primeira bibliotecária (*librarian*) afro-americana a graduar-se na Columbia, em 1932, e a responsável por transformar o Moorland--Spingarn Research Center, na Universidade Howard – na qual ela trabalhou por toda a vida –, em uma das maiores e mais importantes coleções de livros, manuscritos e fontes de pesquisa sobre o negro nos Estados Unidos e nas Américas. Esta *librarian*, que gravitou por mais de 40 anos em meio a obras escritas por ou sobre

---

74 PORTER, Dorothy. *Afro-Braziliana: a Working Bibliography*. Boston: Beacon Press, 1978.

negros, é conhecida e reconhecida nos EUA, e livros e homenagens diversas têm-lhe sido devotados postumamente.[75] Uma parte de seu trabalho, entretanto, permanece desconhecida: a sua relação com o Brasil.

Sabemos do trabalho de Dorothy Porter relativamente ao Brasil por duas prosaicas razões: de um lado, a exemplo das outras intelectuais, há algumas cartas entre ela e Eduardo, enviadas e recebidas, do ano de 1978; por outro, seu imenso acervo pessoal se encontra, desde 2012, no arquivo histórico da Universidade Yale, em New Haven (CT). Nesse acervo, há uma seção, com dezenas de caixas, denominada "Afro-brazilians".[76] Esse material documenta seu paciente esforço de coleta bibliográfica que resultou na *Afro-braziliana*. Estão lá esboços do trabalho, telegramas com livrarias no Brasil, cadernos de viagens e centenas de cartas.

Ela teve a ideia da bibliografia em 1943 e, desde então cultivou relações com centros de pesquisa brasileiros, como o Centro de Estudos Afro-Orientais da UFBA, e com especialistas sobre o negro no Brasil, tais como Melville Herskovits, Donald Pierson, Gilberto Freyre, Edison Carneiro, Edson Nunes da Silva, Abdias do Nascimento – que escreveu uma severa resenha da bibliografia[77] – Clóvis Moura, James Kennedy e Eduardo. Sabemos de duas viagens suas ao Brasil: em 1959, foi à Bahia, e, em 1974, a São Paulo.[78]

---

75 Cf. SIMS-WOODS, Janet. *Dorothy Porter Wesley at Howard University*. Washington (D.C.): The History Press, 2014.

76 Cf. Dorothy Porter Wesley Papers. James Weldon Johnson Collection in the Yale Collection of American Literature, Beinecke Rare Book and Manuscript Library, Yale University, caixas 39-49.

77 NASCIMENTO, Abdias. "Reflections of an Afro-Braziliano". *Journal of Negro History*, vol. 64, 1979, p. 274-82.

78 Pelo que se pode inferir dos carimbos em dois de seus passaportes. Dorothy Porter Wesley Papers, Beinecke Rare Book and Manuscript Library, Yale University, Materiais biográficos e genealógicos, Caixa 35, Pasta 1.

O elefante negro

Em Salvador, ela esteve no CEAO e foi ciceroneada, ao que parece, por Edson Nunes da Silva, um professor de inglês e filósofo negro baiano que estudou na Universidade de Nottingham, na Inglaterra, em 1946.[79] Em São Paulo, Porter tinha o contato e a amizade de James Kennedy. A relação entre eles está documentada em duas cartas. Em uma delas, Kennedy providencia uma lista de estudiosos que o brasileiro poderia encontrar em Washington na viagem de 1974; entre eles estava Dorothy Porter: "Diretora aposentada da Mooreland Library da Universidade Howard: uma das mais importantes coleções de literatura sobre o negro (ótimos contatos com editoras)".[80] Em outra, presente no acervo da americana, Kennedy dá mais detalhes do amigo brasileiro e de sua viagem. Após se desculpar com Porter por não a ter visto em São Paulo, ele escreve: "[...] um bom amigo meu que é estudante de sociologia na Universidade de São Paulo foi recentemente convidado pelo Governo Americano para visitar os Estados Unidos. Seu

---

79 Robert Levine (1980, p. 126) diz sobre ele: "An Afro-Brazilian who studied at the University of Nottingham in England in the mid-1940's and who returned to Brazil to write several books on the role of the black in Brazilian society, although his work is largely unknown". Na pesquisa sobre os afro-brasilianistas nos EUA, encontramos quatro referências – além de Levine – de contatos com Silva na Bahia: Porter, no prefácio da *Afro-Brasiliana* (p. xi), Turner, em sua tese ("I would like to thank Professor Edson Nunes da Silva for his kindness to me and to all foreign researchers in Bahia", 1975, p. III), Gilliam, em um artigo ("Negociando a subjetividade da mulata no Brasil", *Estudos Feministas*, vol. 3, nº 2, p. 1995, p. 536), e Dzidzienyo, em entrevista para o autor (08 dez. 2016), o mencionam como alguém que os ajudara em suas pesquisas na Bahia. Primo de Milton Santos, Nunes da Silva viajou diversas vezes para a Nigéria.

80 Carta de James H. Kennedy para EOO, em meio ao Caderno de Anotação número 12, sem data, circa 1974. Coleção EOO/UEIM-UFSCAR, Série Produção Intelectual, Cadernos de Anotação.

nome é Eduardo de Oliveira, e ele é considerado um dos principais intelectuais negros de São Paulo".[81] Não sabemos se ele e Dorothy conversaram sobre esse assunto em seu provável encontro em Washington, mas as cartas trocadas entre eles – trazidas nos próximos capítulos – documentaram impressões e planos para ações conjuntas de intercâmbio intelectual entre pensadores negros do Brasil e dos Estados Unidos.

Com o aporte das ideias que trouxe dos EUA, Eduardo voltou ao Brasil, na metade da década de 1970, imbuído de uma revigorada energia, que se concretizou em textos, atividades acadêmicas e intervenções públicas naquele que é o período em que ele mais produziu na USP e na comunidade afro-paulistana, entre 1977 e 1978. O próximo capítulo revisita a história de eventos e reflexões de uma época crucial para o desenvolvimento do ativismo social e intelectual negro na capital paulista e no Brasil. Nesse percurso, novas instituições entram em cena na discussão do racismo e da vida afro-brasileira, bem como novos personagens.

---

81 Carta de James H. Kennedy para Dorothy Porter, 24 ago. 1974. Dorothy Porter Wesley Papers, Beinecke Rare Book and Manuscript Library, Yale University, Correspondências, Caixa 16a, Pasta 1.

Um projeto epistemológico

> É que o saber não é feito para compreender, ele é feito para cortar.
>
> *Michel Foucault*

Em 26 de maio de 1973, Gilberto Gil realizou um show, voz e violão, no auditório da Escola Politécnica da USP, em São Paulo. O concerto era em homenagem ao estudante de Geologia da universidade e militante da Ação Libertadora Nacional Alexandre Vannuchi Leme, que havia sido preso e morto pelo Regime Militar em março do mesmo ano. O clima de revolta e tristeza embargou as vozes que se juntaram em canções como "Cálice" (1973), escrita por Gil e Chico Buarque – que foi tocada duas vezes, a pedido dos presentes.

Algumas pessoas fazem-lhe perguntas, durante o show, em um diálogo criativo, ruidoso e por vezes bem-humorado sobre temas tão diversos quanto o significado político da música, a censura, os protestos, a religião, a dialética e até mesmo discos voadores, que o cantor afirmava ter visto na Bahia: "há algo mais nos ares do que os aviões da Varig", diz. O show, uma verdadeira pérola musical, foi gravado por um dos estudantes, em uma fita de rolo.

Na mesma oportunidade, porém, Gil cantou um samba. No áudio,[1] é possível perceber claramente risadas e aplausos efusivos em alguns trechos. Eis a transcrição:

> Não sou de briga/ Mas estou com a razão/Ainda ontem bateram na janela/ Do meu barracão/ Saltei de banda/ Peguei da navalha e disse/ Pula moleque abusado/ Deixa de alegria pro meu lado/ Minha nega na janela/ Diz que está tirando linha/ Êta nega tu é feia/ Que parece macaquinha [risos]/ Olhei pra ela e disse/ Vai já pra cozinha/ Dei um murro nela/ E joguei ela dentro da pia [risos]/ Quem foi que disse/ Que essa nega não cabia? [risos] [Ovação generalizada do público ao final]

"Minha Nega na Janela" foi escrita pelo sambista branco paulistano Germano Mathias em 1956 e regravada por Gil em 1973, no disco 'Cidade do Salvador'. O samba, embora dono de um arranjo envolvente, possui letra flagrantemente violenta, racista e misógina, como se vê. Em 2006, perguntado sobre, Mathias disse que "Eu nunca fui racista. [Era] mais uma brincadeira. Mas não sou louco de cantá-la hoje em dia. Os negros estão cheios de frescuras".[2] Gil, por sua vez, apesar de achar a música "pesada", "racista, machista", disse que a cantava justamente por seu teor politicamente incorreto, pouco se incomodando em incluí-la em seus shows. No entanto, já Ministro da Cultura e demovido por seus amigos, resolveu parar de executá-la, sem, todavia, abandonar por

---

1 Disponível em: <https://www.youtube.com/watch?v=m4BrVqJ7ugk>. Acesso em: 23 jan. 2017.

2 "Esquecido, Germano Mathias batalha na TV". *Folha de São Paulo*, 07 de jun. 2006. Disponível em: <http://www1.folha.uol.com.br/fsp/ilustrad/fq0706200624.htm>. Acesso em: 23 jan. 2017.

completo sua estrutura, que se transformou em uma nova canção, de letra mais suave, "Gueixa no Tatame" (2008).[3]

Sem elucubrar acerca dos motivos de Gil ter vocalizado o problemático samba de Mathias, prestemos atenção às risadas e aplausos do público no show de 1973. Como pôde uma plateia majoritariamente inclinada à esquerda – presume-se –, supostamente "politizada", em plena USP, rir com desembaraço de versos tão explicitamente racistas e machistas? Poder-se-ia dizer que era uma multidão – com seus efeitos de manada – embalada por um músico emblemático e carismático – e negro –, em outro tempo histórico, no qual a questão de raça era submetida à onipotência e onipresença conceitual e política da luta de classes. Tudo isso deve ser verdade, mas resta um substrato histórico-social a ser afirmado: o racismo.

As risadas dos estudantes da USP são tomadas aqui de forma simbólica, representantes de uma atitude social geral acerca da posição que o negro, ou melhor, a mulher negra, ocupava na ordem das mentalidades naquele contexto. Elas oferecem, em certo sentido, uma dimensão dos desafios que Eduardo enfrentou ao levar as problemáticas afro-brasileiras – de novas perspectivas – para a discussão acadêmica na USP, nos anos 1970.

Dizer que se trouxe a discussão "afro-brasileira" tem uma razão. A USP contava, desde 1969, com o Centro de Estudos Africanos (CEA-USP), mas que, por sua natureza, voltava-se para o exame das realidades africanas. A pesquisa sociológica acerca do negro brasileiro estava, portanto, esvaziada na USP em princípios da década de 1970, em virtude do Regime Militar, que tentava bloquear, em nível mais amplo, a discussão de raça no Brasil, e que expurgara da universidade, em 1969, professores que estudaram o

---

3   As considerações de Gilberto Gil sobre o assunto podem ser conferidas em: <https://www.youtube.com/watch?v=itwQMsFXGKs>. Acesso em: 23 jan. 2017.

tema, como Florestan Fernandes e Fernando Henrique Cardoso. Além disso, agentes do DEOPS monitoraram as atividades da FFLCH e de outras instituições em que Eduardo coordenou debates sobre negritude e racismo, como o MASP e os congressos anuais da SBPC, entre 1976-78.

O presente capítulo dedica-se a compor um painel histórico desse que é um dos mais importantes momentos da discussão brasileira acerca da questão racial no século XX, conjuntura na qual Eduardo foi protagonista. Na companhia de amigos, ao lado de antigos e jovens ativistas e universitários negros, junto a professores da USP e em diálogo com acadêmicos dos EUA e da América Latina, o sociólogo lançou perguntas e inquietações que constituíram as bases de um projeto intelectual, político, cultural, mas, principalmente, epistemológico para o negro no Brasil: o que ele chamou, em 1977, de Sociologia Negra.

Esse projeto epistemológico constituiu-se, entre outros aspectos, da tradução de ideias dos African American Studies, de interpelações ao pensamento social da Escola Sociológica Paulista e de uma discussão sobre a subjetividade negra. Mapeamos, tomando de empréstimo as palavras de Michel Foucault, um "campo de problematização"[4] no qual a questão do sujeito foi mobilizada para um exame crítico da Sociologia de Relações Raciais no Brasil. As indagações de Eduardo plasmaram-se tanto na sociologia pública por ele articulada no Brasil e nos Estados Unidos nessa segunda metade da década de 1970 quanto em sua tese, que correu em paralelo a toda essa efervescência intelectual e que teve soturno desfecho, por volta de 1979. O destino deste trabalho será revisitado em capítulo subsequente.

---

4   FOUCAULT, *Op. cit.*, 1984, p. 49.

A Sociologia ausente

No mesmo ano em que Gilberto Gil foi à Politécnica da USP para cantar, um longa-metragem que expunha abertamente o racismo e os dilemas da vida dos negros era lançado no Brasil: *Compasso de Espera*. Dirigido pelo cineasta branco Antunes Filho, o filme narra a vida de Jorge (Zózimo Bulbul), negro de classe média, publicitário, escritor, que vive dividido na cidade de São Paulo pelas constantes dualidades sociais nas quais se vê diuturnamente encerrado. De um lado, sua família, negra, pobre, proletária; de outro, a namorada e os amigos, brancos, vivem outro universo, que parece não ter sido feito para ele.

Compasso de Espera, finalizado em 1970, foi neste mesmo ano censurado, sendo exibido publicamente apenas em 1973. Se as risadas dos estudantes na Politécnica da USP demonstravam, de forma simbólica, o racismo social, o seguinte depoimento de Zózimo Bulbul traz, de outro ângulo, um retrato desta mesma realidade – ou melhor, de sua negação –, só que em um plano mais amplo e mais concreto: "Mandamos [o filme] pra censura no final de 70. Veio a ameaça de prisão. Diziam que no Brasil não tinha preconceito racial.[5]

Essa época vivia, sob o Governo Médici, alguns dos mais sinistros dias de violência institucional e repressão política contra a oposição, em parte ainda na luta armada. A questão racial, como não poderia deixar de ser, era delicada para os militares. A "democracia racial" era dogma do qual não se abria mão, em nome da suposta tradição histórica brasileira de cordialidade racial, mas também da "paz social" e da Doutrina de Segurança Nacional. Neste contexto, a censura a *Compasso de Espera* se explica com mais clareza. A "de-

---

5 Disponível em: <https://www.revistas.usp.br/crioula/article/viewFile/57858/6090> Acesso em: 24 jan. 2017.

mocracia racial", porém, já havia sido esboroada sociologicamente por Florestan Fernandes, que a tratara como mito nos anos 1960. Curiosamente, o diretor afirmou ter se inspirado em Florestan para o filme: "Me interessava por esse problema. Como colocar o problema. Eu tinha questões muito bonitas, questões profundas que o Florestan Fernandes tinha colocado e que me influenciaram muito […] Eu faço o negro com os seus problemas".[6]

A atitude cinematográfica de Antunes Filho era de fato corajosa. *Compasso de Espera* permanece atual, e as problemáticas apresentadas calham bem às vicissitudes da trajetória de vida e pensamento de Eduardo – e de muitos outros intelectuais afro-brasileiros –, ele também um intelectual negro de classe média em São Paulo, vivendo e transitando em distintos e, por vezes, contrastantes e contraditórios mundos sociais.

Florestan Fernandes captou como poucos, em seu contexto, o "problema do negro" e os dilemas raciais e sociais brasileiros, mas, no momento de lançamento do filme, embora retornado do exílio nos EUA, não mais voltaria ao tema como objeto de estudo acadêmico. Em 1973, na USP, apenas duas pessoas faziam pesquisa mais demorada no assunto "sociologia do negro": Theófilo de Queiroz Jr. e o próprio Eduardo.

Quem o diz é João Baptista Borges Pereira. Ele ministrou, em 1973, um curso na UNB que possuía como ementa um texto intitulado "Estudos antropológicos e sociológicos sobre o negro no Brasil: Aspectos históricos e tendências atuais". O autor faz uma desalentadora radiografia do que se estava a produzir acerca do afro-brasileiro, em termos de pesquisa sociológica, no início dos anos 1970. Remetendo a cientistas sociais como Fernandes e Car-

---

6 *Ibid., Loc. cit.*

doso, ele diz que aqueles "que foram eventualmente atraídos por esse campo de estudos, vieram de outras áreas e, depois de breve interesse pelo negro, enveredaram por caminhos considerados mais estratégicos, em geral, ligado à problemática desenvolvimentista", dizendo ainda que, "nesta escala de grandezas, o tema racial se não é considerado cientificamente irrelevante, pelo menos não chega a aliciar vocações sociológicas".[7] As raras pesquisas existentes resultavam de iniciativas individuais, e a FFLCH era a única instituição, na pessoa dele mesmo, a oferecer cursos de graduação e pós-graduação no tema.

Além deste antropólogo, dois outros pesquisadores brancos faziam pesquisas na USP sobre a questão racial. Solange Couceiro, antropóloga, professora na ECA, publicou umas das primeiras bibliografias do negro no Brasil, em 1971,[8] e sua dissertação em Antropologia, *O negro na televisão de São Paulo – um estudo de relações raciais* (1971), orientada por João Baptista, é uma referência na área. Theófilo de Queiroz Jr. defendeu a tese de mestrado supracitada e tornou-se também sociólogo e professor na FFLCH.

O diagnóstico de João Baptista acerca do estado da arte dos estudos de relações raciais é acertado, mas na mesma época outras pessoas também pesquisavam o tema no contexto paulista. É o caso de Verena Martinez-Alier (atualmente Verena Stolcke) e Peter Fry, antropólogos que, juntamente com Antônio Arantes, em 1970, fundaram o Departamento e logo em seguida o Mestra-

---

[7] PEREIRA, João Baptista Borges. "Estudos antropológicos e sociológicos sobre o negro no Brasil: Aspectos históricos e tendências atuais". Plano de Curso. UnB, Instituto de Ciências Humanas, IX Curso de Estudos Brasileiros, 2º Semestre de 1973, p. 12. Acervo do CEA-USP.

[8] LIMA, Solange M. C. *Bibliografia sobre o negro brasileiro*. São Paulo: ECA/USP - CODAC/USP, 1971.

do em Antropologia Social da então recém-criada Universidade Estadual de Campinas (UNICAMP). Peter Fry, inglês naturalizado brasileiro, escreveu sobre raça e homossexualidade,[9] lecionou Antropologia em importantes universidades brasileiras e se tornou um influente acadêmico no debate da questão racial no país nas últimas duas décadas dos anos 2000. Foi amigo de Eduardo e espectador da peça "E agora, falamos nós", em 1971.[10] Verena, nascida alemã, antropóloga, professora emérita da Universidade de Barcelona, trabalhava com a perspectiva da interseccionalidade raça/classe no final dos anos 1960, em uma pesquisa de doutorado em Antropologia, defendida em 1969, na universidade de Oxford, sobre racismo e sexualidade na Cuba colonial.

No segundo semestre de 1973, ela ofereceu um curso no mestrado em Antropologia Social da UNICAMP, "Aspectos do Estudo das Relações Raciais", que teve como aluno Eduardo. O trabalho final do sociólogo para essa disciplina foi *O mulato, um obstáculo epistemológico*. A resenha do livro *Neither Black nor White: Slavery and Race Relations in Brazil and the United States* (1971), do historiador americano Carl Degler, foi publicada em 1974 na revista Argumento, periódico crítico ao Regime Militar que tinha em seus quadros nomes próximos do sociólogo, como Antonio Candido e Fernando Henrique Cardoso.[11]

---

9   Conferir, entre outros trabalhos: FRY, Peter; VOGT, Carlos. *Cafundó, a África no Brasil: linguagem e sociedade*. Campinas: Ed. UNICAMP, 1996.
10 Entrevista com Peter Fry, 22 jun. 2015.
11 Cf. COTA, Débora. "Argumento: literatura e cultura nos anos 70". *Letras de Hoje*, vol. 49, nº 4, out./dez. 2014, p. 424-433. Entrevistados mencionaram que EOO era amigo de Cardoso, mas, principalmente, de Ruth Cardoso. Tentamos contato com o sociólogo através da Fundação Fernando Henrique Cardoso, sem sucesso.

Em 1975, Eduardo estaria presente outra vez na UNICAMP, debatendo um texto apresentado pelo economista e historiador Antonio Barros de Castro no seminário "Conferência sobre História e Ciências Sociais". Para além do conteúdo do artigo de Castro e da discussão que o debate propiciou, o comentário de Eduardo é interessante por dar a ver problemáticas de cunho político, sociológico e epistemológico, que passaram a frequentar de forma contumaz seus textos e intervenções públicas a partir da segunda metade da década de 1970. Ele começa suas considerações estabelecendo a seguinte premissa: "Fique bem claro que nós não somos espectadores da escravidão, mas os legítimos produtos dela, em busca de uma teoria da ação", dizendo, em tom irônico, logo em seguida: "O Prof. Castro pode acusar-nos de subjetivismo. Nós temos o defeito de, para tudo o que lemos sobre negros, fazermos sempre a mesma pergunta: o que isto me explica? O que isto nos explicita?"[12]

A politização das posturas teóricas, o pragmatismo das interrogações sociológicas e a problematização epistemológica dos lugares de fala atribuídos aos sujeitos, brancos e negros, na ordem racializada do discurso, começam a se estabelecer como lastro crítico de uma nova perspectiva na Sociologia de Relações Raciais no Brasil. Um novo movimento na cultura intelectual brasileira se articulava através dos gestos sociológicos de Eduardo.

Reduzir esse processo, todavia, a Eduardo e a São Paulo seria não fazer justiça ao que se passou. Na realidade, longe de ser obra de um único indivíduo em um lócus espacial delimitado, a construção do que denominamos "projeto epistemológico" nutriu-se de esforços coletivos empreendidos em diversos lugares do Brasil, de

---

12 OLIVEIRA, Eduardo de Oliveira e. "Comentário". In: PINHEIRO, Paulo Sérgio (Coord.). *Trabalho escravo, economia e sociedade*. Rio de Janeiro: Paz & Terra, 1984, p. 69-71, p. 70.

conhecimentos construídos pelos ativistas e pensadores negros e brancos brasileiros ao longo do tempo e da circulação internacional de referenciais de leitura da realidade e de luta política.

Mais ou menos na mesma época em que São Paulo vivia a emergência de grupos organizados de universitários negros como o CECAN e o GTPLUN, novos grupos apareciam em outros estados. O Grupo Palmares, formado por universitários afro-gaúchos, e que cumpriu importante papel na ressignificação do 20 de novembro, surgiu em Porto Alegre, em 1971. O bloco cultural afro Ilê Ayê, por sua vez, foi fundado em Salvador, em 1974. No Rio de Janeiro, o Centro de Estudos Afro-Asiáticos (CEAA), da Universidade Candido Mendes, reuniu, desde meados de 1970, um conjunto importante de jovens estudantes e universitários negros. No Rio, dois grupos que frequentavam o CEAA, que representavam tendências distintas de concepção política, firmaram-se: a SINBA, Sociedade de Intercâmbio Brasil-África, de 1974, e o IPCN, Instituto de Pesquisa das Culturas Negras, de 1975.

Do outro lado da Ponte Rio-Niterói, também integrado por estudantes negros que frequentavam o CEAA, outro grupo apareceu: o Grupo de Trabalhos André Rebouças (GTAR), formado por acadêmicos dos cursos de graduação da UFF, em Niterói. A criação do GTAR foi encabeçada pela historiadora Maria Beatriz Nascimento, pesquisadora, poeta e ativista afro-brasileira e uma das principais parceiras e interlocutoras de Eduardo no Brasil a partir de 1975, momento em que provavelmente eles se conheceram, por intermédio de José Maria Nunes Pereira, no Rio de Janeiro. Beatriz graduou-se em História na UFRJ em 1971, e, em 1981, concluiu pós-graduação latu sensu, também em História, na UFF, com o trabalho *Sistemas sociais alternativos organizados pelos negros: dos quilombos às fave-*

las.¹³ Além de Beatriz, o GTAR teve como fundadoras Marlene de Oliveira Cunha, acadêmica de Ciências Sociais, e Rosa Nascimento, aluna de Geografia, entre outros.

O GTAR ficou conhecido por ter organizado semanas de estudo na UFF, para as quais convidava especialistas em estudos raciais. A primeira dessas semanas foi realizada em 1975. A segunda "Semana de Estudos Sobre a Contribuição do Negro na Formação Social Brasileira", em 1976, contou com a presença de pesquisadores de variadas procedências, como Beatriz Nascimento, Manuel Nunes Pereira, Carlos Hasenbalg e Eduardo. O *Caderno de Estudos* do evento dizia ser objetivo do GTAR mostrar "uma nova forma de abordar as relações raciais concernentes à raça negra que [...] só podem ser entendidos a partir de um estudo proferido do Negro enquanto Raça e de sua implicação na totalidade social, da qual foi posto à margem, em consequência do 'preconceito racial'".¹⁴ De forma mais pontual, o GTAR estabelecia as seguintes metas como suas prioridades:

> 1) Introduzir gradualmente na Universidade [Federal Fluminense] créditos específicos sobre as Relações Raciais no Brasil, principalmente nos cursos que abrangem a área de Ciências Humanas.
>
> 2) Tentar uma reformulação no programa de Antropologia do Negro Brasileiro, no ICHF, que foi organizado há dez anos e que permanece sem nenhuma alteração.
>
> 3) Atualizar a bibliografia no que diz respeito ao assunto, adotado pelo corpo docente e discente.

---

13 Para maiores detalhes sobre sua trajetória acadêmica, ver: VINHAS, *Op. cit.*, e RATTS, Alex. *Eu sou Atlântica: sobre a trajetória de vida de Beatriz Nascimento*. São Paulo: Imprensa Oficial/Kuanza, 2007.

14 GRUPO de Trabalho André Rebouças. *II Semana de Estudos Sobre o Negro na Formação Social Brasileira*. Niterói: UFF, 1976, p. 1.

4) Estabelecer contato entre professores que desenvolvem teses sobre as Relações Raciais fora da UFF com o corpo docente do Instituto de Ciências Humanas e Filosofia.[15]

Havia a intenção, oriunda da iniciativa dos alunos, de colocar as questões da educação, das relações raciais e da história do negro na Universidade em nível curricular, uma proposta nova para o contexto. O GTAR procurava manter seus trabalhos "para uma ação voltada para a comunidade de onde [os membros do grupo] procedem".[16] Essa premissa reverberava aquela do Movimento Universitário Negro da Faculdade de Direito da USP, de 1968, que, assim como os afro-americanos ligados na mesma época ao Black Power Movement, procurava fazer um ativismo político voltado para o diálogo com sua comunidade de pertença. Ratts considera que "o GTAR se constituiu como um projeto de negritude acadêmica, formando acadêmicos ativistas [...]".[17] Duas expoentes nesse sentido foram Beatriz Nascimento e Marlene de Oliveira Cunha, que depois fez mestrado em Antropologia Social na USP, defendido em 1986, orientado por João Baptista Borges Pereira.

Eduardo foi um dos principais colaboradores externos do grupo. Em 1976, apresentou o texto pouco analítico *Movimentos políticos negros no início do século XX no Brasil e nos Estados Unidos*,[18] provável excerto de sua tese. Em novembro de 1977, entretanto, concebeu uma reflexão muito mais substancial: o artigo *Etnia e compromisso intelectual*. Este texto trazia preocupações teóricas e condensava um rol de problemáticas que, embora apre-

---

15 Ibid., Loc. cit.
16 Idem. *III Semana de Estudos Sobre o Negro na Sociedade Brasileira*. Niterói: UFF, 1978, p. 2.
17 RATTS, *Op. cit.*, 2007, p. 33.
18 OLIVEIRA, *Movimentos políticos negros...*

sentado – e publicado – em parceria com o pessoal do GTAR, fora pensado incialmente para outro momento, anterior, em maio deste mesmo ano de 1977: a Quinzena do Negro da USP.

A Quinzena do Negro da USP

No dia 15 de julho de 1977, foi ao ar, na TV Cultura, rede de televisão pública brasileira com sede na cidade de São Paulo, o documentário *O negro, da senzala ao soul*. Pensado para ser uma reportagem de rotina para o "Hora da Notícia", telejornal da emissora nos anos 1970, a matéria tomou inesperada dimensão. O jornalista responsável pelo trabalho, Gabriel Priolli Neto, contou-nos que fora até a Cidade Universitária para cobrir a Quinzena do Negro da USP, que havia sido ali promovida entre 22 de maio e 8 de junho de 1977. Ele diz: "Fui, vi, entendi do que se tratava e voltei à redação propondo continuar a cobertura, além de estendê-la para uma grande reportagem, fazer um especial jornalístico".[19]

Nos momentos iniciais do documentário, o então editor-chefe do Departamento de Jornalismo da TV Cultura, o jornalista Paulo Roberto Leandro, ele mesmo negro, afirma que no "contato com as fontes de informação, da convivência com pessoas e ideias da Quinzena, a filmadora foi rodando livremente [...], as pessoas foram abrindo o coração para externar coisas muito íntimas, e compor um quadro do pensamento negro no Brasil de hoje". Ainda nas palavras de Leandro, o que se apresentava no videoteipe eram "negros falando de negros, negros falando de brancos e uma nova visão do problema racial".[20]

---

19   PRIOLLI NETO, Gabriel. Pesquisa [e-mail pessoal]. 4 out. 2015.
20   LEANDRO, Paulo Roberto. Entre 00:20 e 01:05 min. *O negro, da senzala ao soul*. Direção: Gabriel Priolli Neto, Armando Figueiro e Delfino Araújo. São Paulo: TV Cultura, 1977. Disponível em: <https://www.youtube.com/watch?v=5AVPrXwxh1A>.

O negro, da senzala ao soul registra o processo de rearticulação do movimento negro no Brasil – basicamente em São Paulo – no final da década de 1970. A produção aborda criticamente temas como o racismo, o cotidiano e a realidade das relações raciais, a família negra, o papel do samba na comunidade afro-paulistana, e, sobretudo, como evidencia o título, a importância que o *soul* assumiu para a juventude afro-brasileira desse período como elemento aglutinador do sentimento de orgulho racial e como fermentador da consciência negra que se organizava.[21] A produção de *O negro, da senzala ao soul* insere-se também na conjuntura da contestação social do Regime Militar de fins dos anos 1970, como afirma Priolli Neto: "Na época, tentávamos fazer um telejornalismo também militante, pelo fim da ditadura militar, e fazia todo sentido dar visibilidade ao debate da ressignificação da negritude, que inevitavelmente desembocaria na rearticulação do movimen

---

Acesso em: 27 jan. 2017.

21 O *soul* foi visto pela vigilância do Regime Militar como uma ameaça, por seu caráter potencialmente político. No mesmo dossiê do DEOPS/SP em que se documentaram os movimentos de EOO em 1976 e 1977, há outro, dando conta de maneiras de entender e enfrentar o risco político que o *soul* representava: "4. Sugestões para uma estratégia. Na medida em que se verifica [que] já há uma reação dos sambistas, caberia: 1) estudar o fato como fenômeno de massa e encontrar derivativo (recurso é propaganda); 2) não permitir a transformação [em expressão política no Brasil]. 5. Tentativa de explicação. O 'soul' funciona ao nível profundo - psicologia. O integrante, na sua maioria pertencendo a camadas sociais menos dotadas financeiramente, encontra no 'soul' um mecanismo de compensação, a exemplo do que ocorreu com o candomblé na sua origem sec. XVIII e XIX, mas enquanto este tinha raízes profundas e autênticas o 'soul' é importado o que facilita o seu combate. A título de hipótese, o combate ao 'soul' deverá partir de um projeto a ser elaborado por pessoas com prática Assessoria de Relações Públicas da Presidência, por exemplo, levando em linha de conta que se trata de uma moda e de movimento de massa. Acredito que a solução está em encontrar um derivativo ou reforçar o esquema do samba". Dossiê 50-J-0, 5372, p. 120. Acervo do DEOPS/SP, Arquivo Público do Estado de São Paulo.

to negro [...]".²² No que respeita à repercussão do documentário, diz o jornalista que ela foi a melhor possível: "Grande impacto na comunidade negra, sobretudo nos jovens, que estavam na luta política. Fizemos reprises e, durante anos, a TV Cultura recebeu pedidos de cópias, para exibições em escolas, centros culturais e atividades políticas, sobretudo na periferia".²³

Foram coletados depoimentos de pessoas negras comuns, além de entrevistas com antigos militantes, como José Correia Leite, e com alguns intelectuais envolvidos na Quinzena, como Hamilton Cardoso, jornalista e uma das principais lideranças jovens da comunidade negra de São Paulo nessa época²⁴ –, Beatriz Nascimento e o idealizador da Quinzena, Eduardo. Indagado por Priolli Neto logo no início de *O negro...* sobre o evento, ele diz que o objetivo primordial foi "trazer o negro para o centro de interesse e preocupações, mesmo que por 15 dias, para fazer que ele [...] deixasse de ser invisível, que só aparece no carnaval ou no futebol, para ser apresentado como homem, como criatura e criador".²⁵

O entrevistador toca na questão do sentido pragmático do conhecimento que se queria construir durante o evento. Eduardo: "Geralmente as pesquisas são feitas, mas sem pensar que essa pesquisa deva ser voltada para a experiência do negro atual, para

---

22 PRIOLLI NETO, *Op. cit.*

23 *Ibid.*

24 Cf. CARRANÇA, Flávio. *Hamilton Cardoso: jornalista, militante, intelectual.* São Paulo: s.e., 2008, p. 48.

25 OLIVEIRA, Eduardo de Oliveira e. Entre 01:15 e 3:48 min. *O negro, da senzala ao soul...* Beatriz, já em 1974: "É tempo de falarmos de nós mesmos não como 'contribuintes' nem como vítimas de uma formação históricosocial, mas como participantes desta formação". *Negro e racismo.* In: RATTS, *Op. cit.*, 2007, p. 101.

seus problemas atuais, que ela tenha um cunho prático de servir ao negro. Geralmente serve mais ao cientista".[26]

A par desses objetivos e preocupações, Eduardo reuniu, com patrocínio da Secretaria de Cultura do Estado de São Paulo, acadêmicos negros e brancos para duas semanas de discussões nos barracões da Faculdade de Psicologia da USP, abordando a questão racial no Brasil que lhes era então contemporâneo. Os acadêmicos negros eram, além dele mesmo, Beatriz Nascimento, o linguista Jonas de Araújo Ramalho, a historiadora Maria Célia Viana e o sociólogo Clóvis Steiger Assis Moura, este último seu amigo e interlocutor próximo[27]. Os outros conferencistas eram as brasileiras Maria Stella Bresciani e Irene Barbosa, a americana Joan Dassin e os argentinos Carlos Hasenbalg e Joana Elbein dos Santos.

Foi organizada também uma "Mesa Redonda com Universitários Afro-brasileiros". Rafael Pinto, ativista que na época cursava

---

26 *Ibid.* A esse respeito se manifestou Beatriz, no artigo acima citado (p. 102): "[...] quase tudo o que foi dito sobre o negro, tudo que lhe é atribuído, o que até agora é considerado ser negro, inclusive a cultura do negro, deve ser reexaminado não sob o ponto de vista da teologia dominante, mas sob o ponto de vista das nossas aspirações e necessidades [...]. Só o levantamento histórico da vivência do negro no Brasil levada a efeito pelos seus descendentes, isto é, os que atualmente vivenciam na prática a herança existencial, poderá erradicar o complexo existente nele, e assim como o preconceito racial por parte do branco".

27 Eduardo era colaborador ativo do Instituto Brasileiro de Estudos Africanistas (IBEA), fundado por Moura em 1975, em São Paulo, capital. Em 1975, apresentou conferência no IBEA, denominada "Teses sobre a Negritude", que se encontra atualmente em uma fita K7 no acervo de Clóvis Moura no Centro de Documentação e Memória da Universidade Estadual Paulista (CEDEM-UNESP), na cidade de São Paulo. Cf. VIEIRA, Cléber Santos. "Clóvis Moura e a fundação do IBEA – Instituto Brasileiro de Estudos Africanistas". *Revista da ABPN*, São Paulo, vol. 9, nº 22, mar./jun. 2017, p. 349-368. Há, todavia, poucas menções a Clóvis Moura nos documentos de EOO, e se observa a mesma escassez de referências a EOO no acervo de Moura. Esse quadro se deve provavelmente ao fato simples de que eles moravam na mesma cidade, não se comunicando por cartas.

O elefante negro 195

Ciências Sociais na USP, e que seria um dos principais articuladores do MNU, afirmou que havia "uma posição bastante clara contra a forma como são levados os estudos negros, o seu caráter intelectualista, ou seja, desligado da realidade do negro como também a própria forma como se utilizam da cultura negra como forma de status",[28] e que existia uma preocupação em levar a discussão sobre os problemas raciais para toda a comunidade negra. Foram, então, organizadas atividades paralelas aos debates na Cidade Universitária. A Pinacoteca do Estado recebeu a exposição "A Imprensa Negra de São Paulo - 1918-1960", para a qual foram convidados e homenageados antigos militantes que fizeram essa imprensa, como José Correia Leite, Henrique Cunha e Aristides Barbosa; o Museu da Imagem e do Som de São Paulo abrigou a mostra "O negro da filmografia brasileira", que apresentou, entre outros, a película *Compasso de Espera*.

A Quinzena obteve bom público e igualmente boa cobertura de imprensa. Ao *Jornal do Brasil*, o organizador informa que ela seria o prenúncio de um trabalho mais amplo para o ano de 1978, quando se comemorariam os 90 anos da Abolição, com a seguinte interrogação: "que destino devem tomar os descendentes de escravos?"[29] O debate no meio negro acerca dos significados do 13 de maio enquanto data de comemoração, iniciado pelo Grupo Palmares em meados de 1970, encontra formulação em suas palavras desta maneira:

> Nosso interesse, ao fazer a Quinzena em maio, não foi tanto para comemorar o 13 de maio, mas para procurar diferençar um encontro científico dessas experiências

---

28 PINTO, Rafael. In: "Mesa Redonda com Universitários Afro-brasileiros" (transcrição de áudio de fita K-7), p. 2. Acervo do CEA-USP.

29 "Uma raça em busca de suas raízes". *Jornal do Brasil*, Rio de Janeiro, 28 maio 1977, p. 4. Coleção EOO/UEIM-UFSCAR, Série Folhetos.

negativas normalmente acontecidas em maio: o concurso anual da Bonequinha do Café e as romarias para a imagem da Mãe Preta não tiram do negro aquela ideia comum de que é um cidadão de segunda categoria. E essa ideia precisa ser afastada.[30]

Acerca-se de seu pensamento a problemática, que estava a ser discutida nessa época por ativistas em diferentes lugares do Brasil, da efeméride da Abolição pensada não como um celebrar, mas um "co-memorar", um "lembrar junto", exercício crítico de memória com o auxílio da reflexão histórica e sociológica. É esse o mote, aliás, da exposição sobre a imprensa negra na Pinacoteca do Estado. Oriundos de sua coleção particular, jornais como *A Voz da Raça* e o *Clarim da Alvorada*, registros documentais do Movimento Negro do início do século XX em São Paulo, figuraram no museu paulista como inscrição mnemônica de presenças ausentes nas narrativas da identidade brasileira, fossem elas na Historiografia ou na Arte. Tempo de responsabilidade e de "sacudir as consciências adormecidas", era preciso mostrar personagens negros esquecidos, como Jayme de Aguiar, José Correia Leite e Arlindo Veiga dos Santos, da Imprensa Negra. Como já citado na *Introdução*, tratava-se de uma oportunidade de "revelar o negro como criatura e criador. Numa palavra: Sujeito".[31]

O posicionamento do negro na condição de sujeito do processo histórico e da escrita da história é sublinhado igualmente por Beatriz Nascimento, em sua conferência "Os quilombos na historiografia brasileira", na Quinzena. Em *O Negro, da senzala ao soul*, ela critica os historiadores brasileiros que, ao menos até aquele momento, prestavam atenção ao negro primordialmente como escravo, trabalhador braçal e/ou objeto de repressão

---

30 *Ibid.*
31 OLIVEIRA apud ARAÚJO, *Op. cit.*, p. 287.

e violência, caso da historiografia do quilombo: "A história do Brasil foi uma história escrita por mãos brancas", ela diz. "Tanto o negro quanto o índio, os povos que viveram aqui juntamente com o branco, não têm a sua história escrita, ainda",[32] enfatiza a historiadora. Haveria, como ela propunha, de se pensar o afro-brasileiro também como um homem livre, a exemplo da história dos processos de alforria no contexto escravista e dos quilombos no pós-abolição.

Poucos registros concretos restaram do conteúdo das conferências e dos debates do evento na USP. No entanto, em que pese a fortuna do acesso às palavras de Beatriz, Eduardo, entre outras pessoas nos fotogramas de *O negro, da senzala ao soul*, o acervo em São Carlos preservou um rascunho, compreensivelmente lacunar, de sua conferência na Quinzena, *Etnia e Compromisso Intelectual*. Mas eram mais do que folhas soltas e amareladas. Traçava-se aí um plano sociológico que implicava, na disposição de sua arquitetura intelectual, uma recusa dos padrões de análise social do negro à época vigentes, uma problematização das relações do intelectual negro com as Ciências Sociais, uma postura de enfrentamento e intervenção do cientista social frente aos problemas da sociedade e a busca, em última instância, de uma "teoria da ação" para o negro brasileiro. O projeto epistemológico de Eduardo começava a se desenhar e a assumir contornos mais claros a partir desse momento.

Com o estilo ferino que o distinguia, Eduardo dá início a sua reflexão dizendo que, mesmo tendo-se conquistado a Lua, e como se os problemas da humanidade estivessem resolvidos, era lamentável se reunir "para se falar de negros, estando implícito nisto a

---
[32] NASCIMENTO, Beatriz. Entre 00:20 e 01:05 min. *O negro, da senzala ao soul*...

ideia de que ainda é preciso este tipo de coisa para reivindicarmos nossa condição de homens".[33]

Tomando então de empréstimo ideias sobre o "comer" e o "riso" do universo poético de Langston Hughes e Jorge de Lima, ele propõe uma espécie de antropofagia teórica:

> Por comer nós entendemos uma linguagem metafórica abrangente... no sentido de absorver bens... e por rir... (o porquê e de quem) Etapa bem mais difícil, que vai depender da digestão saudável do que foi ingerido, e, para que isto se passe, faz-se totalmente necessário que se consigam as condições materiais de vida, para se entrar na posse daqueles bens que até agora não tivemos condições de alcançar, e que têm permanecido, por razões que competem às ciências e em particular aos cientistas discutir e explicar, nas mãos daqueles que nos têm mandado comer na cozinha. E diga-se, no nosso caso, com visita e sem visita. E é por isto que estamos aqui.[34]

Era preciso conhecer as regras do jogo e engendrar modos de deglutir a cultura e trabalhar o riso sem se perder de vista a condição étnica – "étnica" de negro, decerto, pois, ainda que o público da Quinzena fosse racialmente heterogêneo, era primordialmente para os negros presentes que o autor de fato se reportava no momento de enunciação da conferência. A consciência da condição racial era, portanto, um requisito fundamental para o situar do negro enquanto presença no mundo e para aquilatar ao mesmo tempo a leitura e a análise sociológica de seu posicionamento discursivo no oceano do social.

---

33 OLIVEIRA, Eduardo de Oliveira e. "Etnia e Compromisso Intelectual" (Rascunho), 1977, p. 1. Coleção EOO/UEIM-UFSCAR, Série Produção Intelectual.

34 *Ibid.*, p. 2.

O elefante negro 199

Algumas perguntas elementares são lançadas: O que é e quem é o intelectual negro na sociedade brasileira? Quais são seus deveres e responsabilidades? Tais indagações, fruto do que "vimos ultimamente tentando compreender e situar... Cinco anos (com altos e baixos) de dedicação plena..."[35] – uma referência a sua tese –, são acompanhadas pela afirmação de que "a libertação do negro (social, cultural, política, econômica) não é possível sem uma teoria das condições dessa libertação, isto é, sem uma ciência (que tipo de ciência) das formações sociais".[36] Alguns elementos teóricos desse projeto são localizados no marxismo, campo do conhecimento no qual ele – e, a rigor, toda sua geração – navegava desde os anos de Maria Antonia, na década de 1960. Neste sentido, o sociólogo cita excerto de um texto de Jacques Ranciére: "o problema não está na natureza mais ou menos 'ideológica' das ciências humanas, mas na natureza da ideologia transmitida por seu intermédio. O importante não é o fato de o ensino difundir a 'ideologia', mas de difundir a ideologia burguesa".[37]

Os conceitos sublinhados por Eduardo tornam-se mais inteligíveis quando sabemos que, mais ou menos no mesmo período, por volta de 1977-78, sua tese *Ideologia racial: estudo de relações raciais* passaria a se chamar *História e Consciência de Raça*, em alusão e analogia claras ao título de um dos mais conhecidos livros do filósofo húngaro Georg Lukács, que publicou, em 1922, *História e Consciência de Classe*, dedicado ao estudo da natureza e das condições de possibilidade das Ciências Humanas em perspectiva marxista. Não por acaso, ao estabelecer questões de método, o brasileiro remete a Lukács:

---

35 *Ibid.*, p. 6.
36 *Ibid.*, p. 6-7.
37 Jacques Ranciére. *Sobre a teoria da ideologia*. Porto: Portucalense, 1971 (apud OLIVEIRA, *Etnia...*, p. 7).

Complementando isto... Diz Lucaz – estando todo pensamento intimamente ligado a ação, não se tem legitimamente o direito de falar de "ciência" da sociedade ou de sociologia. O conhecimento que um ser tem de si mesmo não é ciência, mas consciência. Assim, não há uma sociologia conservadora e uma sociologia dialética, mas uma consciência de classe, burguesa ou proletária, exprimindo-se no plano da descrição ou da explicação dos fatos humanos.[38]

Noções como consciência de classe e ideologia burguesa se enquadram, assim, como modelos estruturantes da ação sociológica. Considerando esse referencial teórico, Eduardo investe na ideia de desenvolver nas Ciências Sociais brasileiras novos marcos de referência, novas conceptualizações que transcendessem os limites dos "conceitos brancos", em uma ofensiva intelectual contra a "falsa universalidade"[39] desses conceitos, uma linguagem teórica extraída da Black Sociology. A dupla perspectiva de raça e classe, uma constante em seu pensamento, evidencia-se na visão da Sociologia como existente "num universo onde a cor, a etnicidade e a classe social são de primordial importância, sendo impossível para esta sociologia manter uma neutralidade valorativa em sua abordagem".[40]

A partir dessa crítica da neutralidade científica na Sociologia brasileira – embora ele não diga abertamente que obras ou autores seriam esses – desdobra-se o imperativo de engendrar premissas elementares que pudessem ter um sentido teórico prático. Eco das leituras de *The Death of White Sociology*, ele sublinha que a "sociologia geral" tendia a medir a existência social do ne-

---

38 OLIVEIRA, *Etnia...*, p. 8. GOLDMAN, Lucien. *Ciências Humanas e Filosofia*. São Paulo: DEL, 1967.
39 *Ibid.*, p. 9.
40 *Ibid.*, p. 10.

gro "contra um grupo de normas e valores estranhos... alheios... Como resultado, são considerados como um desvio do modelo ambíguo da classe-média branca, modelo este que também não é sempre claramente definido...".[41]

Não seria de estranhar se ele estivesse a instaurar uma tensão com certas intepretações clássicas do pensamento social brasileiro sobre o negro, tais como as de um Oliveira Vianna ou mesmo um Caio Prado, mas estaria se referindo também, ou principalmente, às obras mais avançadas da Escola Sociológica Paulista, como as de Florestan Fernandes? A continuação de sua argumentação esfarela qualquer dúvida: "Geralmente o que acontece é que os negros [...] são obrigados a estudar e ter cursos sobre desvio, desorganização social e problemas sociais, cursos esses que são dados definindo os negros como os perpetradores e criadores de uma patologia social, e não suas vítimas...".[42] Vejam-se os subtítulos do capítulo segundo de *A integração do negro na sociedade de classes* e dissipem-se quaisquer suspeitas: "Pauperização e anomia social", "O 'déficit negro'", "Os diferentes níveis da desorganização social", "Efeitos sociopáticos da desorganização social". Sem aqui levantar questão quanto à inegável criticidade das análises de Florestan e das outras obras e autores da Escola Sociológica Paulista, algo que Eduardo não faz em momento algum, suas indagações incidem mais nas potencialidades e efeitos em termos práticos desses estudos, que criavam e mantinham "uma visão falsa do negro produzindo, quando muito, liberais paternalistas brancos, que no máximo se sentirão culpados da condição dos negros...".[43]

---

41 *Ibid.*, p. 9.

42 *Ibid.*, p. 10.

43 *Ibid.*, p. 11.

Estaria a Sociologia brasileira fazendo análises socialmente relevantes, condizentes com seus propósitos? Que tipo de resposta dava o graduando negro ao ambiente acadêmico da Sociologia e como seu treinamento nas Ciências Sociais o ajudava no entendimento de seus próprios problemas? O protagonista dessas inquietações era o intelectual negro:

> Daí o papel do intelectual negro... E como comportar-se...? Que pergunta se deve fazer a ele em geral, e em particular ao sociólogo? Resposta de Nathan Hare... Libertar-se da "repetição" estéril: o intelectual é um homem que contribui com ideias originais, novos insights, levando novas informações ao fundo já existente do conhecimento... O intelectual negro é uma espécie a parte... recaindo sobre seus ombros uma enorme tarefa... Ele deve descolonizar sua mente de maneira que possa guiar efetivamente outros intelectuais e estudantes, em sua procura da libertação... E já é tempo de estudar-se o branco...[44]

A sugestão de se estudar o branco também está presente em sua entrevista ao *Negro, da senzala ao soul*. Na medida em que o negro consolidava um conhecimento de si, poderia fazer um trabalho "não só de educar-se como também educar o branco", pois era preciso "que nós brancos e negros nos eduquemos juntos, para conhecer, afinal de contas, nossa história", especialmente a história do negro, que havia sido relegada a segundo plano porque os negros, "os feitores dessa história, não tínhamos ainda condições de querer revelá-la".[45]

Embora importante, a ideia não era nova. Guerreiro Ramos, nos anos 1950, havia diagnosticado, de seu lugar epistêmico afro-brasileiro, o caráter em sua opinião pernicioso e equivocado dos

---

44   Ibid., p. 12. Grifos no original.
45   EOO, entre 43:23 e 43:53 min. *O negro, da senzala ao soul*...

estudos do negro no Brasil, processo identificado por ele como resultado de uma "patologia social do branco".[46] Esse não fizera, todavia, um exame detido de trabalhos como *Brancos e Negros em São Paulo* (1959) e *A integração do negro na sociedade de classes* (1964), os quais ele certamente contestaria, e nem Eduardo, que contestou tais obras nos termos de Guerreiro, jamais reconheceu sua primazia nessas interpelações.

Beatriz Nascimento, já em 1974, também se contrapunha ao campo intelectual brasileiro em seu olhar teórico-sociológico sobre o negro. No artigo *Por uma história do homem negro*, ela identifica em Florestan "um dos trabalhos mais sérios sobre o negro no Brasil", mas adverte que "este tipo de abordagem, rico em dados, em números, leva a que alguns estudiosos, e mesmos aqueles que buscam somente nestes trabalhos um conhecimento maior da nossa problemática, constatem somente o negro de uma perspectiva social".[47] Sua perspectiva referia-se mais diretamente ao fato de os intelectuais (brancos) brasileiros não abordarem a discussão do negro do ponto de vista racial, "perpetuando teorias sem nenhuma ligação com nossa realidade racial" e, "mais grave ainda, [criando] novas teorias mistificadoras, distanciadas desta mesma realidade".[48] Enfática, escreve: "Não aceito mais nenhuma forma de paternalismo, especialmente intelectual".[49] Assim como Eduardo, Beatriz realizava uma crítica à Sociologia brasileira análoga e, na mesma época, àquela da Black Sociology à Sociologia Branca norte-americana da primeira metade do século XX.

---

46 Cf. RAMOS, *Patologia social*...
47 NASCIMENTO, Beatriz. "Por uma História do Homem Negro". In: RATTS, *Op. cit.*, 2007, p. 93-8, p. 93.
48 *Ibid.*, p. 95.
49 *Ibid.*, p. 98.

A tais posturas poder-se-ia agregar a "Sociologia da práxis negra", de Clóvis Moura, que a definiu como "uma anti-sociologia capaz de produzir ruptura, superando o dogmatismo acadêmico e apresentando, na sua proposta, novas formas de ação".[50] Para a socióloga Erika Mesquita, a Sociologia da práxis negra de Moura contribuiu, junto com o foco do autor em analisar a importância histórica da resistência escrava, na "reconstrução simbólica do negro como sujeito político em torno do *praxismo* negro e da defesa de uma sociologia *do* negro, de uma forma autônoma e radical, se desvencilhando do academicismo e da militância".[51]

Esses posicionamentos dos pensadores negros brasileiros dos anos 1970 indicam a formação de uma consciência crítica ao pensamento da Escola Sociológica Paulista sobre a história do negro no Brasil anterior ao exame, muito mais conhecido, que a Nova História Social da Escravidão promoveria desta escola nos anos 1980 no Brasil. Obras de historiadores como o norte-americano Robert Slenes (1999) – com quem Eduardo se correspondia – e Sidney Chalhoub (1990) enfatizariam o papel da agência – ou seja, da autonomia e subjetividade – escrava na análise do sistema escravista, descontruindo alguns dos principais conceitos da visão histórico-sociológica uspiana acerca da experiência afro-brasileira, como o de anomia social (Fernandes, 1964) e a teoria do escravo-coisa (Cardoso, 1962).

A rejeição dos intelectuais negros ao dito paternalismo branco manifestava-se de modo decisivo na Quinzena. Dizíamos anteriormente que poucos documentos restaram do conteúdo das con-

---

50 MOURA, Clovis. *A Sociologia posta em questão*. São Paulo: Ed. Ciências Humanas, 1978, p. 20.

51 Disponível em: <https://marxismo21.org/clovis-moura-marxismo-e-questao-racial/: Acesso em: 26 jan. 2016.

ferências, material existente apenas em esparsos escritos no acervo de São Carlos e no documentário *O negro, da senzala ao soul*. Mas outra pessoa também esteve andando pela USP e filmando as palestras da Quinzena. Era Raquel Gerber, cineasta e socióloga que, em 1989, lançou o filme-documentário *Orí*, uma produção dela em parceria com Beatriz Nascimento. Narrado por Beatriz – ela mesma uma personagem do filme –, *Orí* conta facetas da história do Movimento Negro em São Paulo e da discussão relativa à política e cultura africana e afro-brasileira, de 1977, ocasião da Quinzena, tomada como um ponto de inflexão histórica, até o final dos anos 1980, no contexto do Centenário da Abolição.

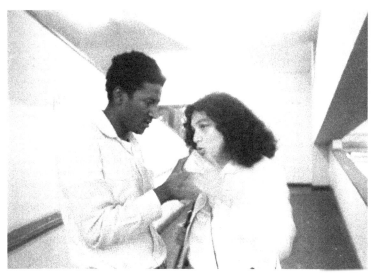

Figura 6. Quinzena do Negro da USP
Hamilton Cardoso e Raquel Gerber na USP, em 1977.
Fonte: Arquivo pessoal de Ari Cândido Fernandes.

Nos minutos iniciais de *Orí*, assiste-se à filmadora entrar pelos corredores de um barracão na Faculdade de Psicologia. Surpreende-se, então, numa tomada seguinte, uma efusiva plateia de negros e brancos. Em dado momento, ante um trecho da palestra de Beatriz que o desagradara, ciente de que estava sendo gravado, Eduardo levanta-se, põe-se defronte à mesa na qual ela realizava sua conferência, e faz uma intervenção à fala da historiadora:

> Eu só queria fazer uma ressalva que Beatriz disse que não vê sentido porque está sendo feito... eu não acredito quando diz as instituições dele, eu digo não, isso não é instituição dele, isso é instituição nossa, nós temos direito a essa instituição, sobretudo esta aqui que é pública. E o fato de fazer [a Quinzena do Negro] dentro da universidade é para que a universidade assuma sua responsabilidade para formar mais negros, para que possam, como Beatriz [Nascimento], que passou por uma universidade, de ir ao quilombo, à favela, seja lá onde for, e dar os ensinamentos dela lá. Agora, sem uma universidade, sem um crédito, seria até impossível eu conseguir esta semana aqui, porque eu seria apenas um negro. Hoje, depois de dez anos ou doze anos de trabalho, já me mandam entrar e sentar, porque eu sou Eduardo de Oliveira e Oliveira, que tem um título, que não pretende ser doutor, que não se branqueou, mas que usa disso como instrumento de trabalho para poder se afirmar como negro e ajudar a que outros negros se afirmem como tal. E nós vamos continuar lutando para que os negros entrem mais aqui e que voltem à sua identidade de negro e à minha, de subúrbio, de proletário, que não se branqueou e é isso que nós temos que fazer e voltar e ensinar os outros. Então, vamos continuar.[52]

---

[52] OLIVEIRA, Eduardo de Oliveira e. Entre 10:03 e 10:43 min. *Orí*. Direção: Raquel Gerber. São Paulo: Estelar Produções, 1989. Disponível em: <https://www.youtube.com/watch?v=FtMwkRF6a0c>. Acesso em: 29 jan. 2017. No documentário, apenas uma parte do discurso foi filmada. O conteúdo completo da fala foi localizado em uma transcrição de fita cassete no acervo do CEA-USP, doação de Raquel Gerber.

A extensão da citação é compensada pela importância do conjunto de elementos que desvela. Percebe-se Eduardo falando de sua origem suburbana e proletária, e a estratégia de superação da pressão do branqueamento através do acesso à educação. O mais expressivo, contudo, é o significado histórico do questionamento endereçado à instituição na qual essa fala era proferida. A USP notabilizara-se ao longo das décadas pela sua notável dimensão e grande magnitude acadêmica nos planos nacional e internacional, mas também pelo tom racialmente monocromático de seu quadro discente e docente. Não era novidade a discussão teórica de raça na USP, mas era a primeira vez que esta instituição se via perante uma interrogação conjunta e organizada de universitários negros refletindo sobre o papel que a Universidade deveria cumprir no entendimento da questão racial e no combate ao racismo. Além disso, a Escola Sociológica Paulista era questionada diante da insurgência de indivíduos e de "saberes sujeitados"[53] que punham em xeque seus fundamentos mais caros.

O caráter contestatório e densamente político da Quinzena chamou a atenção, aliás, dos agentes do DEOPS. O acervo presente no Arquivo Público do Estado de São Paulo possui uma pasta dedicada a este evento. A vigilância estatal monitorou diversas atividades do Movimento Negro em São Paulo, e aquelas realizadas por Eduardo – ou nas quais ele se encontrava envolvido – estavam entre elas. Ao menos

---

53 Para Michel Foucault (*Em defesa da sociedade*, São Paulo: Martins Fontes, 1999, p. 11-12), os saberes sujeitados consistem nos "conteúdos históricos que foram sepultados, mascarados em coerências funcionais ou em sistematizações formais [...], toda uma série de saberes que estavam desqualificados como saberes não conceituais, como saberes insuficientemente elaborados: saberes ingênuos, saberes hierarquicamente inferiores". Para o filósofo, a insurreição dos saberes sujeitados daria ensejo a liberar os saberes "capazes de oposição e de luta contra a coerção de um discurso teórico unitário, formal e científico".

três atividades entraram na órbita do DEOPS: o programa do negro norte-americano promovido no MASP, em 1976, a própria Quinzena do Negro e o I Congresso das Américas Negras, em Cáli, Colômbia, em 1977. No tocante ao evento na USP, em que pese considerar a ideia da Quinzena "excelente", o relatório de um agente do Regime dizia ser "perigoso [que] a coordenação [estivesse] na mão do citado elemento", Eduardo, que tinha ligações com o movimento negro norte-americano e que chamara para o evento pessoas que vinham "desenvolvendo atividades no campo do 'negro' numa perspectiva negativa", como Juana Elbein dos Santos.[54] Em janeiro deste mesmo ano de 1977, aliás, Abdias do Nascimento tinha sido perseguido pela delegação oficial brasileira – de maioria branca – no II Festival de Artes e Culturas Negras, em Lagos, Nigéria, ao denunciar as falácias da "democracia racial" perante a comunidade internacional.[55]

Apesar da vigilância, que contaminava a atmosfera das relações humanas onde quer que derramasse sua sombra, o evento na USP transcorreu em tranquilidade. Foi o primeiro encontro público de que se tem notícia de pesquisadores negros na área de Ciências Sociais e Humanas no Brasil. Trata-se de um momento constitutivo da ambiência política, cultural, e, sobretudo, intelectual que se desdobrou no MNU, em julho do ano seguinte. Para o antropólogo João Batista de Jesus Félix, ativista negro na cidade nessa época, o pensamento e as proposições de Eduardo não chegaram a influenciar o MNU no período de sua criação e nos primeiros anos de sua existência, pois faleceu em 1980, mas o sociólogo "influenciou muito os militantes responsá-

---

54 Dossiê 50-J-0, 5372, p. 122. Acervo do DEOPS/SP, Arquivo Público do Estado de São Paulo. Mais informações sobre a vigilância ao Movimento Negro em São Paulo, cf. KÖSSLING, *Op. cit.*

55 A experiência em Lagos foi por Abdias descrita no livro *Sitiado em Lagos: autodefesa de um negro acossado pelo racismo* (Rio de Janeiro: Nova Fronteira, 1981).

veis pela fundação do MNU",[56] como Hamilton Cardoso, Rafael Pinto e Milton Barbosa, todos participantes ativos da Quinzena.

Alex Ratts comenta que a Quinzena ensejava a "criação e consolidação de um terreno acadêmico aberto a professores(as) e estudantes negros(as) e ao estudo crítico das relações raciais".[57] Davam-se, portanto, passos na direção do desenvolvimento de um pensamento social pragmático e autônomo, no qual o sujeito negro era simultaneamente protagonista e condição de possibilidade da emergência desse domínio do conhecimento.

Se as palavras de Eduardo na abertura de *O negro, da senzala ao soul* serviram para a contextualização geral da Quinzena, vejamos trecho de uma das cenas finais do documentário. Enquadrados pela filmadora, as pessoas escondem o rosto, talvez por receio de se verem identificadas pelos agentes do Regime Militar, que estavam ali, disfarçadamente. Ao som leve e cadenciado de um samba, ouve-se a voz grave e eloquente do narrador:

> Clóvis Moura, Jonas de Araújo Ramalho, Beatriz Nascimento, Maria Célia Viana, Eduardo de Oliveira e Oliveira. Cada vez são mais negros na Universidade, nos centros de pesquisa, na pesquisa de campo. Hoje, o objetivo não é mais esconder-se da cor como estigma, mas refletir sobre ela, pensá-la, redefini-la. No front da cultura acadêmica, uma ciência negra, voltada para o negro, numa dimensão prática, objetiva. É um embrião de uma futura escola de relações raciais.[58]

Quem quer que tenha escrito este trecho resumiu acuradamente o trabalho de há muito imaginado por Eduardo, e que co-

---

56 FÉLIX, João Baptista de Jesus. Pesquisa [e-mail pessoal]. 07 ago. 2015.
57 RATTS, *Op. cit.*, 2007, p. 41.
58 Locutor. Entre 42:37 e 43:08. *O negro, da senzala ao soul...*

meçava a se concretizar naquele momento, com a Quinzena. O projeto de uma futura "Escola de Relações Raciais", que se articulava no horizonte da imaginação intelectual afro-brasileira, constituiu-se historicamente, entretanto, de uma trama enovelada em uma larga conjuntura, neste efervescente ano de 1977.

Uma ciência para o negro

Pouco tempo depois da realização da Quinzena, outro momento canalizou a discussão da questão racial brasileira nos termos do evento na USP. Trata-se do simpósio "Brasil Negro", coordenado por Eduardo e Clóvis Moura na 29ª Reunião da Sociedade Brasileira para o Progresso da Ciência (SBPC), na PUC-SP, entre 6 e 13 de julho de 1977.

As reuniões da SBPC eram, durante o Regime Militar, importantes fóruns de discussão não apenas científica, mas também política. A SBPC atuou na criação de um discurso de resistência ao Regime, ancorado na reflexão científico-acadêmica. Suas reuniões eram momento de articulação de pesquisadores do todo o país, o que mantinha os militares atentos ao que acontecia nesses encontros. A 29ª Reunião estava programada para se realizar na UFC, em Fortaleza, mas foi proibida pelo Governo. Transferida para a USP, foi novamente vetada. Acabou sendo feita na PUCSP, por influência de Dom Paulo Evaristo Arns.

Foi neste clima de vívida agitação científica e política que Eduardo e o amigo levaram a discussão de raça para a SBPC. Além do simpósio de 1977, ele coordenaria outros dois eventos nas reuniões anuais da Sociedade: em 1978, em São Paulo, encabeçaria, juntamente com Beatriz Nascimento, o simpósio "Abolição: 90 Anos"; em 1979, em Fortaleza, dirigiu o simpósio "Memória Brasileira (A memória negra)".

A mesa na PUCSP foi dividida com Clóvis Moura, sociólogo que se notabilizara, entre diversas publicações, com a obra *Rebeliões na Senzala* (1959), na qual o negro quilombola, rebelde e insurreto existia de forma não reificada, mas como sujeito da história. Mestiço, ele, que se identificava como afro-brasileiro, foi um importante quadro do Movimento Negro do último quartel do século XX. Em 1977, publicou *O Negro: de bom escravo a mau cidadão?* Foi esse o título de sua apresentação na SBPC. Uma matéria dimensionou a perspectiva que o piauiense quis trazer ao simpósio: "Moura parte da análise das relações do sistema produtor para situar o negro na sociedade brasileira, procurando demonstrar com estatísticas como se desenvolve sua alienação".[59] Se Moura via o negro inerido em relações socioeconômicas gerais, Eduardo propunha analisar o negro de *dentro*. Essa era a estrutura conceitual da conferência *De uma ciência Para e não tanto sobre o negro*, que ele apresentou neste simpósio e que consiste em um dos textos mais importantes de sua produção intelectual.

Há pouca diferença, considerando a estrutura geral de suas ideias, entre *De uma ciência Para e não tanto sobre o negro* e o *Etnia e Compromisso Intelectual* apresentado na Quinzena. O texto da SBPC, entretanto, avança em quesitos que demandam atenção. A preocupação teórica elementar estava no seguinte ponto: da "adequação ou não da sociologia geral [...] na abordagem do problema negro; ou este requer uma formulação paralela a esta sociologia, englobando-a, e que pode ser cognominada de 'sociologia negra'?"[60]

---

59 "Debate: um racismo cordial?" *Folha de São Paulo*, São Paulo, 1977, p. 6. Coleção EOO/UEIM-UFSCAR, Série Folhetos.

60 OLIVIERA, Eduardo de Oliveira e. "De uma ciência Para e não tanto sobre o negro" (conferência), 1977b, p. 1. Coleção EOO/UEIM-UFSCAR, Série Produção Intelectual.

Na primeira parte, retoma-se o que já havia sido dito em *Etnia e Compromisso Intelectual*: a necessidade de uma visão pragmática nas Ciências Sociais acerca do tratamento científico da problemática do negro no Brasil, o questionamento da neutralidade do cientista social e a crítica à noção do negro como desvio. Ele se opõe ao dogmatismo dos trabalhos – não indicados – "sobre" o negro,[61] muitos deles situados no binômio abolição/imigração e construídos, em boa medida, a partir do eixo raça/classe, o que em sua opinião era um "tipo de redutivismo quase simplista que não define a natureza do problema além do estrito ponto de vista econômico".[62] Tal argumento punha forçosamente em questão o marxismo, considerado etnocêntrico e insuficiente, por si só, para analisar o negro brasileiro.

Falando em termos propositivos e teóricos, como deixa manifesto a todo instante, Eduardo afirma ser necessário criar modelos alternativos de análise sociológica, em perspectivas de estudo "para" o negro, que colocassem o seu destino "num marco mais amplo de referência humana"[63] e não se dirigissem apenas às suas falências sociais. Em um sentido mais estrito, ele advoga pelo desenvolvimento de noções de "pluralismo cultural" e "transcul-

---

61 Abdias do Nascimento (*O genocídio do negro brasileiro: processo de um racismo mascarado*, Rio de Janeiro, Paz e Terra, 1978, p. 35, grifos no original), criticando no mesmo ano a suposta esterilidade dos trabalhos dos membros da delegação brasileira no FESTAC em Lagos, em 1977, como Fernando Mourão, René Ribeiro e Yêda Pessoa de Castro, trazia argumento afins aos de Eduardo: "Tal 'ciência' em geral usa o afro-brasileiro e o africano como mero *material de pesquisa*, dissociado de sua humanidade, omitindo sua dinâmica histórica, e as aspirações de sentido político e cultural do negro brasileiro. [...] tais 'estudos' vêem o negro apenas na dimensão imobilizada de *objeto*, verdadeira múmia de laboratório".

62 OLIVEIRA, *De uma ciência Para...*, 1977b, p. 3.

63 *Ibid.*, p. 7.

turação", além de uma revisão dos conceitos de integração e assimilação, à luz do surgimento de uma nova "classe média negra", numa alusão possível a membros e grupos da comunidade afro--paulistana da época, como o Clube Aristocrata e o GTPLUN.

Descolonizadas e sintonizadas com os interesses das "classes oprimidas", as Ciências Sociais constituiriam um corpo de conhecimentos e forneceriam uma "ideologia para as massas negras",[64] ideologia articulada à análise social e às lutas políticas contra o racismo. E quem seriam os responsáveis por este trabalho? Para o autor, esta empreitada caberia àqueles identificados "com sua etnia ou classe social", ou seja, os "intelectuais negros (ou mesmo brancos), devotados à tarefa de esclarecer a natureza da experiência negra".[65]

Outra sugestão interessante diz respeito ao conceito de racismo, que ele considerava não suficientemente desenvolvido pela Sociologia Brasileira de Relações Raciais. Para o sociólogo, "através desse conceito, atinge-se a natureza essencial da ordem social como é percebida pelo negro. [...] racismo é a descrição teórica mais apropriada do problema, precisamente por capturar o caráter qualitativo da opressão. Assim, a compreensão do problema escapa à teoria estática descritiva do preconceito e discriminação".[66]

Eduardo chega a esta conclusão ao postular que os dois principais modelos de análise social do negro consistiam no estudo de atitudes raciais – que focaliza o preconceito – e no exame de comportamentos – que se detém na discriminação. Citando um "certo cientista social", ele afirma que essas duas abordagens eram "dois perfis diferentes da mesma cara, que é a face escondida do racismo". Na frase seguinte, escreve à caneta, após riscar o trecho

---

64 *Ibid.*, p. 9.
65 *Ibid.*, p. 10.
66 *Ibid.*, p. 9.

"No dizer de um sociólogo norte-americano": "Adianta-nos certo cientista social" que "as teorias como preconceito e discriminação, fazem com que se olhem as árvores, ignorando a natureza essencial da floresta"[67] – o racismo. É provável que essa crítica fosse uma tradução de ideias da Black Sociology para o caso brasileiro. A hesitação ao indicar a autoria da citação – a qual não foi encontrada em nossa pesquisa –, evidente no texto datilografado, representa a dificuldade que ele talvez sentisse em se contrapor tão incisiva e diretamente aos trabalhos da Escola Paulista, da qual ele, por excelência um aluno da USP, era também um rebento. Mas que trabalhos seriam esses? Falar em estudos de atitudes e comportamentos remete, inapelavelmente, às pesquisas da ELSP, do Projeto UNESCO e da USP entre as décadas de 1940-60. O relatório do Projeto UNESCO em São Paulo sintetiza, em seu conjunto, esta identificação. Nele, textos como os de Oracy Nogueira e, ironicamente, Virgínia Bicudo, pesquisadora negra, representavam a tradição dos estudos de atitudes raciais da ELSP, ao passo que reflexões como as de Florestan e Bastide concentravam-se no preconceito.

A proposição de Eduardo com relação ao conceito de racismo é interessante também por evidenciar que a problematização deste tema se encontrava em voga na intelectualidade negra brasileira antes do aparecimento de *Discriminação e desigualdades raciais no Brasil*, de Carlos Hasenbalg (1979). Esta obra, um marco na Sociologia de Relações Raciais brasileira, imputava ao racismo e à discriminação racial, entre outros fatores, a criação e perpetuação das desigualdades entre os grupos de cor no Brasil no pós-Abolição.[68] O livro era uma contraposição à ideia das desigualdades raciais expli-

---

67 Ibid., Loc. cit.
68 Cf. HASENBALG, Carlos. *Discriminação e desigualdades raciais no Brasil*. Rio de Janeiro: Graal, 1979.

cadas como herança ou resíduo histórico do passado escravista, tal como dizia, em linhas gerais, a tese de Florestan (1964).

Eduardo e Hasenbalg conheceram-se possivelmente em Niterói, onde, em 1976, integraram a II Semana de Estudos do GTAR. O acervo do brasileiro conserva textos do argentino. Hasenbalg participou da Quinzena em maio, e no embalo, foi convidado para, no mês seguinte, falar na SBPC. Mas desmarcou: "Dado que o clima nacional está pra lá de Marrakesh, e como a reunião [da SBPC] transcorrerá em alta rotação política, achei – como estrangeiro que sou – adotar uma linha de prudência". Dizia ele ter "bons motivos para não colocar alegremente minha cabeça na guilhotina e preservar meu investimento de dez anos nesta terra, inclusive o trabalho que venho fazendo sobre o tema em questão".[69] Eduardo não gostou e, durante o simpósio, acusou Hasenbalg, Beatriz Nascimento e um terceiro faltoso de "crime de lesa ciência". Sabemos do acontecido por uma carta de Hasenbalg: "Ao que eu saiba, ainda não existe, nas leis do país, o crime de 'lesa ciência', de que, surpreso, me vi acusado publicamente por V.Sa.", disse ele.[70] A contenda entre eles talvez explique uma declaração do argentino acerca da Sociologia de Relações Raciais nos anos 1970 no Brasil:

> Dez anos antes, Florestan Fernandes tinha sido expulso da USP, aposentado compulsoriamente. Durante todo esse período não se falou nada no país sobre relações raciais. Depois que Florestan publicou 'A Integração do Negro na Sociedade de Classes', em 1965, e em 72 publicou 'O Negro no Mundo dos Brancos', a produção na

---

69 Carta de Carlos Hasenbalg para EOO, 4 jul. 1977. Coleção EOO/UEIM-UFSCAR, Série Correspondências.

70 Carta de Carlos Hasenbalg para EOO, 11 jul. 1977. Coleção EOO/UEIM-UFSCAR, Série Correspondências.

ótica sociológica era ínfima, as condições políticas não eram propícias. A Antropologia, sim, continuou estudando o candomblé, a umbanda, que não eram coisas tão "perigosas".[71]

Durante boa parte da década de 1970, no campo da Sociologia, salvo engano, pode-se dizer que Hasenbalg e Eduardo eram talvez as únicas pessoas no Brasil fazendo pesquisas sobre o negro ou relações raciais – considerando o eixo brancos/negros. Pensando no trabalho de Eduardo, a afirmativa do argentino era correta: embora tenha se dedicado ao mestrado e doutorado durante mais de 10 anos, ele não finalizou a dissertação/tese. Mas, por outro lado, ao contrário do que considerava Hasenbalg, é claro que se falou em relações raciais durante os anos 1970, ou não teria havido o Movimento Negro que surgiu nesse período.

Na realidade, pode-se dizer que Eduardo, em um trabalho mais ou menos solitário, queria, através de ações intelectuais públicas como a Quinzena do Negro ou os simpósios da SBPC, aproximar o Movimento Negro do universo acadêmico e romper as distâncias entre o conhecimento sociológico especializado e os saberes oriundos das vivências políticas e culturais afro-brasileiras – algo que Carlos Hasenbalg, na década seguinte, à frente do CEAA, no Rio de Janeiro, de certa maneira, também faria.

---

71 HASENBALG, Carlos. "Relações Raciais no Contexto Nacional e Internacional". *Estudos e Pesquisas*, Niterói, vol. 4, 1998, p. 9-41, p. 36. É novamente Abdias do Nascimento, em 1978 (*Op. cit.*, p. 95), a falar sobre o contexto: "Tampouco na universalidade da Universidade brasileira o mundo negro-africano tem acesso. O modêlo europeu ou norteamericano se repete, e as populações afro-brasileiras são tangidas para longe do chão universitário como gado leproso. Falar em identidade negra numa universidade do país é o mesmo que provocar todas as iras do inferno, e constitui um difícil desafio aos raros universitários afro-brasileiros".

O elefante negro 217

Tal esforço de aproximação entre a militância negra e a Universidade não ficou restrito a São Paulo. O GTAR foi, no mesmo período, talvez a expressão mais bem-acabada nesse sentido. Eduardo e Hasenbalg eram dois importantes colaboradores do Grupo, e, apesar da desavença havida meses antes, participaram ambos da III Semana de Estudos do GTAR, em novembro de 1977. Desta Semana também tomaram parte o norte-americano Roy Glasgow e os brasileiros Décio Freitas, Vicente Salles e Maria Oliveira Berriel.

Eduardo apresentou o artigo *Etnia e Compromisso Intelectual*, publicado no *Caderno de Estudos* da Semana. Nota: embora tenha o mesmo título de sua conferência da Quinzena, a estrutura é diferente, ainda que as ideias sejam parecidas. Na realidade, em agosto de 1977, ele apresentou outro trabalho da mesma lavra, o artigo *Das Afinidades Eletivas: Etnia e Compromisso Intelectual*, discutido no I Congresso da Cultura Negra das Américas, em Cáli, Colômbia. No entanto, não tivemos acesso ao texto completo dos anais do congresso.

Não obstante divida questões similares àquelas da conferência homônima da Quinzena e do texto *De uma ciência Para e não tanto sobre o negro*, no artigo apresentado em Niterói a ênfase recai no papel político do intelectual negro. *Etnia e Compromisso Intelectual* toma por objeto pensar como se relacionavam os afro-brasileiros com o mundo intelectual. Tratava-se de entender "[...] como se equaciona negro e intelectual – se é que se equacionam?". Seria o negro, continua ele, "e particularmente o negro brasileiro, identificável com tal categoria, ou tem que reivindicar uma tal atribuição?"[72] Determinadas articulações entre raça e educação começam também a se fazer presentes em suas reflexões nesse período. Se os critérios

---

72 OLIVEIRA, Eduardo de Oliveira e. "Etnia e Compromisso Intelectual". In: GTAR. *Caderno de Estudos da III Semana de Estudos Sobre o Negro na Formação Social Brasileira*. Niterói: UFF, 1977, p. 22-27, p. 22.

para o "reconhecimento do Ser intelectual" estavam associados à escolaridade, o desdobramento lógico era a exclusão do negro da vida intelectual e do imaginário que o entornava.

A resolução dessa questão adviria de uma conscientização de grupo, pois o intelectual negro não estava "lidando com um assunto, [...] mas uma causa"; seus problemas possuíam "natureza política". Nos ombros do intelectual negro pesava a tarefa de descolonizar a sua mente e instruir os outros intelectuais e a sociedade. Era o ponto de partida para a construção de novos paradigmas para a mudança social, projeto fundado na crítica às perspectivas sociológicas do negro, que tratavam "mais de seus defeitos do que da política de opressão que ocasionou seus problemas".[73] O projeto da Sociologia Negra irrompe assim na cena histórica "como um passo positivo para o estabelecimento de definições básicas, conceitos e construções teóricas que utilizem as experiências e histórias dos afro-brasileiros".[74]

É no âmbito deste projeto epistemológico em construção – cuja arquitetura sintonizava com os anseios de jovens acadêmicos negros brasileiros e dialogava com os referenciais da Black Sociology –, ensaio de um horizonte sociológico idealizado para as Ciências Sociais no Brasil no final da década de 1970, que ponderamos melhor situar aquela que é a reflexão mais bem-conhecida de Eduardo: *O mulato, um obstáculo epistemológico*, sobre o qual já falamos brevemente. O texto, publicado na revista *Argumento*, em 1974, foi o trabalho de uma disciplina que ele cursou na Antropologia Social na UNICAMP, em 1973. Era resenha de *Neither Black nor White: Slavery and Race Relations in Brazil and the United States*, de Carl Degler. De acordo com um resumo que lemos em seu currículo, *O mulato, um obstáculo epis-*

---

73 Ibid., Loc. cit.
74 Ibid., Loc. cit.

temológico era uma crítica à ideia de Degler de que "as relações raciais no Brasil se diferenciariam daquelas dos Estados Unidos porque elas não são, como nos EUA, 'oposições polares', devido à existência da categoria intermediária que é a do 'mulato'".[75]

Em um jogo semântico, ele sugere que a "saída de emergência do mulato" (*"mulatto escape hatch"*), que, para Degler, é o elemento que constituiria a especificidade das relações raciais no Brasil – ou seja, a diferença de funções sociais atribuídos, no Brasil e nos Estados Unidos, ao mulato – seria uma "armadilha preparada",[76] uma "deformação de percepção", tendo em vista as possibilidades políticas dos afro-brasileiros identificarem-se a partir de uma categoria comum – em uma palavra, como negros. Para além da oposição aos argumentos de Degler, a resenha é oportunidade de se conhecer algumas ideias de Eduardo sobre o sistema brasileiro de relações raciais e os desafios políticos correspondentes à complexidade desse sistema. Ao contrário do historiador americano, que vê no mulato uma chave analítica, o brasileiro identifica uma dificuldade, uma contradição: "Um 'obstáculo epistemológico', segundo a concepção de Gaston Bachelard".[77] Ele considera que "as relações raciais são por definição relações de coerção, podendo ou não ser antagônicas. Mas

---

75 OLIVEIRA, *Currículo...*, circa 1975, p. 2.

76 OLIVEIRA, Eduardo de Oliveira e. "O mulato, um obstáculo epistemológico". *Revista Argumento*, São Paulo, ano I, nº 3, jan. 1974, p. 65-73, p. 70.

77 Para o francês Gaston Bachelard, filósofo da ciência, o conhecimento evolui através de rupturas epistemológicas. Os obstáculos epistemológicos, grosso modo, seriam como que resistências, entraves ao progresso do conhecimento científico. Esses obstáculos originam-se de determinadas práticas intelectuais passivas e não questionadoras diante do conhecimento, num processo que bloqueia o surgimento de novos saberes. Alguns dos obstáculos identificados por Bachelard são a experiência primeira, a generalização prematura, o obstáculo verbal, o conhecimento unitário e pragmático, o substancialismo e o animismo. Cf. BACHELARD, Gastón. *A formação do espírito científico*. Rio de Janeiro: Contraponto, 1996 [1938].

são sempre oposições polares, preponderantemente entre negros e brancos, substituindo uma epiderme social que as regulamenta [...]".[78] Diante disso, as relações raciais no Brasil seriam oposições polares, embora não antagônicas. No quadro dessas relações, Eduardo identifica uma "ideologia do branqueamento", que produzia no Brasil, a exemplo do *passing* nos Estados Unidos, o "trânsfuga, racial e social" – o mulato, imerso, como diria Franz Fanon, num círculo infernal. Mas esse circuito havia sido rompido, em seu entender, pelos movimentos negros de São Paulo da primeira metade do século XX, como a FNB: "Afinal, que foram os movimentos sociais dos meios negros iniciados em São Paulo na década de 20 senão um movimento de congregação de todos os negros do Brasil em busca de uma consciência histórica [...]?"[79]

Eles foram responsáveis pelo uso de "negro" como termo aglutinador, "numa tentativa de arregimentação que os agastasse do esvaziamento fenotípico – o mulato – socialmente mais predisposto a beneficiar-se das manifestações de hierarquização econômico-social dos grupos".[80] No momento em que escrevia estas palavras, em 1973, Eduardo queria, em seu mestrado, mobilizar essa "consciência história" para apreender a nova consciência racial que estaria se formando na comunidade afro-paulistana, em meados dos anos 1970.

A figura histórica e social do mulato vista como um obstáculo epistemológico ficou marcada, contudo, mais na "recepção" e nas leituras póstumas que se fizeram de Eduardo – revistas adiante. Mesmo que as reflexões da resenha sejam de acuidade teórica, os temas específicos da mistura racial e do hibridismo, por assim

---

78 *Ibid.*, p. 69.

79 *Ibid., Loc. cit.*

80 *Ibid.*, p. 73.

dizer, aparecem de forma residual em suas meditações posteriores. As referências ao assunto na documentação são esparsas.

Deste modo, pensamos poder localizar *O mulato, um obstáculo epistemológico* na superfície epistêmica – constituída no transcorrer da década de 1970 – do projeto de uma ciência social pragmática – a Sociologia Negra – e da problematização em torno da questão do sujeito. Contudo, a série de ideias, ações e expectativas sociológicas desenvolvidas por Eduardo em um diálogo com ativistas e acadêmicos no Brasil e nos Estados Unidos articulou-se, também, a outras perspectivas temáticas e teóricas, ao longo dos anos ulteriores.

Antes, no entanto, rodou novamente, ainda em 1977, pelo continente americano.

Amero-África

A ideia de Américas Negras percorre certo caminho histórico. Nos anos 1930, o antropólogo Arthur Ramos construiu, com base no Rio de Janeiro, uma rede de antropólogos que se dedicavam ao estudo das "culturas negras" nas Américas. As interconexões desta rede ligavam o Brasil negro de Ramos ao Haiti de Jean Price-Mars e a Cuba de Fernando Ortiz aos inúmeros portos do Atlântico Negro do norte-americano Melville Herskovits.[81]

Era de Arthur Ramos o primeiro livro a falar do negro que sabemos Eduardo ter lido, quando ainda morava no Rio de Janeiro e frequentava a Escola Nacional de Música, nos anos finais da década de 1940. Era *As Culturas Negras no Novo Mundo*, de 1937, obra que se ocupava das culturas afro-americanas em âmbito con-

---

[81] A rede de relações de Arthur Ramos com intelectuais latino-americanos e norte-americanos pode ser vislumbrada através de seu acervo, depositado na Biblioteca Nacional, no Rio de Janeiro. Cf. FAILLACE, Vera Lúcia. *Arquivo Arthur Ramos*: Inventário Analítico. Rio de Janeiro: Fundação Biblioteca Nacional, 2004.

tinental. A leitura parece ter impactado o estudante de piano que, anos mais tarde, tornou-se aluno de Ciências Sociais na USP.

Na USP, ele teve aulas com os mestres da Escola Paulista, que haviam tido outro mestre: Roger Bastide. Ele chegou à universidade em 1938, e, em 1956, retornou à França. Nesse intermeio, entre todos os projetos que colaborou e livros que escreveu sobre a sociedade brasileira, aqueles da cultura negra se destacaram. Ele escreveu um livro que expandiu qualitativamente a temática iniciada por Arthur Ramos: trata-se de *As Américas Negras* (*Les Amériques Noires*), publicado em edição francesa em 1967.

Esse mesmo livro foi publicado em Português em 1974, com tradução de Eduardo, ao que parece através da intermediação de Fernando Mourão.[82] *As Américas Negras* aborda os processos diaspóricos e as aproximações, afastamentos e sobrevivências culturais africanas no continente americano. Para além de seu conteúdo, certas ideias do livro ressoaram em Eduardo. Na *Introdução*, escrita em meados da década de 1960, Bastide faz uma penetrante digressão referente à questão da objetividade do cientista social frente à análise da questão afro-americana. Ele se pergunta se a posição de objetividade do pesquisador, mesmo quando sincera, não teria "consequências para a *práxis* dos grupos raciais que se sublevam nos dias de hoje",[83] numa alusão provável aos Movimentos pelos Direitos Civis nos Estados Unidos, que estavam em efervescência no período. Mais adiante, escreve o sociólogo francês:

---

[82] Entrevista com Fernando Mourão, 15 set. 2015. No início do livro supracitado (p. 4.): "A Editora e o Tradutor testemunham seus agradecimentos ao Prof. Fernando Augusto Albuquerque Mourão [...], por sua valiosa revisão do texto traduzido deste livro, especialmente no que respeita à precisão da terminologia especializada".

[83] *Ibid.*, p. 7.

> O sábio que se debruça sobre os problemas afro-americanos encontra-se, pois, implicado, queira ou não, em um debate angustiante, pois é da solução que lhe será dada que sairá a América de amanhã. Ele deve tomar consciência de suas decisões – não para dissimular o que lhe parece a realidade – mas para perseguir, no decorrer de suas pesquisas, uma outra pesquisa, paralela, sobre ele mesmo; uma espécie de "autopsicanálise" intelectual, e isto, seja ele branco ou negro. Estamos aqui no centro de um mundo alienado, onde o sábio se acha, contra sua vontade, também alienado.[84]

Essa citação aparece nos escritos de Eduardo do ano de 1977, como nas diferentes versões de *Etnia e Compromisso Intelectual* e em *De uma ciência Para e não tanto Sobre o negro*. Antes, fez-se presente no texto que Eduardo escreveu para a "Semana Roger Bastide", promovida em 1976 pelo Centro de Estudos Rurais e Urbanos e pelo Instituto de Estudos Brasileiros da USP, em homenagem à vida e obra do cientista social francês. Dada sua ligação com a comunidade afro-paulistana, a mesa de abertura constituiu-se de intelectuais negros que estiveram ao lado de Bastide. Falaram Raul Joviano Amaral, José Correia Leite, Jaime de Aguiar e Eduardo. Este último teve pouca relação com Bastide. Seu contato deu-se pela tradução, o que o levou a vê-lo como portador de um "compromisso intelectual", pela abordagem do "Negro como sujeito e não meramente objeto – não apenas o trabalhador, mas o portador de uma cultura".[85] Para ele, *As Américas Negras* possibilitava ao negro "ser

---

84 *Ibid.*, p. 8.
85 OLIVEIRA, Eduardo de Oliveira e. "Roger Bastide – um aliado". *Revista do Instituto de Estudos Brasileiros (USP)*, São Paulo, nº 20, 1978, p. 137-40, p. 138. Os estudos e depoimentos apresentados durante a Semana Roger Bastide foram publicados nesta edição da Revista do IEB.

conhecido em sua amplitude para, através do conhecimento de suas identidades, que têm sua base num denominador comum – a escravidão negra –, invenção do Novo Mundo, poder questionar-se de seu destino".[86] Neste pequeno texto, o brasileiro já fazia, a partir de Bastide, os questionamentos que apareceriam pela primeira vez em 1977, na Quinzena do Negro: "Está a sociologia servindo aos propósitos a que se propõe? [...] São suas análises dos fenômenos sociais que afetam os negros, relevantes? Para quem?"[87]

Essas e outras perguntas foram levadas por Eduardo, cerca de um ano mais tarde, para um evento ao qual Bastide poderia ter sido convidado, o "I Congresso de Cultura Negra das Américas", realizado em agosto de 1977, em Cali, na Colômbia. O congresso foi organizado pelo escritor afro-colombiano Manuel Zapata Olivella. O evento contou com pesquisadores e ativistas negros de diversas partes do mundo, com participação majoritária, obviamente, de afro-latino-americanos, mas também afro-americanos e africanos. Ironicamente, o maior país negro das Américas, o Brasil, não foi representado por uma delegação oficial. Os brasileiros que compareceram o fizeram às suas próprias expensas. Em 1976, havia-se formado uma comissão preparatória ao evento, liderada por Clóvis Moura, da qual faziam parte Eduardo, a historiadora

---

86 *Ibid., Loc. cit.*

87 *Ibid.*, p. 139. Comentário de Charles Beyler sobre a presença dos negros na Semana Roger Bastide: "Campo de predileção dos seus estudos, o problema do negro inspirou os livros mais importantes de Roger Bastide [...]. Por isso, era fundamental que a comunidade negra abrisse os trabalhos desta Semana. A presença do Sociólogo Eduardo de Oliveira e Oliveira e de um grupo de jovens estudantes negros revelou, através de um debate animado o impacto ainda atual da pesquisa realisada juntamente com Florestam Fernandes e denominada Brancos e Negros em São Paulo". BEYLIER, Charles. "A Semana Roger Bastide". *Revista de História (USP)*, São Paulo, vol. 55, nº 109, 1977, p. 185-94, p. 188-89. Ortografia mantida conforme o original.

Marina Senna e Orlando Fernandes, do IPCN. Todavia, às vésperas do evento, em 24 de agosto de 1977, como noticiou o *Versus*, "[…] a delegação do Brasil […] foi impedida de comparecer ao encontro porque o Itamarati vetou, sem explicar o motivo, a isenção do depósito para a delegação viajar ao exterior", ao mesmo tempo em que concedia "isenção ao sociólogo Eduardo de Oliveira e Oliveira e à historiadora Marina Sena, que participaram em caráter particular do I Congresso de Cultura Negra das Américas".[88]

Graças às barreiras impostas pelo Itamarati, a delegação não pôde, por razões financeiras, comparecer ao evento. Os brasileiros que participaram foram o antropólogo Raul Lody, a jornalista Mirna Grzich e a historiadora Marina Senna, brancos; negros, Eduardo, o assistente social Sebastião Rodrigues Alves e Abdias do Nascimento, que foi pela delegação dos EUA. Da representatividade da "delegação" brasileira, afirmou Clóvis Moura: "Bem, se a considerarmos como reflexo de nossa própria realidade, ela reflete de certa maneira a desestruturação social do negro brasileiro […]", em um grupo "com brancos participando quase que em pé de igualdade com os negros num congresso de Cultura Negra".[89]

Abdias coordenou o "Grupo de Discussão sobre Etnia", de que participaram Eduardo e Sebastião. Outras pessoas, aqui já referenciadas, lá estavam: Sheila Walker e Vera Green e a antropóloga colombiana branca Nina Friedman. No congresso, Eduardo apresentou *Das Afinidades Eletivas: Etnia e Compromisso Intelectual*, conferência cujo texto não nos foi possível localizar. Poucos registros restaram de sua passagem pela Colômbia. Todavia, um

---

88 "Brasil Negro não vai à Colômbia". *Versus (Afro-Latino-América)*, São Paulo, n° 16, set. 1977, p. 25.

89 "América negra tem um encontro em Cali". *Folha de São Paulo*, 22 ago. 1977, p. 24. Acervo do CEA-USP.

rascunho de carta consta em um de seus cadernos de anotação: escrevendo para José Garcia, do Conselho de Cultura de Angola, ele diz que "O Congresso foi algo de muito importante e que pareceu altamente inteligente do Governo de Angola ter mandado representantes. […] Estamos todos, os descendentes de africanos, ávidos por contatos com os senhores".[90] Se ele um dia enviou esta carta, não sabemos. O que é preciso dizer é que o congresso foi um significante momento no esforço de reunir os sujeitos da Diáspora Africana pelas Américas Negras na construção de redes intelectuais e na produção de conceitos e estratégias de enfrentamento do racismo nos diferentes contextos de vivência dos participantes.[91]

A relação de Eduardo com Abdias não era talvez das mais próximas. Em 1978, respondendo a Dorothy Porter, ele diria: "Com relação a Abdias Nascimento, eu o conheço há muitos anos e gosto bastante dele, ainda que não concorde com sua *abordagem emocional* do negro, particularmente do negro no Brasil". Mas achava que ele "fez algumas boas coisas para desmistificar a democracia racial brasileira em Lagos durante o último encontro em 1977",[92] referindo-se ao episódio no FESTAC, na Nigéria. A abordagem "emocional" que Eduardo via em Abdias decerto contrastava com o racionalismo acadêmico que ele atribuía a seu trabalho intelectual. Abdias citou o nome do sociólogo apenas em fragmentos de seus livros. Após sua morte, em 1980, o irmão de Eduardo, Evandro de Oliveira, procuraria Abdias no Rio de

---

90 OLIVEIRA, Eduardo de Oliveira e. Caderno de anotação nº 12. Coleção EOO/UEIM-UFSCAR, Série Produção Intelectual, Cadernos de Anotação.

91 Cf. PEREIRA, *Op. cit.*, 2010.

92 Carta de EOO para Dorothy Porter, 2 out. 1978. Coleção EOO/UEIM-UFSCAR. No original: "Concerning Abdias Nascimento I know him for years and I like him very much spite not agreeing with his *emotional approach* of the problem of black and particularly blacks in Brazil…."; […] "did some good things to desmistify the brazilian racial democracy at Lagos during the last meeting in 1977".

Janeiro para ajudar a preservar o arquivo e a divulgar a obra de seu irmão, mas teria obtido fria recepção.[93] Eram dois nomes de peso com projetos ambiciosos,[94] e talvez houvesse alguma surda disputa de egos, mas o fato é que ambos eram figuras de referência para o Movimento Negro brasileiro dos anos 1970, e foram possivelmente os dois mais importantes elos na circulação de referenciais entre o Brasil e os Estados Unidos nesse período.

A história dessa circulação de referenciais, por sinal, teria outro capítulo, em outubro de 1977. Se até então Eduardo tinha ido aos EUA, como acontecera em 1970 e 1974-75, no mais das vezes para observar o que lá se fazia nos estudos afro-americanos – sua formação teórica e institucional –, nesse contexto de 1977 ele viajou para o país com o objetivo de, por um lado, levar adiante o doutorado e, de outro, anunciar ao público acadêmico americano as boas novas do processo de consciência negra que estava se formando no Brasil.

As marcas desta viagem permaneceram em algumas cartas. Durante cerca de duas semanas, o sociólogo circulou por universidades da região nordeste dos Estados Unidos, no entorno da cidade de Nova York. Hospedado na casa de Wendy Lehrman, em Manhattan, Eduardo recebeu uma série de agradecimentos pela sua passagem nas universidades. Todos os emissários se referiram a um filme que o brasileiro levou consigo em suas palestras. Era *O negro, da senzala ao soul*. Michael Mitchell, na época trabalhando em Princeton, disse que seus estudantes haviam ganhado com o

---

93 Carta de Evandro Oliveira para José Cláudio Berghella (Diretor do Arquivo de História Contemporânea da UFSCAR), s.d., 1981. Coleção EOO/UEIM-UFSCAR, Série Correspondências.

94 Nascimento, em 1980, lançaria o conceito de "quilombismo", que mobilizava simbolicamente a ideia de quilombo na construção de um discurso teórico-político--ideológico de resistência do negro brasileiro. Cf. NASCIMENTO, Abdias. *O Quilombismo*. Petrópolis: Vozes, 1980. Ver também: CUSTÓDIO, *Op. cit.*, 2012.

filme "uma nova e sólida apreciação das condições nas quais os Afro-Brasileiros vivem. A polidez e o profissionalismo e o cuidado com o qual o filme foi feito em muito melhorou nosso entendimento da experiência Afro-Brasileira". Na mesma carta, ele expressava não apenas sua saudade do Brasil e do amigo como pensava em "futuros projetos acadêmicos nos quais podemos ambos colaborar".[95] Outro que pesquisara no Brasil, Zelbert Moore, diretor do Afro-American Historical & Cultural Museum, na Filadélfia, disse que "Todos que participaram da conferência também consideraram suas visões e comentários sobre o negro na sociedade brasileira intelectualmente estimulantes".[96] Vera Green, da Universidade Rutgers, ao mesmo tempo em que afirmava o interesse em intercâmbios institucionais, disse: "Os membros do Instituto ficaram impressionados com os dados assim como pelo seu comprometimento. A conferência foi de extrema importância porque, como você sabe, os dados pertinentes ao negro no Brasil são geralmente relacionados ao folclore ou cultos afro-brasileiros".[97]

A fala da antropóloga é interessante para se ter uma noção do que chegava aos Estados Unidos – ou ao menos a ela – da produ-

---

95 Carta de Michael Mitchell para EOO, 23 set. 1977. Coleção EOO/UEIM-UFSCAR, Série Correspondências. No original: "[...] a new and solid appreciation of the conditions in which Afro-Brazilians live. The polish and professionalism and the care with which the film was made greatly enhanced our understanding of the Afro-Brazilian experience". "[...] future scholarly projects on which we both might collaborate".

96 Carta de Zelbert Moore para EOO, 18 set. 1977. Coleção EOO/UEIM-UFSCAR, Série Correspondências. No original: "Everyone who attended the lecture also thought that your views and comments on Black in Brazilian society were thought provoking".

97 Carta de Vera Green para EOO, 23 set. 1977. Coleção EOO/UEIM-UFSCAR, Série Correspondências. No original: "The members of the Institute [...] were impressed with the data as well as the delivery. The lecture was of extreme importance because, as you know, the data pertaining to the Negro in Brazil is generally concerned with folklore or Afro-religious cults".

ção brasileira – ou brasilianista – da história do negro no Brasil. Ela alude presumivelmente àquela historiografia da primeira metade do século, como Herskovits, Ramos ou Carneiro, aparentemente ignorando a existência de obras como as da Escola Sociológica Paulista. Joan Dassin, então docente na área de Letras no Amherst College, em Massachusetts, levantou diversas questões sobre o filme para o amigo brasileiro. Ela se pergunta se a incorporação do ideal estético-político do *soul* pelos negros brasileiros não os faria vítimas de um imperialismo cultural, mas não deixa de notar, ao mesmo tempo, o despertar, percebido através das entrevistas com pessoas comuns, de uma nova consciência racial, especialmente: "o testemunho da jovem que sabia que algo estava errado na escola no comportamento de seus colegas brancos em relação a ela, embora ela não pudesse apontar o problema". Dassin replica um argumento que Eduardo provavelmente discutiu na apresentação em Massachusetts, de que a experiência afro--brasileira deveria ser entendida de um ponto de vista hemisférico, diaspórico. Por fim, ela diz que o brasileiro havia contribuído para o entendimento de uma área de estudos pouco desenvolvida nos Estados Unidos: "[...] o desenvolvimento da consciência política e social entre os negros brasileiros",[98] carência teórica e historiográfica que a fala de Vera Green de certo modo evidenciava.

O historiador Ralph Della Cava, autor de *Milagre em Joaseiro* (1970), professor no Queens College, em Nova York, assistiu à palestra de Eduardo no Baruch College, também nesta cidade. Fez comentários elogiosos ao filme, de maneira similar aos que já

---

98 Carta de Joan Dassin para EOO, 27 set. 1977. Coleção EOO/UEIM-UFSCAR, Série Correspondências. No original: "[...] the testimony of the young girl who knew something was wrong at school in the behavior of her white classmates toward her, although she couldn't quite put her finger on it". "[...] the development of political and social awareness among black Brazilians".

vimos, mas tocou em outro ponto importante: "Deixe-me reiterar também, meu sincero entusiasmo pelos seus esforços para estabelecer no Brasil um centro de Estudos Negros [...] no coração de São Paulo",[99] Da mesma forma, Maria Luisa Nunes, que em 1977 dava aulas em Yale, afirma:

> As nossas preocupações e interesses são muito parecidos e acho que é imperativo estabelecer um centro de estudos Afro-Brasileiros para cumprimentar o que se tem feito já aqui nos EUA e no Caribe. [...] Nos nossos cursos, uma visão hemisférica do negro é muito importante e quando falamos da cultura negra nas Américas, precisamos de informações sobre o Brasil da perspectiva do próprio negro.[100]

Ela havia recentemente ministrado um curso em Yale, em 1978, "Brazilian Black Writers".[101] Não localizamos o conteúdo do curso, mas inferimos tratar-se de iniciativa que espelhava essa visão compartilhada entre Maria Luisa e Eduardo de se abordar a experiência negra nas Américas de um ponto de vista hemisférico e subjetivo. Assim como Della Cava, a autora menciona a necessidade de se instituir no Brasil um centro de estudos afro-brasileiros nos moldes das instituições congêneres norte-americanas. De acordo com algumas cartas, este era um projeto que Eduardo cogitava pelo menos desde 1976, logo após a sua viagem pelos EUA de 1974-75, como vimos anteriormente. A tentativa de um centro

---

99 Carta de Ralph Della Cava para EOO, 21 set. 1977. Coleção EOO/UEIM-UFSCAR, Série Correspondências. No original: "Let me reiterate too, my wholehearted enthusiasm for your efforts to establish in Brazil a Center for Black Studies [...] in the heart of São Paulo".

100 Carta de Maria L. Nunes para EOO, 28 set. 1977. Coleção EOO/UEIM-UFSCAR, Série Correspondências.

101 Cf. NUNES, 1979, *Op. cit.*, p. 5.

de estudos acontecerá, em paralelo à escrita da tese, de meados de 1976 até o final de 1979.

Em 1978, Eduardo conduziria outra rodada de eventos através dos quais pretendia pôr em prática a "Sociologia Negra". Emergia, concomitante à consolidação do Movimento Negro em São Paulo, o que chamaríamos de uma Sociologia Pública, problematizando, da perspectiva dos sujeitos negros, as relações raciais. Neste processo, antigos e novos personagens se fariam presentes, em um amplo debate da sociedade brasileira.

Last, but not least. *Amero-África* era o nome da revista que o sociólogo vinha tentando organizar durante os anos 1970. O nome aparece esporadicamente em cartas trocadas com Beatriz Nascimento, Zelbert Moore e James Kennedy, de 1974 até por volta de 1979. Embora a revista jamais tenha se materializado, a ideia presente no nome conjugava uma totalidade de vivências e leituras da experiência humana da diáspora africana pelas Américas. Das "culturas negras" de Ramos às "Américas Negras" de Bastide, da "Afro-Latino-América" de *Versus*[102] até a "Amefricanidade" de Lélia Gonzalez,[103] a Amero-África de Eduardo estava atravessada

---

102 Seção do jornal *Versus* que era dedicada a abordar a questão do negro no Brasil. Existiu entre 1977-79.

103 Conceito da antropóloga e ativista do Movimento Negro Lélia Gonzáles. "Para além de seu caráter puramente geográfico, a categoria de *Amefricanidade* incorpora todo um processo histórico de intensa dinâmica cultural (adaptação, resistência, reinterpretação e criação de novas formas) que é afrocentrada, isto é, referenciada em modelos como: a Jamaica e o akan, seu modelo dominante; o Brasil e seus modelos yorubá, banto e ewe-fon. Em consequência, ela nos encaminha no sentido da construção de toda uma identidade étnica. Desnecessário dizer que a categoria de *Amefricanidade* está intimamente relacionada àquelas de *Panafricanismo*, '*Négritude*', '*Afrocentricity*', etc". GONZALEZ, Lélia. "A categoria político-cultural de Amefricanidade". *Tempo Brasileiro*, Rio de Janeiro, nº 92/93, jan./jun. 1988, p. 69-82, p. 76-77. Grifos no original.

pelos contradiscursos e "saberes sujeitados" que se insurgiam pela ação dos descendentes de africanos em lugares como o Brasil, a Colômbia e os Estados Unidos.

Esse movimento de ideias ocupou as mentes de Eduardo e seus interlocutores uma vez mais, no simbólico ano de 1978, nos 90 anos da Abolição, em São Paulo.

Abolição, 90 anos

Do ponto de vista da participação na discussão pública da questão racial, 1978 foi o ano culminante do empenho intelectual do sociólogo. Afora a escrita da tese e também viagens periódicas para a UFSCAR, onde ele tentava, desde o final de 1977, estabelecer um centro de estudos afro-brasileiros, o autor dedicou suas energias à efetivação de atividades dos 90 anos da Abolição. Ele tinha experiência no tema. Em 1968, organizara uma exposição na Biblioteca Mário de Andrade pelo 80º aniversário da Abolição. Em 1972, coordenara uma "I Semana Afro-brasileira" – da qual não encontramos informações –, na qual apresentou uma conferência intitulada *Nós – 84 anos depois* – texto não localizado.

Os eventos da Abolição foram planejados para todo o ano de 1978, mas ficaram concentrados entre de maio e novembro. Durante esse tempo, foram desenvolvidos ciclos de conferências, mostra de filmes, concertos musicais e exposições, em diversos locais de São Paulo. O patrocínio era da Secretaria de Cultura do Estado, da qual Eduardo era contratado,[104] e da Secretaria Municipal de Cultura de São Paulo (SMC), que tinha nessa época como chefe

---

104 O apoio da Secretaria do Estado era mais nominal, no máximo físico, com a cessão de espaços. Seu contrato estava atrasado desde novembro de 1977, e, até o início das atividades dos *90 Anos*, não tinha sido renovado. Cf. Carta de EOO para Beatriz Nascimento, s.d. Coleção EOO/UEIM-UFSCAR, Série Correspondências.

de Gabinete um amigo seu, o crítico literário Alexandre Eulálio. Eulálio colaborava também como editor no boletim bibliográfico da Biblioteca Mário de Andrade, periódico para o qual escreveu um pequeno texto, no final de 1978, dando conta dos 90 anos da Abolição. Segundo ele, a intenção era de "fugir de qualquer convencionalismo festivo e antes buscar uma apresentação crítica, serena e objetiva, de algumas das complexas questões que pressupunham três séculos e meio de escravidão entre nós".[105] Nesse espírito crítico, um sem-número de exposições foi realizada em instituições como a Biblioteca Mário de Andrade, o Teatro Municipal, o Museu de Arqueologia da USP e mesmo nas ruas de São Paulo, como a Barão de Itapetininga, República, onde foi instalada a exposição "Presença do Negro no Brasil", em uma modalidade que a SMC promovia chamada "Museu de Rua".

Eduardo, o mentor desse programa, denominou 1978 de "Ano Africano", em uma reportagem do *Jornal da Tarde*. Procurava-se revisitar com novas lentes teóricas a história brasileira da escravidão, da abolição e do pós-abolição. Em suas palavras, analisar "como a perda de oportunidades de trabalho remunerado iniciou um processo de marginalização do ex-escravo, inserido após a Lei Áurea no contingente negro de nossa população".[106] Além disso, queria-se divulgar a produção científica da história e a realidade social dos negros no Brasil. Por isso, as exposições em locais e instituições públicas foram priorizadas.

Dos eventos relacionados a esse ciclo de atividades em 1978, pouca informação documental foi encontrada. No arquivo, existem

---

105 EULÁLIO, Alexandre. "Abolição: 90 anos - 1888-1978". *Boletim Bibliográfico da Biblioteca Mário de Andrade*, São Paulo, vol. 39, nº 3/4, jul./dez. 1978, p. 15-25, p. 15.

106 "90 Anos da Abolição". *Jornal da Tarde*, São Paulo, 13 maio 1978, p. 20. Acervo do CEA-USP.

apenas algumas fotografias e simples menções nominais às exposições e palestras. A única exceção nesse sentido é, novamente, um simpósio da SBPC, coordenado por Eduardo e Beatriz Nascimento na 30ª Reunião Anual da entidade. No Brasil, que enfrentava crise econômica e começava a discutir mais concretamente a abertura política e o retorno da democracia, mas cujo ar ainda estava "carregado de eletricidade", para usar as palavras do historiador Jacob Gorender, a reunião da SBPC agora acontecia na USP, de 9 a 15 de julho, em São Paulo, mantendo o aspecto político que caracterizava esses encontros, com o tema "Fronteiras do Conhecimento".

Nessa conjuntura de contestação política e social – a primeira grande greve no ABC paulista havia acontecido em maio –, o simpósio sobre a Abolição chamou-se "Brasil, Abolição 90 Anos - Confronto". A palavra "confronto" não poderia ser mais adequada à circunstância. Em 7 de julho, nas escadarias do Teatro Municipal, uma ampla frente de grupos da comunidade negra de São Paulo havia fundado o MNU. Impulsionado pela "denúncia do chamado 'mito da democracia racial' e a busca pela construção de uma 'autêntica democracia racial'"[107] – objetivos expressos em sua "Carta de Princípios" – o MNU é considerado "o principal marco na formação do movimento negro contemporâneo no Brasil".[108]

Apenas quatro dias após esse momento, a SBPC debatia aquela que era uma das principais reivindicações do MNU: a "reavaliação do papel do negro na história do Brasil".[109] Era uma demanda consolidada no ativismo, vide, por exemplo, os esforços do Grupo Palmares (RS) em se contrapor ao 13 de maio, visto como farsa, em nome do 20 de novembro de Zumbi. A propósito, em data que não

---

107 PEREIRA, *Op. cit.*, p. 25.

108 *Ibid.*, p. 98.

109 Citado em: *Ibid.*, p. 99.

pudemos precisar, Eduardo escreveu uma carta aberta – o que fazia com frequência – para o Presidente Ernesto Geisel, intitulada *O novo 13 de maio*. Avaliando com ironia as opiniões do presidente no assunto, ele afirma que "não devemos tanto pensar em 'comemorar' o 13 de maio como em 'refletir' sobre o mesmo. O que foi feito e o que é feito dos descendentes de escravos na sociedade brasileira?"[110]

Foram dois dias de debates. No dia 11, o simpósio foi coordenado por Eduardo. No dia 12, houve uma mesa-redonda liderada por Beatriz. No formulário de inscrição do simpósio, lê-se que seu "propósito [era] o de, aproximadamente, revelar estatisticamente a situação do negro no Brasil hoje, não como uma categoria sociológica ou antropológica manipulável, mas como algo de substancial e real em sua experiência num contexto histórico".[111] Além disso, havia a preocupação, já levantada na SBPC de 1977, em discutir a política do IBGE quanto ao recenseamento racial, pois, além de ter sido excluída do censo de 1970, a categoria "cor" fora "relegada por um tipo de análise considerada por nós como 'racisto-marxóide' quando se quer reduzir o problema a uma questão econômica ou eminentemente de classe".[112]

Tal como na Quinzena e na SBPC de 1977, a ideia para o simpósio de 1978 foi reunir intelectuais negros. No dia 11, além de Eduardo e Beatriz, participaram a advogada Orlanda Campos, o senador Nelson Carneiro, o arquiteto Raymundo Rodrigues, negros. Já na mesa-redonda do dia 12, compareceram Beatriz, o comunicólogo

---

110 OLIVEIRA, Eduardo de Oliveira e. "O novo 13 de maio". *Jornal da Tarde*, São Paulo (s.d.). Coleção EOO/UEIM-UFSCAR, Série Folhetos.

111 *Idem*. "Abolição 90 Anos – Noves Fora?". Formulário para a reprodução de resumo. 30ª Reunião Anual da SBPC. Coleção EOO/UEIM-UFSCAR, Série Documentos Pessoais.

112 *Ibid., Loc. cit.*

Carlos Alberto Medeiros, o psicanalista Aloísio Silva e o geneticista Newton Freire-Maia – esses dois últimos, brancos. A correspondência entre Eduardo e Beatriz é pródiga em demonstrar o esforço para viabilizar o simpósio. Em meio a ansiedades e desentendimentos, mas também ideias e esperanças, eles construíram uma sólida parceria, que seria quebrada apenas pela vicissitude máxima da vida: a morte. Das interfaces e dilemas da militância negra e da vida acadêmica, assim escreve a historiadora: "Isso precisamos conversar seriamente, se nós nos dedicamos ao que a gente pode e sabe fazer (academicismo), contando com as pessoas conscientes que nos cercam, ou se a gente vai continuar bajulando os defensores da 'cultura negra'".[113] Beatriz parecia confiante no trabalho: "Creio que terei uma boa comunicação para a SBPC. Queimei pestanas para sistematizar minhas teses sobre quilombos e ganhei com isto".[114] Ela falou na SBPC sobre "Quilombos: mudança social ou conservantismo". De acordo com reportagem da *Folha de S. Paulo*, a historiadora contestou nesta fala "a ideia de que Quilombo só foi feito por negros fugidos, afirmando que esse grupo tinha consciência de resistir".[115] O senador Nelson Carneiro, irmão de Édison Carneiro, participou como convidado especial. O arquiteto Raymundo Rodrigues Filho, formado pela Universidade do Chile, discorreu sobre "O negro e a Habitação Urbana no Brasil", analisando o espaço urbano como meio no qual a marginalização do negro apresentava contornos claros.

---

113 Carta de Beatriz Nascimento para EOO, jan. 1978, p. 3-4. Coleção EOO/UEIM--UFSCAR, Série Correspondências.

114 *Ibid.*, p. 4.

115 "O papel do negro dentro da sociedade brasileira". *Folha de São Paulo*, 11 jul. 1978, p. 18. Coleção EOO/UEIM-UFSCAR, Série Folhetos.

Já a advogada paulista Orlanda Campos abordou a questão racial no Brasil de um ponto de vista jurídico: "Lei Afonso Arinos: uma lei superada?". Em carta para Eduardo, ela escreveu: "A propósito da 30 Reunião Anual da SBPC, tenho um trabalho sôbre a Lei Afonso Arinos, feito quando ainda cursava a Faculdade, e que estava perdido com os demais, pois naquela época eu imaginava que escrevia para as gavetas [...]".[116] Ao final da exposição, ela concluía "que ela [a Lei] não atinge seu objetivo [...] e que sua revisão é urgente".[117]

Filha de ferroviários do interior de São Paulo, formada em Direito pelo Largo de São Francisco nos anos 1960, Orlanda possuía, assim como Eduardo e Raymundo, experiência internacional. Ela fez uma especialização em Direito Internacional Público na USP, *Contribuição para um estudo jurídico da Organização da Unidade Africana*, defendida em 1970. Para esse trabalho, ela morou por seis meses, financiada pela FAPESP, em Adis-Abeba, capital da Etiópia, onde ficava a sede da Organização da Unidade Africana, criada em 1963. Sua experiência neste país resultou no livro *A Etiópia que eu vi* (1992). Orlanda, falecida no início dos anos 2000, além da advocacia, atuou no Movimento Negro em São Paulo, escreveu artigos e livros e, além disso, fez um mestrado em Letras na Universidade do Mississipi no final dos anos 1970. Uma personagem importante entre as décadas de 1960-80 no Brasil e, como se vê, no "Atlântico Negro", sua trajetória aguarda estudo mais detalhado.

Completando o quadro estava Carlos Alberto Medeiros, um ativista e intelectual negro do Rio de Janeiro, que, de acordo com reportagem do *Jornegro* a propósito da SBPC, falou de aspectos da

---

116 Carta de Orlanda Campos para EOO, 4 fev. 1978. Coleção EOO/UEIM-UFSCAR, Série Correspondências.

117 "O papel do negro dentro da sociedade brasileira". *Folha de São Paulo*, São Paulo, 11 jul. 1978, p. 18. Coleção EOO/UEIM-UFSCAR, Série Folhetos.

história do Movimento Negro. Essa mesma matéria dizia ter havido "intenso debate com a participação de todos os presentes, dos quais grande parte era negra".[118] Todavia, acerca da audiência, o repórter da *Folha* disse o seguinte: "Mais de 100 pessoas assistiram às exposições [...]. Entretanto, depois das exposições, apenas as pessoas negras ficaram na sala para debater os temas apresentados".[119] A temperatura dos debates deve ter sido alta. Na mesma SBPC, outro simpósio estava acontecendo, denominado "Raça e Estratificação Social". Dele participaram os sociólogos Eduardo, Oracy Nogueira, Octávio Ianni e o indiano Eduardo de Barros, e os antropólogos João Baptista Borges Pereira, Raul Ximenes Pontes e Kabengele Munanga. Reportagem do *Estado de São Paulo* informa que, ao passo que Eduardo [de Oliveira e Oliveira] falava da impossibilidade de haver "grupo intelectual homogêneo negro" em um país em que "cultura" era um atributo de elite (econômica), Newton Freire-Maia levantou-se para rebatê-lo: "Segundo Oliveira, a tendência 'é o branqueamento dos brasileiros; de acordo com Freire-Maia, o que existirá 'é uma mulatização generalizada'".[120] Como vimos, o termo "mulato" era rechaçado politicamente por Eduardo e pelo Movimento Negro, pois representava o branqueamento, social e racial.

A conferência de Eduardo – a única encontrada com texto completo – retoma, em regra, muitas das ideias já enunciadas em outros momentos. Em *Brasil, Abolição 90 Anos... Noves Fora?*, o so-

---

118 "SBPC discute raça". *Jornegro*, São Paulo, ano 1, nº 4, 1978, p. 8. Acervo do CEA-USP.

119 "O papel do negro dentro da sociedade brasileira". *Folha de São Paulo*, São Paulo, 11 jul. 1978, p. 18. Coleção EOO-UEIM/UFSCAR, Folhetos.

120 "Preconceito racial existe e é latente". *Estado de São Paulo* (s.d.). Coleção EOO-UEIM/UFSCAR, Folhetos.

ciólogo começa jogando com as palavras: se o *leitmotiv* da SBPC era "Fronteiras do Conhecimento", o simpósio, "levando em consideração essas fronteiras, reúne quatro cientistas sociais negros que extrapolam esses limites, mesmo que fronteiriços, por um denominador comum – o grupo étnico ao qual pertencem [...]".[121] A condição étnica era uma adscrição teórica e política no processo social. Era fundamentalmente uma questão política, ou melhor, de "política científica", e que só politicamente poderá ser resolvida.

Um dos pontos sensíveis era o debate da categoria "cor", pois sua exclusão do censo era vista como uma forma de apagamento étnico: "A importância por nós atribuída em saber quantos somos está na razão direta da importância em compreender porque nos negam". A dimensão teórica dessa preocupação assentava, como Eduardo tentava estabelecer em suas intervenções intelectuais, na busca de um "modelo epistemológico e metodológico que clarifique a natureza do cálculo 'racial' brasileiro que está aguardando para sua compreensão", um projeto que pressupunha uma rediscussão das categorias que informavam a linguagem sociológica, como "cor" ou mesmo "mulato" e "mulatização".

Outro aspecto envolvendo as classificações raciais era a crítica ao marxismo. Os pouco usuais termos "racisto-marxóide" e "marximização" tentavam dar conta das insuficiências da análise social marxista, que limitava a problemática da diferença racial a uma questão de classe: "em que medida a manipulação da raça não é um mecanismo pulverizador da possível consciência de identidade sociocêntrica do negro no Brasil?"[122]

---

121 OLIVEIRA, Eduardo de Oliveira e. "Brasil, Abolição 90 Anos... Noves Fora?", p. 1. Coleção EOO-UEIM/UFSCAR, Série Produção Intelectual.

122 *Ibid., Loc. cit.*

A interrogação e objeção direcionavam-se àqueles trabalhos "do tipo em que os escravos (res) são 'as mãos e os pés do senhor"... jamais com cabeça!". A crítica partia, todavia, de alguém que era também um admirador da obra de Marx. Toda a sua formação na USP havia sido feita em uma atmosfera intelectual impregnada pelas teorizações marxistas, domínio do qual ele nunca se distanciou. Pelo contrário: o que queria era interpelar "esses teóricos que fecham o círculo do discurso marxista quando este pode ser enriquecido".

Em um sentido mais pragmático, propugnava-se outra vez à institucionalização de "estudos sobre o negro nas universidades, ao nível de graduação e pós-graduação, de forma integrativa e curricular, quando as mais diversas disciplinas [...] formarão um corpo integrado de conhecimentos voltados para sua experiência".[123] Era algo que engatinhava na criação de um centro de estudos do negro brasileiro na UFSCAR. Em março de 1978, ele tinha escrito para Beatriz: "Estou como acuado, mas me saindo bem... Idas duas vezes por semana a São Carlos, uma vez por semana para Campinas, dois dias de trabalho intenso em São Paulo e tudo o mais...".[124] O projeto acadêmico na UFSCAR e a escrita da tese – que começara no início da década – absorveriam suas energias nos anos finais de sua vida.

A partir dos últimos meses de 1978, a documentação concernente às atividades intelectuais públicas do sociólogo começa a escassear. Há notícia de sua participação em mais alguns eventos no final do ano e em 1979. Em novembro de 1978 ele participaria, em São Paulo, da I Bienal Latino-Americana, de um congresso da Associação Internacional de Críticos de Arte, em Buenos Aires, e de uma "I

---

123 *Ibid.*, p. 13.
124 Carta de EOO para Beatriz Nascimento, 3 mar. 1978. Rio de Janeiro, Arquivo Nacional, Acervo de Beatriz Nascimento, Série Correspondências.

Semana do Negro", em Natal. Organizou ainda uma "Semana Zumbi", em São Paulo, também em novembro. Em 1979, foi novamente coordenador de um simpósio na SBPC, da 31ª Reunião Anual, em Fortaleza, chamado "Memória Brasileira (A memória negra)", no dia 13 de julho. Entretanto, afora um rascunho, que ecoava pensamentos de reflexões anteriores, intitulado "Alternativas do negro na recuperação de sua memória", localizamos pouca informação.

Devemos dizer também que, entre 1978 e 1979, Eduardo acompanhou questões candentes da vida política brasileira, como o movimento pela Anistia e as greves operárias do ABC. Há centenas de recortes de jornal sobre as greves, cuidadosamente selecionados e organizados, em seu acervo. O interesse pode ser devido em parte ao seu histórico familiar – mãe e pai proletários, esse sindicalista – e ao fato de ter trabalhado em empresa do ramo de metalurgia – a Metal Leve de José Mindlin, nos anos 1960. Alguns entrevistados nesta pesquisa achavam que ele era membro do "Partidão" (Partido Comunista), mas outros disseram que ele tinha facetas mais "social-democratas", e que teria se tornado "tucano" se vivo permanecesse. Registros de sua atuação política para além da questão racial aparecem em poucos documentos. Um deles é uma carta de Hélio Santos: "Eu e o Milton Santos precisamos ouvir algumas opiniões suas sôbre as perspectivas de abertura de novos partidos [...]".[125] Em outra carta, para a historiadora Jeanne Berrance de Castro, tomamos ciência de sua participação em ato no 1º de maio em São Bernardo, em 1979.[126]

---

125 Carta de Hélio Santos para EOO, 28 abr. 1978. Coleção EOO/UEIM-UFSCAR, Série Correspondências. Não há qualquer outra menção a Milton Santos – que retornara do exílio em 1976 – na documentação de Eduardo.

126 Na carta (sem data) Eduardo dirige questões nada amistosas para Castro. Entre elas: "Daí meu comentário em extranhar que: se a causa é a do povo brasileiro, a)

Da metade de 1979 em diante, as cartas recebidas não são mais respondidas. Colegas e amigos perguntam por ele e, angustiadamente, reclamam retorno. Em uma de suas últimas correspondências enviadas, em 7 de julho de 1979, ele diz: "Uma série de imprevistos como, mais idas a São Carlos, uma qualificação na USP para defesa da tese de doutoramento (não para ser 'doutor' mas para ter o título para estar no lugar certo, na hora certa... que, mais cedo ou mais tarde chegará) me impediram de entrar em contato com o senhor".[127]

Sua figura iconoclasta sairia da cena paulistana na direção de São Carlos, cidade localizada a cerca de 240 quilômetros da capital. Se as intervenções intelectuais de Eduardo concorreram para a formação do Movimento Negro, o trabalho idealizado para a UFSCAR foi um capítulo importante, embora não consumado, da Sociologia brasileira.

Considerando o exposto até o momento, e os limites que a pesquisa histórica e a documentação permitem percorrer, os objetivos da próxima – e última – parte deste trabalho residem na análise de dois processos. De um lado, queremos compreender a arquitetura institucional e teórica idealizada pelo sociólogo, ao lado do Movimento Negro do interior do estado de São Paulo, para o estabelecimento de um Centro de Estudos sobre o Negro Brasileiro na UFSCAR. De outro, desejamos compor um mosaico geral

---

não ter visto ou sabido de sua presença no dia 1º de maio em São Bernardo; b) não ter lido ou ouvido qualquer pronunciamento seu sobre a Anistia (ampla ou não; irrestrita ou não); c) sobre os presos políticos; d) sobre a conferência de Itaicí; e) sobre o congresso da UNE em Salvador (está em jogo os destinos do povo – da nova classe dirigente!); f) greve dos metalúrgicos; g) greve dos transportes [...]". Coleção EOO/UEIM-UFSCAR, Série Correspondências.

127 Carta de EOO para Luiz C. Barbosa, 7 jul. 1979. Coleção EOO/UEIM-UFSCAR, Série Correspondências.

da estrutura de sua tese em Sociologia, *História e Consciência de Raça*, trabalho que o acompanhou até o limiar derradeiro de sua vida, razão maior de seus sonhos – e de seu desatino.

Cartografias da imaginação

> Foi a imaginação que ensinou ao homem o sentido da moral, da cor, do contorno, do som e do perfume. Ela criou, no começo do mundo, a analogia e a metáfora. Ela decompõe toda a criação e, com os materiais acumulados e dispostos segundo regras cuja origem só pode ser encontrada nas profundezas da alma, cria um mundo novo, produz a sensação do novo.
>
> *Charles Baudelaire*

Nos capítulos anteriores, procuramos discernir os fundamentos de um campo do conhecimento imaginado por Eduardo e seus interlocutores, que incorporava a subjetividade negra em um espaço teórico de reflexões sociológicas acerca da temática de raça no Brasil. O projeto de uma Sociologia Negra, que ele trouxera dos Estados Unidos e que aqui tentara desenvolver, pode ser considerada como um ensaio de pensamento social negro, no qual a questão do sujeito foi mobilizada em uma crítica à Sociologia brasileira e, mais detidamente, à Escola Sociológica Paulista, nos estudos sobre as relações raciais no Brasil.

Esta identificação com a Escola Sociológica Paulista era manifesta. No entanto, em seus últimos anos, Eduardo andava na presença igualmente de outras companhias. Em uma tarde de pesquisa na biblioteca do sociólogo no arquivo da UFSCAR, encontramos, através de um despretensioso pousar de olhos em algumas das obras literárias ali guardadas, um bilhete de ônibus, desgastado, com a data ilegível, mas destino reconhecível: São Paulo - São Carlos. O livro no qual esse bilhete fazia a vez de marca-página era To the Lighthouse ("Ao Farol", 1927), de Virgínia Woolf. O gosto pela escritora inglesa – mencionado, ademais, em algumas cartas de seus amigos dos Estados Unidos – remontava provavelmente aos cursos sobre ela que Ruy Coelho costumava ministrar na Maria Antonia, quando lá estava.

Tal anedota quase-poética, de propósito contraposta à cientificidade atribuída à Sociologia Negra, representa, além da natureza nômade de Eduardo, o feixe multifacetado de pessoas, ideias, planos, hesitações e caminhos que povoaram seu pensamento entre meados de 1977 até dezembro de 1980. Paralelamente à sua atuação pública, seja na Quinzena do Negro, na SBPC e nas comemorações dos 90 anos da Abolição, ele trabalhou durante este período para implementar um núcleo de estudos do negro brasileiro na UFSCAR e finalizar o texto de sua tese, dois projetos que se perderam nas contingências da vida e do tempo.

Este capítulo objetiva, assim, considerando essa dupla lacuna na história das Ciências Sociais no Brasil, compreender a confluência de indivíduos e concepções teóricas envolvidos na construção do centro de estudos em São Carlos e, principalmente, tentar rearranjar as peças do quebra-cabeças da tese que não foi,[1] cartografando de tal forma um conjunto de experiências históricas constituintes da imaginação intelectual afro-brasileira.

---

[1] Alusão à forma como Pallares-Burke (*Op. cit.*) se refere ao trabalho de Rüdiger Bilden, "o livro que não foi".

Um centro de estudos sobre o negro em São Carlos

A cidade de São Carlos possui um lugar especial na história das mobilizações negras no século XX. Foi na Faculdade de Educação da UFSCAR que a educadora negra gaúcha Petronilha Gonçalves e Silva desenvolveu parte significativa de sua trajetória docente, que culminou, entre outras realizações, no parecer por ela elaborado para a regulamentação da Lei 10.639, em 2003, e para o estabelecimento das *Diretrizes Curriculares Nacionais para a Educação das Relações Étnico-Raciais e para o Ensino de História e Cultura Afro-Brasileira e Africana*, em 2004. O trabalho que Petronilha realizou ao longo dos anos, entretanto, está situado também no contexto das lutas do Movimento Negro de São Carlos.

Pelo interior do estado de São Paulo, no transcorrer da década de 1970, surgiram diversos grupos do Movimento Negro, com atuação principalmente na área cultural. Grupos como o Evolução, de Campinas, o Gana, de Araraquara, o Congada, de São Carlos, entre outros, promoviam, em parceria com ativistas da capital, reunidos na Federação das Entidades Afro-brasileiras do Estado de São Paulo (FEABESP), o Festival Comunitário Negro Zumbi (FECONEZU). O primeiro FECONEZU teve lugar em Araraquara, em 1978; o segundo, em Ribeirão Preto, em 1979; o terceiro, em 1980, foi realizado em São Carlos, no campus da USP. Um dos participantes, Casemiro Paschoal, relatou-nos a atmosfera de intensos debates do FECONEZU de São Carlos – momento, aliás, retratado no filme *Orí*.[2] Ele foi membro do Congada, um centro de cultura afro-brasileira fundado em São Carlos, em 1976.

O cientista social Márcio Mucedula Aguiar, na dissertação *As Organizações Negras em São Carlos: política e identidade cultural*

---

2   Entrevista com Casemiro Paschoal, 9 set. 2015.

(1998), conversou com Casemiro e outros fundadores do Congada e construiu um panorama da história do Movimento Negro na cidade. Na tradição de clubes negros recreativos do interior do estado, São Carlos contava, desde 1928, com o Clube Flor de Maio. Nos anos 1970, entretanto, com os ventos de mudança trazidos pelos jovens universitários, surge, entre pessoas que também frequentavam o Flor de Maio, o grupo de teatro Rebú, em 1972. Em 1976, o Rebú transformar-se-ia no Congada, voltado para o "trabalho cultural numa perspectiva política".[3] O grupo, entre suas várias atividades, elencou como prioridade a inserção da discussão do negro em nível universitário, pois vários dos membros do Congada eram alunos da UFSCAR e da USP de São Carlos. Cunha Jr. disse que esses estudantes haviam, "desde o começo da década de 70, reclamado uma revisão da educação brasileira. Esse grupo tomou para si a tarefa de um diagnóstico de aspectos da questão das relações raciais e educação no Brasil".[4] Essa luta para que a Universidade absorvesse a questão de raça conduziu a um processo que culminou na fundação, no início dos anos 1980, do Grupo de Cultura Afro e, em 1991, do Núcleo de Estudos Afro-Brasileiros da UFSCAR (NEAB/UFSCAR). Depoimento de um membro do NEAB, falando da história do Núcleo, diz que "anteriormente, e essa história eu realmente não conheço, mas tem a presença do Prof. Eduardo de Oliveira Oliveira... enfim dentro da universidade a discussão enquanto eu saiba surge com o Professor Eduardo Oliveira".[5]

---

3   SILVA, Casemiro Paschoal da. "Centro de Cultura Afro-Brasileiro Congada de São Carlos". *Cadernos de Pesquisa*, São Paulo, nº 63, nov. 1987, p. 132-34, p. 132.

4   CUNHA JR., Henrique. *Textos para o movimento negro*. São Paulo: Edicon, 1992, p. 99.

5   Depoimento (não identificado) em: AGUIAR, Márcio Mucedula. *As Organizações Negras em São Carlos: política e identidade cultural*. Dissertação (mestrado em Ciências Sociais) - UFSCAR, São Carlos, 1998, p. 74.

O elefante negro

É, portanto, neste contexto de interpelação dos universitários à UFSCAR no sentido de uma abordagem crítica e institucionalizada das problemáticas da vida afro-brasileira que Eduardo volta olhos para São Carlos. Este processo floresce precisamente na mesma época, como vimos, em que os pesquisadores e ativistas organizados na Quinzena do Negro, na USP, e nas semanas de estudos do GTAR, na UFF, propunham questionamentos teóricos e políticos afins para as respectivas universidades, nos idos de 1977. Em julho deste ano, Eduardo escreve: "Estou interessado em São Carlos, não só para ministrar sociologia [...], mas sobretudo para a instalação de um centro de estudos que seria no fundo um laboratório para o estudo de relações raciais".[6] O interesse pela UFSCAR deve ter surgido nas viagens que ele estava realizando durante a pesquisa do mestrado pelo interior de São Paulo, na primeira metade dos anos 1970.[7] Todavia, o fato mais concreto é que um amigo dele, que tinha sido também orientando de Ruy Coelho, o sociólogo José Cláudio Barriguelli (hoje Berghella), dava aulas na universidade e facilitaria a sua ida para lá. A UFSCAR era então uma jovem instituição, criada em 1970, na conjuntura de expansão do ensino superior, e tinha cursos voltados – em sua primeira década de existência – para a área técnico-científica.

A ideia de um Centro de Estudos é levantada pela primeira vez em 1976. Em julho desse ano, Eduardo reuniria cartas de apoio de Fernando Henrique Cardoso, Antonio Candido e Pietro Maria Bardi para o projeto. Cardoso, diretor na época do Centro Brasileiro de

---

6 Carta EOO para Carolina (sem sobrenome), 25 jul. 1977. Coleção EOO/UEIM-UFSCAR, Série Correspondências.

7 Em 1976, ele comenta: "viagens ao interior de São Paulo, pois devemos ir a Itú, Piracicaba e Santos". Carta de EOO para Eduardo Venezian (Ford), 30 nov. 1976. Coleção EOO/UEIM-UFSCAR, Série Correspondências.

Análise e Planejamento (CEBRAP), afirmou: "na qualidade pessoal de investigador interessado nos problemas do negro brasileiro, considero que a referida é de grande alcance cultural e científico".[8] Candido dizia-se "disposto a doar uma pequena coleção de livros de sua propriedade à Instituição de estudos sobre o negro brasileiro que possua local onde possa abrigá-la"[9] e Bardi, diretor do MASP, dispunha-se a doar documentos de seu acervo para uma "organização devidamente institucionalizada, com finalidades culturais específicas de constituir-se em uma instituição conservadora e preservadora de acervo documentário das atividades ligadas ao elemento Negro de São Paulo e do Brasil".[10] Um ano depois, o mesmo tema seria objeto de sua correspondência, mas em cartas chegadas dos Estados Unidos. Trocando impressões de Gilberto Freyre, "uma caricatura de si mesmo", Skidmore dizia mais: "Como você sabe, estou muito interessado em seus esforços para estabelecer um centro".[11] Ainda no fi nal de 1977, seria Eduardo a propagar a ideia: "Estou interessado em um futuro próximo em um programa sobre 'Sociologia de relações negras no Brasil', o que eu poderia pensar para 1978/79",[12] escreveria ele em carta para o pesquisador ganês Joseph Nketia.

---

8   Carta de Fernando Henrique Cardoso (CEBRAP) para EOO, 19 jul. 1976. Coleção EOO/UEIM-UFSCAR, Série Correspondências.

9   Carta de Antonio Candido para EOO, 20 jul. 1976. Coleção EOO/UEIM-UFSCAR, Série Correspondências.

10 Carta de Pietro Maria Bardi para EOO, 20 jul. 1976. Coleção EOO/UEIM-UFSCAR, Série Correspondências.

11 Carta de Thomas Skidmore para EOO, 6 jun. 1977. Coleção EOO/UEIM-UFSCAR, Série Correspondências. No original: "As you know, I am very interested in your attempts to establish a center".

12 Carta de EOO para J. H. Knetia (Institute of African Studies-Gana), 28 out. 1977. Coleção EOO/UEIM-UFSCAR, Série Correspondências. No original: "I am interested for a new future in program a course on 'Sociology of black relations in Brazil' what I could think for 1978/79".

O plano para o Centro de Estudos mobilizou, como se nota, várias frentes, tanto no Brasil quanto principalmente nos Estados Unidos. Ele materializou-se na sequência da viagem de Eduardo através das instituições norte-americanas congêneres, entre 1974-75, e coincidiu ainda com o fim, em 1976, da Associação Cultural do Negro, em São Paulo, entidade que estava sob a coordenação dele e de Gilcéria de Oliveira.[13] No final de 1975, o sociólogo tinha sido contratado pela Secretaria de Cultura do Estado (SCE), órgão com o qual ele contava, ao menos nessa época, angariar apoio financeiro e institucional para a viabilização do Centro.[14] Além das correspondências de personalidades brasileiras e norte-americanas e da ajuda esperada da SCE, ele procurou suporte também com outras instituições, como a Ford e a representação brasileira da UNESCO, apoio financeiro e de pessoal que, a despeito do interesse demonstrado por essas organizações, nunca se efetivaria.

Afora menções à ideia em 1976 e 1977, a maior parte das informações relativas ao Centro de Estudos localiza-se entre 1978 e 1979. São em geral alusões presentes em cartas, mas há também três versões de um projeto do Centro e duas propostas de cursos ligadas ao mesmo. A primeira das versões do projeto foi pensada para uma instituição situada em São Paulo. Por não mencionar São Carlos, essa deve ser a concepção mais antiga, escrita entre 1976-77. *Da natureza de um Centro para o estudo da – HISTÓRIA, VIDA E CULTURA DO NEGRO* apresenta propostas base-

---

13 O fim da ACN deu-se, ao que parece, por questões de ordem financeira, ligadas à diminuição no número de sócios e frequentadores na Casa Verde. Cf. SILVA, *Op. cit.*, 2012; DOMINGUES, *Op. cit.*, 2007. EOO foi o responsável por transferir o acervo da ACN para a UFSCAR, que hoje se encontra na UEIM.

14 Na carta supracitada, FHC afirmava: "O [CEBRAP] tomou conhecimento de que a Secretaria de Cultura, Ciência e Tecnologia está em vias de organizar o Centro para Estudo da História, Vida e Cultura do Negro".

adas "em aspectos que têm por base preocupações que já haviam ocorrido – entre outros – a um Joaquim Nabuco", que propusera, em *O Abolicionismo* (1883), "desbastar, por meio de uma educação viril e séria, a lenta estratificação de trezentos anos de cativeiro".[15] Eduardo, o coordenador de tal Centro, considerava ser necessário, a exemplo do Museu do Índio, no Rio de Janeiro, ou do Museu do Ipiranga, em São Paulo – que possuía uma seção voltada para o índio –, a existência de um setor "sobre o elemento afro-brasileiro, até hoje 'não científica e sistematicamente estudado, pesquisado, analisado e compreendido'"[16] – algo talvez como o Instituto de Estudos Brasileiros da USP (1962), instituição similar aos *area studies* norte-americanos criados na década de 1950.

A ênfase na experiência afro-brasileira justificava-se pelo fato de que já havia no Brasil ao menos três centros em universidades voltados para os estudos africanos. Eram eles o Centro de Estudos Afro-Orientais (CEAO), da UFBA, criado em 1959, o Centro de Estudos Africanos da USP (CEA), de 1965, e o Centro de Estudos Afro-Asiáticos (CEAA), da Universidade Cândido Mendes, no Rio de Janeiro, surgido em 1973. O CEAO e o CEA de fato privilegiavam África. Eduardo mantinha, inclusive, relações muito próximas com o CEA, que tinha sido fundado em meados dos anos 1960 por Ruy Coelho e Fernando Mourão. Todavia, o CEAA, além da temática africana, serviu de canal de discussão da questão racial no Brasil e para a formação de ativistas acadêmicos negros. De acordo com seu fundador, José Maria Nunes Pereira, de quem Eduardo era amigo, o CEAA, nos anos 1970, promovia cursos em "história africana, pensamento

---

15 OLIVEIRA, Eduardo de Oliveira e. "Da natureza de um Centro para o estudo da – HISTÓRIA, VIDA E CULTURA DO NEGRO", Folheto 97, circa 1976-77, p. 1. Coleção EOO/UEIM-UFSCAR, Série Folhetos.

16 *Ibid., Loc. cit.*

oriental, sociologia da descolonização, Oriente Médio, pensamento político africano contemporâneo e a questão racial brasileira, sempre considerada como uma questão de toda a nação".[17] Além disso, estudantes africanos e negros do Rio de Janeiro reuniam-se na sede do CEAA para "ter uma formação básica sobre África e, sobretudo, ter um espaço livre para discutir a questão racial brasileira, então emaranhada no 'mito da democracia racial brasileira'".[18] Dessas reuniões participariam os ativistas – como Beatriz Nascimento – que, ao longo dos anos 1970, fundariam as principais organizações negras do Rio de Janeiro, como a SINBA, o IPCN e o GTAR.

Eduardo mantinha contatos com o CEAA – José Maria e Beatriz. Não citar essa instituição, portanto, parece difícil de entender. A alegada primazia de seu projeto,[19] assim, era relativa. No texto, ele contrapunha-se ao CEA-USP: "mais abrangente – a nível nacional, ao estudar a presença negra entre nós, a África estará presente, ao passo que nos estudos sobre a África o negro e sua experiência nas Américas não é levado em consideração".[20] Mais

---

17 PEREIRA, José María Nunes. "Os estudos africanos no Brasil – Um estudo de caso: o CEAA". In: CONSEJO Latinoamericano de Ciencias Sociales (org.). *Los estudios afroamericanos y africanos en América Latina: herencia, presencia y visiones del otro*. Buenos Aires: CLACSO, 2008, p. 277-298, p. 288.

18 *Ibid.*, p. 291. Carta de José M. N. Pereira para EOO, 16 set. 1974, pouco antes de sua viagem pelos EUA: "Quando voltares dos Estados Unidos contamos com os seminários pois há um total vazio – preenchido por falsificação – no que diz respeito à história do Negro no Brasil [...]; aos sábados meia centena de jovens negros se reúnem tentando tomar consciência de si... e das coisas". Coleção EOO/UEIM--UFSCAR, Série Correspondências.

19 Carta de EOO para Michael Turner, 11 set. 1978: "[...] não existe em nenhuma universidade brasileira qualquer setor dedicado ao estudo do negro brasileiro [...]"; e Dorothy Porter, 1 ago. 1978: "Estou organizando na UFSCAR [...] eu acho que o primeiro centro de estudos negros".

20 OLIVEIRA, *Da natureza de um Centro...*, p. 1.

razoável supor, portanto, que ele estivesse pensando o Centro, e o campo mais amplo em que ele estava inserido, a Sociologia Negra, em termos de "Américas Negras".

Os recursos para o Centro proviriam da SCE, que cederia um lugar "de caráter público [...] para este fim".[21] O espaço seria um "Centro de Vivência e Convivência", com infraestrutura para exposições, cursos e palestras. O projeto previa atividades "acadêmicas" e "práticas". No âmbito acadêmico, queria-se, a partir de abordagens "históricas, antropológicas, sociológicas, literárias, musicológicas", localizar e coletar documentos sobre o negro no município e no estado de São Paulo e realizar um trabalho de história oral com membros da comunidade afro-paulista. Ambicionava-se ainda coligir documentos do negro brasileiro no exterior, como aqueles presentes no Instituto Fundamental da África Negra, no Senegal – onde ele estivera em 1970 –, e nos arquivos históricos portugueses.

Do ponto de vista prático, pensava-se em promover "a nível público (e não tanto a nível meramente universitário e para universitários) [...] uma introdução a estudos brasileiro-africanos [...]",[22] revelando pesquisadores determinados em renovar a historiografia brasileira. Os cursos seriam pensados com as "novas organizações" negras recentemente surgidas – não nomeadas. A partir da colaboração de segmentos do emergente Movimento Negro, ele diz: "Este Centro servirá como um setor de informação, podendo colaborar na organização de programas de caráter didático, educativo ou mesmo recreativo, dentro de um princípio pré-estabelecido e dentro de uma finalidade eminentemente

---

21 *Ibid.*, p. 4-5.
22 *Ibid.*, p. 2.

cultural".²³ A divulgação das atividades do núcleo de estudos dar-se-ia através da revista *Amero-África*.

As outras duas versões do plano para o Centro caminham, em linhas gerais, mais ou menos no mesmo sentido do projeto recém-descrito. No entanto, algumas diferenças podem ser distinguidas. A mais importante é a inclusão da Universidade como *locus* conceitual e institucional qualificado para discutir a questão de raça. No projeto *Centro Brasileiro-Africano de Estudos e Documentação*, o sociólogo diz ser essencial refletir acerca da elaboração de uma estratégia de ação acadêmica "que se integre aos trabalhos em andamento na Universidade". No mesmo texto, pode-se ler o seguinte:

> O Centro deve ter uma sede administrativa junto a uma universidade para o estabelecimento de um núcleo de atividades e pesquisas, orientando-se primeiramente para a organização de uma biblioteca especializada; recepção de documentos especializados para seleção e encaminhamento aos setores competentes - microfilmagem ou arquivo; um setor iconográfico (fotos e material ilustrativo), ou mesmo (como acontece com o setor afro-americano da Universidade Yale que abriga o acervo de Duke Ellington) abrigar as mais diversas manifestações afro-brasileiras – partituras musicais (Pixinguinha seria um exemplo) [...].²⁴

A menção ao acervo de Duke Ellington parece sugerir que o texto é do final de 1977, logo após a viagem aos EUA, quando Eduardo esteve em Yale com Maria Luisa Nunes e Richard Morse, mas é uma suposição. Seguro é que a experiência neste país, ou dizendo

---

23 *Ibid.*, p. 3.
24 OLIVEIRA, Eduardo de Oliveira e. "Centro Brasileiro-Africano de Estudos e Documentação", Fol. 70, circa 1977-78, p. 1 (para ambas as citações). Coleção EOO/UEIM-UFSCAR, Série Folhetos.

de forma mais pertinente, no quadro afro-latino-americano, informou suas expectativas teóricas quanto ao Centro de Estudos imaginado na UFSCAR. A terceira versão existente do projeto, *Da instalação de um núcleo brasileiro-africano de estudos e documentação*, permite comprovar tal assertiva. "As civilizações e culturas negras do Novo Mundo têm nos dias de hoje um novo enfoque: são vistas como um fenômeno de natureza continental", ele assinala, parafraseando Arthur Ramos, ao falar do I Congresso de Cultura Negra de Cali[25]. Mais adiante, no texto, é Roger Bastide, outro teórico da Diáspora Africana nas Américas, que aparece: "Em tradução feita por nós, 'As Américas Negras' de Roger Bastide, onde certos fundamentos que apontam para a relevância na instalação de um semelhante núcleo de estudos podem ser encontrados".[26] Não se esclarecem, contudo, os tais fundamentos.

Se no projeto anterior o acervo de Duke Ellington em Yale era lembrado, ele agora falava do Amstad Research Center, na Dillard University, em Nova Orleans, onde estivera no final de 1974. O arquivo da universidade negra tinha realizado um trabalho de reunir documentos da vida afro-americana na Louisiana e "coligir depoimentos por intermédio da história oral",[27] atividades que ele pretendia fazer no Centro. As ideias de Eduardo, pensadas e compartilhadas com o Movimento Negro, fosse o Congada em São Carlos ou o GTAR em Niterói, estavam casadas com a visão da "universidade a serviço da comunidade", uma perspectiva compartilhada com os African American Studies.

---

25 *Idem*. "Da instalação de um núcleo brasileiro-africano de estudos e documentação", Fol. 47, circa 1977-78, p. 1. Coleção EOO/UEIM-UFSCAR, Série Folhetos.

26 *Ibid.*, p. 5.

27 *Ibid.*, p. 2.

O elefante negro

No plano supracitado estava a ementa de um dos cursos delineados. "Sociologia da Vida Afro-Brasileira",[28] que não sabemos se foi efetivamente ministrado, objetivava estudar "Instituições negras e cultura negra", e versaria acerca de assuntos tão diversos quanto interação interracial, família e religião negras, estratificação social (entre negros e brancos), branqueamento, negritude, raça e etnia, darwinismo social, idealismo e materialismo no estudo das relações raciais, além de abordagens recentes no tema (Escola Sociológica Paulista). Tempos depois, em algum momento de 1979, Eduardo escreveu a proposta de um outro curso: "Educação e questão racial". É provável que tenha sido uma das primeiras experiências no ambiente acadêmico brasileiro a articular educação e raça sob a forma de uma disciplina. A proposta consistia em um curso optativo, "introdução sumária, generalizada (e não geral) a uma Sociologia da Cultura Brasileira, da perspectiva da educação e raça", oferecido no segundo semestre de 1979, semanalmente à noite "para toda e qualquer pessoa interessada, em observação ao princípio... 'a Universidade a serviço da comunidade'".[29] Na justificativa, ela faz uma radiografia da questão racial, ressaltando a invisibilidade que envolvia a discussão: "Por séculos a questão pode ser disfarçada, mesmo escondida [...]. Atualmente como grupo [o negro] começa a propor seu próprio discurso, relegado que esteve, por questões históricas, até hoje, a um segundo plano".[30]

A emergência desse discurso estava ligada, como vimos no caso da Quinzena do Negro e da proposta do GTAR, à construção de uma consciência da negritude e da percepção do racismo

---

28 OLIVEIRA, *Da instalação de um núcleo brasileiro-africano...*, p. 6.

29 *Idem.* "Educação e questão racial" (plano de curso), Fol. 73, circa 1979, p. 2. Coleção EOO/UEIM-UFSCAR, Série Folhetos.

30 *Ibid.*, p. 1.

na relação com a educação – educação como prática de liberdade. Os negros *não estavam* na USP, na UFF ou na UFSCAR. Por quê? Para entender essas razões, o autor prossegue: "Que papel teve e tem a educação e a questão racial na formação do brasileiro, e, em particular, do brasileiro negro?"; e, ainda, mais uma vez, "como a sociedade reage a este grupo, e como este grupo por sua vez reage a esta mesma sociedade se, (no que concerne a educação), por quase quatrocentos anos foi-lhe negada a educação?"[31]

As páginas restantes desse documento esmiúçam o conteúdo das aulas, tais como história do negro no Brasil, escravidão, relações raciais, religião, entre outros. A XV semana de aula estava dedicada à "Educação na visão contemporânea de alguns teóricos. O que se pode refletir sobre o negro a partir dessa visão". São citados nomes que teriam a ver com a questão educacional, como Anísio Teixeira, Paulo Freire, Marx e Gramsci. Pelo que deduzimos da análise da documentação, o curso não se realizou. O único de que temos ciência que aconteceu foi "Escravidão no Brasil", em julho de 1979. Coordenado por Eduardo e reunindo vários especialistas, foi um pedido do Congada à UFSCAR. Essa parece ter sido a única atividade realizada – documentada – de Eduardo em São Carlos.

Na realidade, o que as fontes mostram é mais um retrato das ideias, ansiedades e desafios com que ele se deparou do que a concretização de seus planos, por modestos que fossem. Seu contrato com a SCE não foi renovado em 1977, e sua situação financeira se deteriorava. O amigo Diego Marruecos era quem o ajudava financeiramente. Na época, além do Centro, ele atuava na esfera acadêmica brasileira e internacional e escrevia a tese.

---

31 *Ibid., Loc. cit.*

O elefante negro

A maior parte das cartas em que os planos para o Centro são aventados se encontra em correspondências com norte-americanos. De São Carlos, expressa para Dorothy Porter seu desejo de retornar aos EUA por um tempo mais largo, para adquirir "as necessárias habilidades que eu quero desenvolver aqui".[32] Ele queria passar "ao menos 6 meses nos EUA... palestrando, mas espero terminar meu doutorado para fazê-lo".[33] Por outro lado, queria atrair acadêmicos – de preferência negros – norte-americanos para o Centro. Descrevendo-se como "terrivelmente ocupado", confidencia mais uma vez a Porter: "Eu gostaria de conversar com você pessoalmente sobre a possibilidade de algum acadêmico negro passar um ou dois anos entre nós... Quero dizer, no lugar em que eu estou tentando implementar estudos negros... As pessoas não entender bem o significado disso...".[34]

Essa ajuda ele buscou, além da *librarian*, entre outros afro-americanos. Vera Green assim o respondeu: "Eu adoraria poder passar um ano no Brasil lecionando e servindo em qualquer posição acadêmica".[35] Michael Mitchell relatou estar interessado no projeto, mas considerou também que a ideia "precisaria de um pouco mais

---

32 Carta de EOO para Dorothy Porter, 1 ago. 1978. No original: "[...] the necessary skill for the work I want to develop here". Coleção EOO/UEIM-UFSCAR, Série Correspondências.

33 Carta de EOO para Dorothy Porter, 2 out. 1978. No original: "at least six months in the USA... lecturing, but I hope I finish my Ph.D. to do it". Coleção EOO/UEIM-UFSCAR, Série Correspondências.

34 Carta de EOO para Dorothy Porter, 10 dez. 1978. No original: "I would like to talk to you personally about the possibility of some black scholar spend one or two years among us... I mean, at the place I am trying to push black-studies... People don't get much the mean of it...". Coleção EOO/UEIM-UFSCAR, Série Correspondências.

35 Carta de Vera Green para EOO, 9 fev. 1978. No original: "I would love to be able to spend a year in Brazil teaching and serving in any advisory position". Coleção EOO/UEIM-UFSCAR, Série Correspondências.

de investigação".³⁶ Já Michael Turner, que em 1978 estava no Brasil, lecionando na UNB, enfatizou que "gostaria [de] colaborar neste processo de implantação do programa, mas [...]"³⁷ – não podia. Quem também estava dando aulas na UNB em 1978 era a historiadora Mary Karasch. Em carta, ela se regozijava em receber notícias de Eduardo e do progresso do Centro, e dizia: "Eu tenho participado no Comitê de Estudos Afro-Americanos na Universidade Oakland e tenho muitas ideias concernentes à organização de programas multidisciplinares"³⁸. Além dela, Sheila Walker foi outra a trocar animada correspondência. Walker foi a única pessoa, na verdade, a ter se aproximado da possibilidade real de uma viagem para o Brasil: "Seria um grande prazer oferecer uma série de aulas em assuntos relativos a questões teóricas e metodológicas concernentes aos negros nas Américas. O período é perfeito, pois estarei em ano sabático no Spring quarter [semestre americano, de setembro a janeiro] 1979".³⁹

Embora tenha reunido expressões de apoio no Brasil e nos EUA, e adquirido mesmo, por menor que fosse, um espaço institucional na UFSCAR, o trabalho não progrediu. A contratação de Edu-

---

36 Carta de Michael Mitchell para EOO, 9 mar. 1978. Coleção EOO/UEIM-UFSCAR, Série Correspondências.
37 Carta de Michael Turner para EOO, 14 set. 1978. Coleção EOO/UEIM-UFSCAR, Série Correspondências.
38 Carta de Mary Karasch para EOO, 15 set. 1978. Coleção EOO/UEIM-UFSCAR, Série Correspondências. No original: "I have participated in the African-American Studies Committee at Oakland University and have many ideas on the subject of organizing multi-disciplinary programs [...]".
39 Carta de Sheila Walker para EOO, 25 set. 1977. Coleção EOO/UEIM-UFSCAR, Série Correspondências. No original: "I would be very pleased to offer a series of lectures on topics having to do with theoretical and methodological questions having to do with Black people in the Americas. The timing is perfect since I will be on sabbatical leave for Spring quarter 1979".

ardo ocorreu apenas em 13 de dezembro de 1979, conforme sua ficha funcional.[40] O Centro de Estudos não se concretizou nem sequer foi integrado, em sua composição mais elementar, à estrutura da universidade. Os prospectos de financiamento da Ford, da UNESCO e da Fulbright foram também todos negativos. José Cláudio Berghella disse que as atividades de Eduardo na UFSCAR consistiram em não mais do que "cursos livres", como deve ter sido aquele "Escravidão no Brasil". Para completar o quadro, a partir de algum momento de 1979, seu comportamento errático, através de súbitos "apagões" de memória, sinais de uma enfermidade mental que estava a acometê--lo, e que não o abandonaria, começou a afetar sua vida em um ponto dos mais caros: o da articulação e consequente enunciação de seu pensamento.[41] Nos últimos dias de maio de 1980, por "não ter mais interesse na prestação de serviços",[42] ele solicitaria desligamento da UFSCAR, em ofício de confusa datilografia. Findava então, melancolicamente, a ideia, acalentada por quase uma década, de construir, no Brasil, um centro para "Afro-Brazilian Studies".

Eduardo provavelmente ignorava, mas Rüdiger Bilden tivera, ainda em 1937, ideia semelhante à sua. Assim como o brasileiro, o alemão, enquanto escrevia sua malfadada tese, cogitara a ideia de um centro de estudos sobre o negro brasileiro na Universidade Fisk, *black college* localizado em Nashville, Tennessee, que contratara Bilden como professor neste mesmo ano. Alegre com a nova posição, o historiador, em carta para Arthur Ramos, disse

---

40 Registro de Empregado de EOO. Arquivo Administrativo da Universidade Federal de São Carlos.

41 Entrevista com José Cláudio Berghella, 19 maio 2015.

42 Ofício de solicitação de desligamento da UFSCAR, EOO para Benedito Rodrigues de Moraes Neto, circa maio 1980. Coleção EOO/UEIM-UFSCAR, Série Documentos Pessoais.

que a "Fisk University seria o centro para o estudo do negro brasileiro" nos Estados Unidos.[43] Bilden ficaria pouco tempo na Fisk, até 1939. Porém, mesmo sem o aporte institucional da Fisk, entre 1940 e 1941, ele prosseguiu na ideia de um "Research Institute for the Comparative Study of Brazilian Culture",[44] que tinha como um de seus eixos a questão das relações de raça no Brasil e nas Américas. O instituto, como o de Eduardo na UFSCAR, atuaria na coleta e interpretação de dados, na produção de conhecimento científico e na disseminação de informações para o público em geral, sendo uma "força potente e permanente para criar uma compreensão positiva do Brasil e das outras regiões afins".[45]

Este projeto de Bilden, por uma confluência insidiosa de fatores, e por obra talvez da pequenez humana – à qual ele contrapôs outra ainda maior[46] –, não veio a termo. A Fortuna não o abençoou, nem a Eduardo, tal como eles desejavam, cada um a seu tempo e em suas circunstâncias. Contudo, mesmo que assim tenha sido, indagamos: poderíamos colocá-los ambos, considerando suas particularidades e contingências, sob o signo do "triunfo do

---

43 Citado em: PALLARES-BURKE, *Op. cit.*, p. 230.

44 *Ibid.*, p. 285.

45 *Ibid., Loc. cit.*

46 Em 1940, Flora de Oliveira Lima enviara duas cartas para a Fisk, procurando Bilden, para que assumisse a Coleção Oliveira Lima, na Universidade Católica de Washington. Conforme Pallares-Burke (*Op. cit.*, p. 278), "Indignado com o descaso dos que, sabendo onde encontrá-lo em Nova York, não se haviam dado ao trabalho de informar a senhora Oliveira Lima, Bilden, que em geral se mostrava cordial, generoso e compreensivo, reagiu [em carta para Gilberto Freyre] de modo agressivo" – racista, diríamos: "foi simplesmente um maldito desleixo de negro, se não coisa pior, que me custou aquela oportunidade. Eu poderia até ter feito da biblioteca um verdadeiro instituto brasileiro". Sobre o projeto do instituto e as razões pelas quais não se concretizou, conferir, no mesmo livro, a subseção "'Política da Boa Vizinhança': a contribuição de Rüdiger Bilden", p. 276-290.

fracasso", pensando com a definição de Pallares-Burke? Casemiro Paschoal o responde:

> Na década de 1970, particularmente em 1979, Eduardo Oliveira Oliveira, sociólogo negro [...], já trazia a discussão no sentido de esta universidade, a UFSCAR, ser pioneira para alavancar essa discussão de fundamental importância, nos dias de hoje. Desde aquela época, era posta na pauta das discussões de estudantes e professor negro desta universidade a problemática da apropriação do conhecimento, da apropriação da cultura, do saber africano pela universidade, mantendo-se ela distante da comunidade negra. Da importância da comunidade negra estar presente no interior da universidade. E nós estamos assistindo, nesta tarde, parte da realidade concreta e objetiva desse nosso sonho.[47]

A discussão levantada por Eduardo e pelos universitários negros de São Carlos e de São Paulo tomaria a forma do NEAB da UFSCAR. Em Niterói, resultado deste mesmo contexto de discussão, o Programa de Educação sobre o Negro na Sociedade Brasileira (PENESB-UFF), desenvolvido desde meados dos anos 1990 na Faculdade de Educação da UFF, teria sido também influenciado em sua concepção pelo trabalho do GTAR.[48] Nos anos 2010, ver-se-ia a profusão e consolidação de NEABs em universidades de todo o Brasil, decorrência de políticas públicas de ação afirmativa. Essa é, contudo, uma outra história.

---

47 Depoimento de Casemiro Paschoal. In: SILVA, Petronilha Beatriz Gonçalves; BERNARDES, Nara Maria Guazzelli. Roda de conversas. *Revista Educação*, Porto Alegre, vol. 30, nº 61, jan./mar. 2007, p. 53-92, p. 89.

48 Tal como Iolanda de Oliveira, educadora negra e uma das fundadoras do PENESB, teria afirmado em um evento público recente no Museu Nacional, no Rio de Janeiro. Conforme informação oral da jornalista e historiadora Sandra Martins. Sobre o PENESB, cf. <http://www.uff.br/penesb/index.php/quem-somos>.

Em maio de 1978, diante da negativa da arquiteta negra gaúcha Helena Machado para coordenar a mesa-redonda no simpósio da SBPC – posição que seria originalmente ocupada por Beatriz Nascimento –, Eduardo escreveu cordial resposta, mas verbalizou algumas de suas frustrações: "Minha experiência em estabelecer um tipo de trabalho, sobretudo para provar que não existem exceções (e eu absolutamente não sou uma delas) e sim a falta de condições de trabalho até agora não deu certo".[49] Ainda que os simpósios da SBPC, a Quinzena do Negro e o Ciclo da Abolição tenham sido bem-sucedidos, considerando seus objetivos, as problemáticas colocadas em questão, todavia, mantinham-se vivas.

Ainda nesta mesma carta, Eduardo escreveu algo revelador acerca da dinâmica de suas atividades acadêmicas naquela altura do ano de 1978: "Realmente, tão logo tenha condições vou dar andamento em pesquisas, a nível amplo, de estudos da psique negra brasileira... um tipo de psicologia histórica... remontando ao século XV [...]".[50]

Era sua pesquisa de doutorado em Sociologia. O texto, aparentemente, estava esperando a conclusão de seus vários compromissos públicos e científicos para ser continuado e finalizado. Tal espera, que durava quase uma década, revelar-se-ia longa demais.

Quando Eduardo escreveu para Helena Machado, na metade de 1978, a pesquisa já não era mais aquela que o ocupara no início da década. A última parte deste capítulo procura responder à pergunta: afinal, em que consistiu e qual destino tomou a tese?

O Poder Branco

Falar da tese de Eduardo é um desafio. Qualquer ambição de compreensão global deste trabalho, que começou logo após sua

---

49 Carta de EOO para Helena Machado, 20 jun. 1978. Coleção EOO/UEIM-UFSCAR, Série Correspondências.

50 *Ibid., Loc. cit.*

graduação na Maria Antonia, por volta de 1965, é atravessada por noções como fragmento, mosaico, quebra-cabeça. É uma evidência que salta aos olhos de quem quer que se debruce nos esboços de capítulos, folhas soltas, tentativas de sumário e costuras teóricas diversas que integram a massa profusa de documentos sobre a tese, pesquisa que acompanha e confere sentido a praticamente toda a trajetória intelectual, cultural e política do sociólogo enquanto viveu em São Paulo – e daí para o mundo.

O desafio, entretanto, é necessário. Apesar da dispersão das fontes, é possível ter uma ideia mais ou menos acabada do que ele quis escrever. Em termos documentais, o arquivo conserva o primeiro capítulo da tese, fragmentos de outros prováveis capítulos, alguns sumários e planejamentos gerais e dois relatórios para a Ford, além de anotações outras e menções ao trabalho em correspondências. Já sabemos que a pós-graduação teve duas etapas: o mestrado, desenvolvido formalmente de 1972 até 1974, intitulado *Ideologia Racial – estudo de relações raciais*; e o doutorado, que se desenrolou de 1974 até algum momento de 1979, com o nome de *História e Consciência de Raça*. Usamos a palavra "formalmente" porque, embora a pesquisa tenha em certo ponto se transformado em doutoramento, o material disponível mesmo ao final da década de 1970 indica pouca evolução com relação ao mestrado. Mudança significativa na abordagem e nas problemáticas apareceria em 1978.

Revisitando os papéis do autor, vemos Ruy Coelho, em 29 de março de 1974, pouco antes de deixar o Brasil, a lhe escrever um presumivelmente elogioso parecer de seu relatório de mestrado, dirigido ao diretor da FAPESP na época, Oscar Sala. Com o exílio de Ruy, João Baptista, que assumira a orientação, escreveu para o mesmo Sala que Eduardo deveria "elaborar projeto de trabalho com vistas a futuro doutoramento"⁵¹ – sugestão seguida. O novo orientador, cerca de um ano depois, afiançou: "Acresce que, conhecendo os problemas de um ponto de vista interior ao grupo, formulou um projeto em que as indagações inovam o tratamento do assunto, pois que pretende abordá-lo pelo lado da ideologia racial".⁵²

O antropólogo escrevia um parecer dessa vez para a Fundação Ford, pleiteando verba para a conclusão da pesquisa. Essa nova estratégia devia-se ao fato de que, em função de atrasos, Eduardo talvez não tenha saldado seus compromissos com a FAPESP. A verba foi de fato concedida, em julho de 1976. Esse vínculo com a Ford resultou em dois relatórios que, embora pouco substantivos, guardam pistas e informações interessantes.

No primeiro, referente ao último trimestre de 1976, Eduardo dizia estar redigindo a versão final da tese, mas ainda também fazendo ajustes em certos aspectos, como a análise das entrevistas gravadas com os líderes de grupos como a Frente Negra Brasileira, a Frente Negra Socialista, Legião Negra Brasileira e Clube Negro de Cultura Social, todos de São Paulo do período de 1920-40. Certas reformulações teóricas estavam se processando, de onde aflorava a proposição de uma "ontologia fenomenológica"⁵³ do negro brasileiro, considerado em perspectiva transnacional. Essa ontologia inspirava-se no cientista social afro-americano Franklin Frazier, em ideias presentes no ensaio *The Failure of the Negro Intellectual* (1962), quando este falava em "colocar o destino do negro

---

51   JBBP para Oscar Sala (FAPESP), 21 ago. 1974. Coleção EOO/UEIM-UFSCAR, Série Correspondências.

52   Carta de JBBP para Fundação Ford, 6 nov. 1975. Coleção EOO/UEIM-UFSCAR, Série Correspondências.

53   OLIVEIRA, Eduardo de Oliveira e. "Relatório Trimestral – de 06/08 a 06/11 de 1976 – para a Fundação Ford do Brasil", 30 nov. 1976, p. 2. Coleção EOO/UEIM--UFSCAR, Série Produção Intelectual.

no referencial mais amplo da experiência humana no mundo".⁵⁴ Ainda no plano teórico, outro aspecto aparecia:

> [...] numa alusão a um trabalho de George Lucacz (levando em consideração tudo que êste pensador tem de criticável) – "História e Consciência de Classe" – pretendemos estabelecer uma analogia, operando com alguns de seus conceitos, o que leva-nos a dar, como título geral à nossa tese, "História e Consciência de Raça", considerando básicamente o que Frazier ressalta, "the implications of the important question of the relation of culture and personality and human destiny".⁵⁵

Ele não indica neste relatório, todavia, que conceitos do filósofo húngaro seriam esses. No tocante à abordagem de "cultura e personalidade", já desenvolvida nos escritos relativos ao mestrado, fruto de sua formação com Ruy Coelho, faltavam os resultados do Teste de Rorschach aplicado em 20 indivíduos negros da cidade de São Paulo, cujas interpretações seriam, em sua prévia opinião, "altamente satisfatórias".⁵⁶ O tratamento estatístico dessas informações estava sob a responsabilidade da psicóloga Nazira Gait, da USP, mas, por razões que nos são desconhecidas, parece nunca ter sido realizado.⁵⁷ Mesmo que tenha sido feito algum trabalho de sistematização desses dados, eles não foram usados na pesquisa.

---

54 FRAZIER, *Op. cit.*, p. 60. No original: "[...] place the fate of the negro in the broad framework of man's experience in the world".
55 OLIVEIRA, *Relatório Trimestral...*, p. 4.
56 *Ibid.*, p. 5.
57 Carta de Latife Yazigi (Sociedade Rorschach de São Paulo) para Fundação Ford, 16 nov. 1976: "a psicóloga Ana Maria Benevides Pereira aplicou o Psicodiagnóstico de Rorschach sob nossa supervisão para a pesquisa do sociólogo Eduardo de Oliveira e Oliveira, 'Ideologia Racial: Estudo de Relações Raciais'". Coleção EOO/UEIM--UFSCAR, Série Correspondências.

O relatório dá a ver igualmente a forma como o texto, neste estágio, se estruturaria. Além do primeiro capítulo, não nomeado, que já havia sido entregue para a Ford, Eduardo dizia estar escrevendo o segundo, "O 'Ser' Ausente", que mostraria "o fracasso político e social do advento da abolição dos escravos no Brasil",[58] e planejando o terceiro, "O Alvorecer de uma Ideologia", "quando o trabalho será montado sobre jornais da 'imprensa negra de São Paulo através de uma abordagem da análise de conteúdo".

Três meses depois, outro relatório para a fundação norte-americana. Ele se esforça para tentar explicar, "com o máximo de objetividade", "não só o atrazo na entrega do presente relatório, como também no que concerne ao término da redação final da tese".[59] Apesar do esforço, não fica claro o porquê de mais um atraso. Dizendo não se tratar de fatores financeiros, estranhamente ele busca uma explicação na dinâmica própria de sua condição de pesquisador negro. É difícil imaginar que a Fundação Ford tenha aceitado essas explicações, mas o que ele fala é sociologicamente interessante, de qualquer maneira.

Antecipando uma discussão que apareceria na Quinzena do Negro, três meses mais tarde – cujas atribuições talvez explicassem o demorar do texto, deixado de lado em nome do processo de organização do evento –, o autor considera o seguinte: "[...] cremos que na maioria dos casos, os cientistas negros, diante da análise da questão racial, tomam mais um posicionamento de 'causa'". A argumentação que segue ecoa novamente a Black Sociology, que lastreava o

---

58 OLIVEIRA, *Relatório Trimestral...*, p. 2.
59 *Idem*. "Relatório Trimestral - Interino – 07/11/1976 a 06/02/1977 – para a Fundação Ford do Brasil", fev. 1976, p. 1. Coleção EOO/UEIM-UFSCAR, Série Produção Intelectual.

desejo de uma "nova epistemologia"[60] para a Sociologia brasileira, na qual a neutralidade científica seria questionada.

Essa "nova epistemologia", articulada a um projeto epistemológico maior, estava secundada, no que diz respeito à análise teórica da questão da subjetividade, além da dialética sartreana e, em certa medida, do próprio materialismo histórico-dialético, pela "teoria do Ser [...] segundo a concepção heideggeriana". Essa filiação teórica, não esmiuçada em nenhum momento, daria suporte ao capítulo segundo, "O Ser Ausente", que entendia o negro como "ausente [...] da perspectiva da visão da sociedade dominante", pois "a nível de identidade racial e política" o negro estava presente, "fazendo sua história, como sujeito desta [...]".[61]

A terceira parte da tese, "O Alvorecer de uma Ideologia", objetivava superar essa "ausência" na historiografia hegemônica por meio da "visão e história do próprio grupo estudado e que é feito através da análise dos depoimentos [...] de homens negros que desenvolveram os movimentos sociais e políticos, com séde em São Paulo, na primeira metade deste século".[62] Estava prevista uma "análise semiológica" dos seguintes jornais da imprensa negra paulista: "O Clarim da Alvorada", "A Voz da Raça" e "Brasil Novo".

Tais eram seus planos entre 1976 e 1977, em documentos para Ford que, na realidade, não sabemos se foram enviados, recebidos ou analisados de fato. Neste último relatório, Eduardo alegava ter assumido compromisso com a USP de entregar os originais da tese até o final de 1977, promessa não cumprida, entre outras razões, supomos, pelas atividades nas quais ele se envolveu em São Paulo, Niterói, Cáli e nos Estados Unidos, ao longo deste ano. Esses relatórios

---

60 *Ibid.*, p. 2.
61 *Ibid.*, *Loc. cit.*
62 *Ibid.*, p. 4.

são temporalmente os últimos documentos oficiais sobre a tese que existem, pois o texto do Exame de Qualificação, defendido provavelmente no início de 1978,[63] não traz nenhuma informação relevante além de uma descrição das disciplinas que ele havia cursado na pós-graduação desde 1966, o que já analisamos anteriormente.

No entanto, o material do que parece ser uma introdução e um primeiro capítulo da tese foi preservado no acervo. Intitulado *Ideologia Racial - Estudo de Relações Raciais: O Poder Branco*, o texto, escrito em algum momento entre 1975 e 1978, constitui-se de um esboço mais ou menos preciso do que ele poder ter desejado escrever e apresentar como corolário dessa primeira fase da pesquisa, ainda não modificada no sentido do que viria a ser, em algum ponto de 1978, o esquema geral de *História e Consciência de Raça*. O "mais ou menos" deve-se ao fato de que apenas a primeira parte de *O Poder Branco* – subtítulo enigmático, não comentado nem explicado em nenhuma ocasião, e que imaginamos poder ser talvez uma paráfrase de "O Legado da Raça Branca", primeiro volume de *A Integração do Negro na Sociedade de Classes* – "Por uma Ontologia do Negro", parece ter sido completada.

Às outras duas partes, "O 'Ser' Ausente" e "O Alvorecer de uma Ideologia", anotou-se a observação "por concluir". Porque essas duas últimas seções do texto não existem senão basicamente como planejamentos e rascunhos, *Por uma Ontologia do Negro* é,

---

[63] O Exame de Qualificação foi realizado certamente depois da viagem para os EUA, em outubro de 1977, último acontecimento temporalmente mencionado no documento. A outra menção à Qualificação está em carta de EOO para Shepard Forman (Ford), 15 jun. 1978: "[...] já me submeti ao exame de qualificação para defesa da tese tendo sido aprovado". Coleção EOO/UEIM-UFSCAR, Série Correspondências. Portanto, o dito exame foi realizado em algum momento entre novembro de 1977 e junho de 1978. A secretaria da FFLCH-USP e João Baptista Borges Pereira não souberam informar quaisquer detalhes sobre a Qualificação.

em verdade, tudo que sobreviveu de mais concreto da dissertação/ tese de Eduardo.

Em "Breve Nota" anterior ao texto principal, há uma indicação relativa à data em que foi concebido – nessa configuração. "Recentemente, em banca de exame para defesa de tese de doutoramento",[64] diz Eduardo, logo após João Baptista ter sugerido, à caneta, no verso da primeira folha, uma "análise sociológica e antropológica do desinteresse" que acometia a Sociologia no Brasil relativamente ao negro e às relações raciais. Uma das "ideias-força" que dão vida à sua reflexão é a dos intelectuais e seu papel social. Não é surpresa vê-lo se colocar como membro do "terceiro mundo" e "pertencente à etnia estudada", requisito para uma discussão da condição social do negro, e mais do que isso, do intelectual negro no Brasil. Como fizera na série *Etnia e Compromisso Intelectual*, de 1977, ele enfatiza que "cultura" e "intelecto" no Brasil eram atributos de elite – sinônimos de branquitude. Essa assimetria na superfície social da cultura intelectual brasileira é assim teorizada:

> Posto isto, o que resta ao grupo negro e aos elementos dele saídos, cuja personalidade-status é representada exatamente como negação de "elite" e por conseguinte não identificável como detentor de "cultura" (excluindo--se claro, os casos de exceção; individualidades, sempre em abstração do grupo negro) diante das condições de possibilidades a ele oferecidas inerentes à esta mesma sociedade, além daquelas que lhe são atribuídas em tanto quanto sub-grupo detentor de configurações específicas? Só lhe resta ser excepcional. O Mundo, como que orga-

---

64 OLIVEIRA, Eduardo de Oliveira e. "Ideologia Racial - Estudo de Relações Raciais: O Poder Branco" (esboço de capítulo), Fol. 63, ex. 2, circa 1975-78, p. 1. Coleção EOO/UEIM-UFSCAR, Série Produção Intelectual.

nizado diz: Surpreende-me, se é que queres ter direito a alguma coisa."[65]

A discussão da excepcionalidade alimentava-se por óbvio de sua própria experiência. As palavras finais desta breve nota, repercutindo a negritude de Césaire e Senghor, resumem quase que um inteiro programa político-intelectual, ao gosto da Ciência Social pragmática que o autor buscava: "Nós não queremos ser diferentes nem excepcional. Queremos ter o direito a ser 'ordinário', porque, o ser diferente seria negar nossa universalidade. Também não queremos ir além de nossas fôrças, mas sim usar de todas as nossas fôrças".

Com relação à substância do texto, é forçoso constatar que a leitura de *Por uma Ontologia do Negro* quase não apresenta elementos novos em face do que já vimos na análise do projeto de *Ideologia Racial: estudo de relações raciais*. Alguns aspectos teórico-metodológicos, contudo, são mais bem-desenvolvidos e podemos ter aqui uma ideia mais clara de suas preferências teóricas e certas questões e problemáticas correlatas.

Tal como havia postulado no projeto para o mestrado, era intenção primordial da pesquisa entender histórica e sociologicamente o negro brasileiro e desenvolver conceitos para sua descolonização e emancipação política. O período histórico que o interessava era aquele dos anos 1920-40, época em que movimentos sociais do meio negro em São Paulo surgiram, trazendo, segundo o autor, a primeira manifestação no Brasil de uma "'negritude' assumida, mas não concluída".[66] Conceitualmente falando, era a noção de "Negridade" que o interessava, posto acenar a um "momento

---

65   *Ibid.*, p. 2.
66   *Ibid.*, p. 29.

de conscientização do Negro brasileiro" – momento de um processo voltado para a Negritude, a consciência racial ideal.

Os antecedentes históricos desse processo de construção de uma identidade política negra são procurados na escravidão e no colonialismo. Ele entendia o problema da escravidão como transcendendo as fronteiras nacionais, assim como aquele de seu produto histórico – o negro. A perspectiva "hemisférica" de encarar a questão originava-se de suas leituras dos historiadores e cientistas sociais norte-americanos, que estavam fazendo uma revisão crítica e oferecendo novas interpretações acerca do escravismo no Brasil e nos Estados Unidos.

Ao invés da ênfase nas diferenças qualitativas entre as respectivas formações escravistas das Américas portuguesa e inglesa, como haviam preconizado Gilberto Freyre, Frank Tannembaum e Stanley Elkins, ele, "endossando conclusões de David Brion Davis" – historiador, autor de *The Problem of Slavery in Western Culture* (1966) – partia da "premissa de que a escravidão negra foi um fenômeno singular ou 'Gestalt', 'cujas variações foram menos significantes do que os padrões de unidade'". Sem recusar a relação entre os sistemas raciais brasileiro e norte-americano com os respectivos sistemas escravistas, ele dizia que as diferenças "nacionais e culturais foram exageradas e que todas as colônias americanas onde havia escravos compartiam certos pressupostos e problemas centrais". A estrutura de diferenças nacionais vistas como tangenciais transplantava-se assim para a análise dos destinos do negro brasileiro na ordem social competitiva do pós-abolição: "Os negros foram dispersos pelo mundo, separados por línguas, pela política e pela história de seus colonizadores; não obstante, a experiência do negro é uma só".[67]

---

67 *Ibid.*, p. 9.

Se a escravidão como sistema era um recurso teórico, o "Colonialismo" era a situação histórico-social engendrada pelo escravismo, que produzia um tipo de personalidade: o "ser colonizado". A ideia de "ser colonizado", extraída de *Retrato do Colonizado precedido pelo retrato do Colonizador*, livro do escritor tunisiano de origem franco-judaica Albert Memmi, "é a de uma realidade de fato, uma 'situação humana', capaz de fazer do Negro um ser-colonizado no sentido de jamais ser o autor de sua própria situação (como teremos oportunidade de denunciar); daí a nosso ver, a necessidade de sua descolonização".[68]

A partir de tal arcabouço teórico, o sociólogo investe na questão conceitual central deste fragmento de sua tese: a discussão sobre negridade e negritude. O trecho do Manifesto da Gente Negra Brasileira que prendera sua atenção era este: "A nossa História tem sido exageradamente deturpada pelos interesses em esconder a face histórica interessante ao Negro, aquilo que se poderia dizer a 'negridade' de nossa evolução nacional".[69] Ele parecia querer dizer que a negridade era uma etapa anterior à negritude. A negridade não era uma ideologia plenamente constituída, no sentido de uma emancipação subjetiva negra e do questionamento da estrutura social assentada na branquitude, mas uma contraideologia, de acordo com os termos de Florestan Fernandes e Fernando Henrique Cardoso.[70]

---

68 Ibid., p. 10.

69 Ibid., p. 11.

70 Florestan (*A integração do negro...*, vol. 2, p. 76) diz: "estamos diante de uma contra-ideologia, construída para minorar frustrações psíco-sociais de uma categoria racial e, eventualmente, para auxiliá-la na luta direta pela modificação rápida do status quo"; Já Fernando Henrique (*Capitalismo e Escravidão...*, p. 277): "momento de mediação entre a pura condição de passividade (ser objeto) e negatividade capaz de conduzir à superação dialética". Eduardo, no seguinte momento do texto (p. 10), parece compartilhar a visão do escravo reificado, que ficaria consagrada com uma das leituras desta obra de Cardoso: "Descansando a economia no trabalho escravo e

O elefante negro 275

A questão estava em saber se haviam sido os militantes do meio negro em São Paulo os primeiros agentes históricos no Brasil a tentar aplainar as "contradições entre um substrato legal" – de uma cidadania formal – "e uma realidade social"[71] – de subordinação racial. Em dado momento, a argumentação passa a ser povoada por conceitos de Sartre. A "abordagem fenomenológica de Sartre" – ou "dialética sartreana", como ele diz adiante – dialoga com o problema conceitual em discussão na longa citação abaixo:

> Na medida em que Sartre compreende a consciência como um jogo de espelhos, o momento por nós compreendido para o Negro em seu nível de consciência como de *Negridade* é um momento que poderemos caracterizar, para permanecer dentro da mesma imagem, como um momento *reflexo*. Na medida em que a liberdade para Sartre reside na possibilidade de dizer "não", de possibilitar um "recuo" em face de um objeto, "deslocarmo-nos" dele, cercá-lo da negação que o determina e, paralelamente, afirmarmo-nos como subjetividade, como auto-consciência, como indivíduos, e assim, transcendendo o próprio objeto, projetar-se para além dele, visá-lo em significação e integrá-lo num complexo de significações, (negar, e porque se nega), recusa-se a si próprio a condição de "coisa", afirmando-se em-si a condição de um para-si contra um

uma vez que o trabalho estava associado com a raça africana, olhavam-se os negros e mulatos como meros instrumentos de produção, privados de toda personalidade. Quaisquer que tenham sido, insistimos, as variações nacionais e regionais dentro da colônia, o Negro foi em todas as partes uma posse, um bem transferível". Mais adiante (p. 13), falando sobre Sartre, outra afirmação nesse sentido: "[…] a Escravidão e a Colonização esvaziaram o Negro de suas virtudes, de sua substância para fazer dele um 'assimilado', esse negativo do Branco em que o parecer substituiu-se ao ser: um nada', temos que a noção de 'parecer' implica a noção de 'ser'".

71 OLIVEIRA, *O Poder Branco...*, p. 12.

em-si, implicando desta forma a liberdade no próprio ato "intencional"; isto seria a *Negritude*.[72]

A analogia aqui é clara: o "em si" seria o "ser opaco, impenetrável" – o "escravo, 'coisa'"; o "para si" consistiria no "ser translúcido", manifestação da contra-ideologia, a Negridade, "que em vão se esforça por atravessar aquele em si".[73] A superação contraideológica através da Negritude ganhava força em momento de retração no debate sobre raça no Brasil, devido ao Regime Militar, e mesmo de ataques à ideia de negritude, como na entrevista de Gilberto Freyre ao jornal *O Estado de São Paulo*, em maio de 1971: "Negritude: mística sem lugar no Brasil",[74] As opiniões de Freyre foram

---

72 *Ibid.*, p. 12-13. Grifos no original.

73 *Ibid., Loc. cit.*

74 Na entrevista (FREYRE, Gilberto. "Negritude, mística sem lugar no Brasil". *O Estado de S. Paulo*, São Paulo, 30 maio 1972), ao ser perguntado "Que nos diz, especificamente, da "negritude?", Freyre: "Pode ser uma mística válida para unir sob uma só bandeira etno-cultural os negros da África atual, tão divididos pelas suas diferentes atitudes quanto ao que seja a 'raça' ou a cultura tribal, de que a maior parte dêle provém. Mas não me parece que deva ser artigo de exportação, pois como artigo de exportação implicaria, repito em procurar-se fazer de pessoas de pigmento escuro, pertencentes a nações não-africanas e com elas identificadas, filiados de uma tentativa de imperialismo étnico-cultural africano". Indagado sobre os "intelectuais brasileiros e estrangeiros [que] estão atualmente abordando o assunto e pretendendo apresentar o Brasil como 'matador de índios' o 'detrator de negros?", ele diz, debochado: "Há motivos evidentemente extracientíficos e que nada têm que ver com justiça sociológica ou justiça histórica. É curioso que alguns dêsses 'veementes', sendo ianquéfobos, estão empenhados em transferir para o Brasil uns 'brack studies', ou 'estudos negros', que são ianquises. Como ianquises, podem ter alguma base, para a sua implantação em caráter de oposição 'estudos brancos', nos Estados Unidos. No Brasil, com êsse caráter de oposição ou de ódio e de furor apologético, seria descabido".

O elefante negro

rechaçadas por Eduardo em maio de 1977 no artigo *Da Negritude*,[75] publicado no *Jornal da Tarde*.

Sua aproximação teórica com o universo afro-diaspórico mediava-se pela Negritude no sentido francófilo clássico: "É um conjunto de valores dos povos negros, e a maneira do Negro viver esses valores. Podemos encará-la historicamente como uma atitude militante, e também historicamente como uma realidade

---

[75] Ainda que o pernambucano (cf. nota acima) não tenha citado nomes, Eduardo certamente se enxergou na descrição dos intelectuais "veementes" e "ianqueófobos" empenhado em trazer para o Brasil os "Brack Studies". Em *Da Negritude* (*Jornal da Tarde*, Contraponto, 03 maio 1977, p. 18), ele rebate Gilberto Freyre: Em uma entrevista "nada feliz", o sociólogo, "cuja obra temos em consideração, mas nem tudo o que diz e pensa", dizia coisas que "fariam inveja a um geneticista do III Reich", como a aposta na morenização do Brasil e a ideia de mulato como raça, que "devemos ao Sr. Gobineau". "Arianistas" como Oliveira Vianna e "miscigenistas" como Freyre seriam responsáveis por prenunciar "a extinção do tipo negróide entre nós, em prol de um tipo racialmente genuíno, miscigenado, e cujo fenótipo, como tudo faz crer, fuja àquelas características visivelmente mais negro-africanas". Após fazer uma genealogia do conceito, ele deixa entrever uma discussão diretamente extraída de *O Poder Branco*: "É altamente significativo que o Garveysmo e os movimentos norte-americanos que vão influenciar pensadores africanos e antilhanos para uma proposta político-cultural, tenham influenciado, antes, os grupos negros em São Paulo, em suas primeiras manifestações de autoconsciência, com o que reivindicamos, last but not least, nossa parcela de négritude no contexto histórico mais amplo fazendo com que, concretamente, ela deixe de ser a mística prognosticada pelo erudito de Apipucos" (grifos no original). Em outro artigo (não publicado e sem indicação de data) intitulado "Gilberte Freyre por êle mesmo", após uma série de considerações críticas sobre sua obra, ele diz ao final (p. 6): "Acreditamos que a tarefa de criticá-lo não será fácil. Exigirá um esforço hercúleo, mas está fora de dúvida que este esforço se faz necessário e imprescindível, e agora mais do que nunca, no interêsse do estudo das ciências sociais entre nós, tão desprovido de espírito crítico, não sabemos se por incapacidade, por conformismo ou acomodação. É preciso que desenvolvamos a franqueza ideológica (e isto são palavras de [Eugene] Genovese) que nada tem a ver com animosidade, antipatia e xingamento". Coleção EOO/UEIM-UFSCAR, Série Folhetos.

objetiva".[76] Para ele, o conceito do senegalês teria uma face objetiva, cultural, e outra subjetiva, da ordem dos comportamentos. Esta última faceta da negritude o interessava sobremaneira, pois a tese tivera sido concebida e estava submetida também a uma moldura conceitual em torno do eixo Cultura/Personalidade.

É a partir da conjunção dessas ideias, conceitos e esquemas teóricos que as perguntas que o sociólogo dirige ao passado seriam pensadas e o recuo histórico processar-se-ia. No momento mesmo em que ele desenvolvia suas indagações, uma série de eventos estava acontecendo em São Paulo, como a sétima "Festa dos Calouros Afro-brasileiros", da Casa de Cultura Afro-Brasileira, em 4 de maio de 1974, sinal de mudanças percebidas na estrutura das identificações políticas relativas a uma "identidade comum".[77] Por outro lado, uma incursão na imprensa negra dos anos 1930 encontra traços de "identificação com o problema africano" e "manifestações do Garveysmo", o que corroboraria sua visão do negro como um "ser universal em busca de soluções que têm sua base num mesmo nível de identidade".[78]

Por fim, esses elementos conjugavam-se na tentativa de uma resposta à pergunta cabal. Referindo-se aos ativistas negros de São Paulo, do início do século, ele diz: "O que impediu a estes 'a quem inculcaram sabiamente o medo, o complexo de inferioridade, a tremedeira, a submissão, o desespêro e o servilismo' [...], de representarem-se como Ser?".[79] Esta questão que era como que um negativo fotográfico da inquietação contemporânea relativamente ao que era preciso para a formação do sujeito

---

76 OLIVEIRA, *O Poder Branco*..., p. 14.
77 *Ibid.*, p. 25.
78 *Ibid., Loc. cit.*
79 *Ibid.*, p. 30.

político negro no Brasil, algo que o Movimento Negro em São Paulo – como o MNU – e em outros lugares vinha ensaiando, no decorrer dos anos 1970. Para lembrar o título do capítulo, como instaurar uma "ontologia do negro"?

Dos outros dois capítulos não sobreviveram senão rascunhos. Há algumas páginas carcomidas de duas versões de *O Ser Ausente*, que abordaria o fracasso histórico da Abolição, mas nenhum sinal de *O Alvorecer de uma Ideologia*, que realizaria uma análise do discurso ideológico da imprensa negra paulista. O pouco que restou de *O Ser Ausente* dá mostra do que deve ter orientado sua reflexão. Em um dos fragmentos, de uma página, ele afirma: "São raras as evidências na história do Brasil em que a pessoa do escravo seja considerada [...] a pessoa do escravo e o seu destino não é o centro de preocupações".[80] No outro escrito, de seis laudas, o autor hesita em um conceito importante: "Presente [o negro] de maneira marcante na cultura brasileira, que é incontestavelmente compósita mulata mestiça [escrito à caneta], tem permanecido afastado do processo econômico e social". Afinal, "Quem é esta entidade (o Negro) e qual identidade que lhe foi atribuída no escravismo brasileiro?"[81]

João Baptista Borges Pereira, em entrevista, não se lembrou da tese de Eduardo, mas o arquivo conservou uma folha com alguns interessantes comentários dele ao trabalho. Em uma "Cobrança de Tese", João Baptista faz inicialmente afirmações que qualquer leitor de *Por uma Ontologia do Negro* não objetaria: "Creio que o trabalho está ainda um pouco misturado, ou seja, você misturou toda uma discussão teórica e introduziu muito secamente a parte histórica".

---

80 *Idem.* "O Ser Ausente" (fragmento de capítulo da tese), circa 1975-78, p. 1. Coleção EOO/UEIM-UFSCAR, Série Produção Intelectual.

81 *Idem.* "II - O Ser Ausente" (fragmento de capítulo da tese), circa 1975-78, p. 1. Coleção EOO/UEIM-UFSCAR, Série Produção Intelectual.

De acordo com a orientação, Eduardo deveria então separar a parte teórica da historiográfica de forma mais nítida, além de incrementar suas considerações acerca das razões pelas quais o capitalismo brasileiro dependeu do trabalho escravo – especialmente do escravo negro. O avançar das considerações do orientador sobre a parte teórica da tese, entretanto, encontraria objeção em outros espíritos – e talvez o de Eduardo. Ele deveria "aprofundar na questão negritude o problema da subjetividade ou seja que a negritude, como consciência (do para si) revela a unidade de condições objetivas e subjetivas". O antropólogo entendia as condições objetivas, "numa analogia com Marx", como a existência proletária do negro, despojado dos meios de produção, "porque é proleta", despojado do processo de trabalho, "porque é proleta e porque é negro", e despojado da liberdade, "enquanto escravo" e, enquanto livre, "segregado". Nas condições subjetivas, em nova referência a Marx, ele diz que o negro, além de ser proletário, padeceria da "não identidade pela cor, isto é, a cor coloca-o no exército de reserva e dificulta a sua reprodução [da força de trabalho] mesmo até em termos ideológicos". Em seu entendimento, a condição subjetiva seria a "forma de assumir a plena consciência da condição negro-proleta"[82]. Observe-se que, independente do que se fala, parece não haver possibilidade em seu discurso para pensar as condições "objetivas e subjetivas" do negro para além da linguagem teórica marxista. Ainda que Eduardo utilizasse conceitos oriundos do materialismo histórico e tivesse mesmo operado analogicamente com certa visão do marxismo (o Lukács de *História e Consciência de Classe*), seus esforços intelectuais concorreram, em vários momentos de

---

82 PEREIRA, João Baptista Borges. "Eduardo - Cobrança de Tese", circa 1975-78, p. 1 (para todas as citações). Coleção EOO/UEIM-UFSCAR, Série Folhas Volantes.

O elefante negro 281

seu pensamento, para uma autonomização do entendimento da questão racial em relação à abordagem de classe.[83] Afora essas palavras de João Baptista, a versão de *Por uma Ontologia do Negro* analisada possui também outros dois "subtextos". Ao longo das páginas, há comentários e anotações à caneta de duas pessoas, em português e em inglês. Pela caligrafia, os comentários em português são do orientador, novamente. Os comentários em inglês, em uma confrontação de caligrafia com um trecho de uma carta, parecem ser de Michael Mitchell. Quando pergunta: "Negridade = consciousness of class? Correia Leite said the other day 'nós não sabíamos que éramos negros'",[84] remete a um personagem que havia sido citado em uma carta de Mitchell

---

83 Um exemplo nesse sentido aparece em seu relatório de Qualificação (1978), quando ele, falando de um curso de Octávio Ianni na USP de 1966, chamado "Raças e classes sociais no Brasil", comenta: "O curso tratou de aspectos relativos ao binômio raça/classe, equação esta que atualmente temos tentado compreender e analisar, rejeitando-a de imediato como instância única por acreditarmos conduzir a um 'redutivismo simplista', para o que temos ultimamente procurado nos atualizar com toda uma escola de estudo de relações raciais que pretende tomar a cor como uma determinante básica para a abordagem do problema". Cf. nota 237. Outro exemplo é extraído de um esboço de sua tese, analisado na sequência deste tópico. Ele faz uma crítica ao Regime Cubano, que não comparecera ao encontro em Cali, em 1977: "Práticamente do São Lourenço ao Rio da Prata, os negros das Américas se encontram para discutir sua identidade e experiência comum, com exceção apenas de Cuba que justifica sua ausência pelo fato de ser um país socialista onde a questão racial não tem lugar. Na medida em que, nem uma mudança de ideologia nem um decreto podem erradicar de uma cultura um fenômeno de tal natureza, pois [...] a cor não é uma superstição, aquele pais está a dever à opinião pública universal, em vista do respeito que sua revolução merece, que a real solução encontrada para um problema que DuBois achava ser o maior do século vinte: o da linha de cor". OLIVEIRA, Eduardo de Oliveira e. "História e Consciência de Raça" (esboço de capítulo), circa 1978c, p. 2-3. Coleção EOO/UEIM-UFSCAR, Série Produção Intelectual.

84 In: OLIVEIRA, *O Poder Branco...*, p. 10 [verso].

para Eduardo.[85] Além dessa indagação, no entanto, tal interlocutor incerto não faz nenhuma outra consideração substantiva. Um dos comentários de João Baptista, entretanto, apresenta uma digressão interessante. Acerca de Negridade/Negritude, diz:

> Difícil, através de análise histórica e filosófica, escapar da constatação de que negritude é uma construção intelectualizada para rotular um conjunto de ideias intelectualizadas. Ao passo que negridade como você quer, é uma construção intelectual para apreender um conjunto de ideias ou valores esparsos por aí, no mundo do negro comum. A 1ª aparição, em meu entender, mostra o esforço do intelectual negro em criar um mundo ideológico, que é gratificador ao grupo. Tem forte preocupação de construir este mundo e catequisar o negro. A segunda, é o recurso lógico para apreender aquilo que realmente está, intencional ou não, ocorrendo no mundo negro, intelectualizado ou não. Se entendi bem o seu trabalho, é neste ponto que está a oportunidade de seu conceito.[86]

Se Eduardo absorveu de alguma forma essas ideias, não sabemos. A tese, no formato planejado em *O Poder Branco*, não foi concluída. A entrevista com João Baptista, embora informativa em vários aspectos, pouco acrescentou relativamente à história da pesquisa de pós-graduação do sociólogo. Michael Mitchell faleceu no final de 2015, e não conseguimos informações adicionais, seja no Brasil e nos Estados Unidos, acerca dele e de sua relação com

---

85 "O sr. Leite me escreveu e me disse que você já lhe mostrou a dedicatória da tese. Êle ficou tão impressionado que me pediu uma cópia, um pedido que estou muito feliz de cumprir. E você me diz se devo manda-la ao endereço dêle o se te mando para entregar a êle". Carta de Michael Mitchell para EOO, 09 mar. 1978. Coleção EOO/UEIM-UFSCAR, Série Correspondências.

86 In: OLIVEIRA, *O Poder Branco*..., p. 13 [verso].

o brasileiro. Pelo menos duas pessoas disseram terem lido um copião final da tese e asseguraram que ela ficou pronta, mas não se recordavam com precisão do conteúdo.[87] O projeto de *Ideologia Racial – Estudo de Relações Raciais*, nas configurações que pudemos examinar – considerando o que as fontes, documentais ou orais, nos permitiram dizer –, pode ser lido como uma tentativa de interpretação e teorização histórico-sociológica do ressurgimento da negritude política em São Paulo, no Brasil e nas Américas Negras nos anos 1970. Com desfecho ignorado, esta fase de seu trabalho não se realizou senão como projeto. O mesmo destino encontraria a etapa seguinte da tese.

História e Consciência de Raça: a tese

Se o conjunto de texto relativo à *Ideologia Racial - Estudo de Relações Raciais* compõe-se de grande quantidade de documentos no arquivo, o mesmo não pode ser dito de *História e Consciência de Raça*. Poucas fontes parecem ter sobrado. Ainda mais rarefeitos que os do mestrado – e sem marcas de catalogação arquivística –, os papéis da pesquisa propriamente doutoral de Eduardo resumem-se a um pequeno – embora consistente e detalhado – plano de tese, dois sumários dos capítulos previstos e três rascunhos do que deve ter sido um primeiro capítulo, além de algumas poucas menções em cartas e folhas avulsas.

A limitação documental é acompanhada igualmente pela imprecisão sobre o momento em que a estrutura principal do trabalho anterior foi abandonada e retomada sob perspectivas novas. A primeira referência a *História e Consciência de Raça* como denominação da tese aparece no relatório para a Ford em novembro

---
[87] São eles Henrique Cunha Jr. e José Cláudio Berghella.

de 1976. Como ele aí explicava, o título era uma "[…] alusão a um trabalho de George Lucacz […], *História e Consciência de Classe*",[88] obra que forneceria alguns dos conceitos empregados. Em outubro de 1978, escrevendo para Dorothy Porter, Eduardo, trabalhando então em São Carlos, ansiava terminar a tese,[89] tarefa que, perto do final de 1979, afiançava estar em conclusão: "Atualmente está em fase de redação final da tese de doutoramento a ser defendida em 1979 na USP".[90]

O confronto das datas não nos dá senão uma dimensão aproximada da época em que a tese foi elaborada e virtualmente escrita, mas uma informação sugere o recuo máximo no tempo: em um subtópico de um dos sumários, lemos "Movimento Negro Unificado", fundado, como se sabe, em 7 de julho de 1978. Pensada, portanto, do final de 1978 até os últimos meses de 1979, *História e Consciência de Raça* procurava responder a perguntas articuladas diretamente ao contexto social e político no qual seu autor se movia em São Paulo.

Um dos sumários, o mais simples, de uma página, apresenta resumidamente o formato imaginado – composição repetida no outro sumário, mais elaborado. Seriam cinco capítulos, ao longo de cerca de 180 páginas: 1) Propósitos; 2) História; 3) Consciência de Raça; 4) Objetivos imediatos; 5) Objetivos a longo prazo.[91] Uma leitura dos sumários e de um bem-acabado plano da tese permite-nos ter uma visão compreensiva da arquitetura do trabalho.

História e Consciência de Raça seria uma tese de cunho teórico, mas seu sentido maior era, sobretudo, político. Não obstante – como

---

88 OLIVEIRA, *Relatório Trimestral…*, 1976, p. 4.
89 Carta de EOO para Dorothy Porter, 2 out. 1978. Coleção EOO/UEIM-UFSCAR, Série Correspondências.
90 OLIVEIRA, *Currículo…*, p. 7.
91 *Idem*. "Sumário Tese" (à mão), circa 1978a, p. 1. Coleção EOO/UEIM-UFSCAR, Série Produção Intelectual.

sugerido no esboço de um dos capítulos – o trabalho, assentado no campo da Sociologia da Cultura, tivesse uma perspectiva histórica, não era por isso uma história global da consciência de raça, mas "o ponto de partida para tentar entendê-la e iluminar as opções políticas, ou seja, as linhas de ação que inevitavelmente determina".[92] Essa natureza política estava densamente informada pela experiência dos "movimentos de tomada de consciência do homem negro nas várias nações", principalmente nas Américas, algo que se faz nítido no desenrolar do texto. Partindo disso, três eram os aspectos principais a conferir significado geral ao trabalho:

> 1) A história do desenvolvimento da consciência de raça do Negro, partindo das situações sociológicas que levaram à segregação, para chegar às lutas raciais e à negritude
>
> 2) A consciência de raça, como decorre da história, suas implicações e objetivos hoje, ou seja, a colocação do negro numa sociedade segregada como a Brasileira
>
> 3) Os objetivos a longo prazo, ou seja a colocação do negro simplesmente como homem, numa sociedade multirracial equalitária.[93]

A face histórica da tese tinha objetivos imodestos. Estratégia metodológica para definir a "auto-consciência do negro no Brasil", a escrita de uma história da consciência racial seguia o modelo teórico utilizado no mestrado de um olhar hemisférico – transnacional, diríamos – dos processos históricos, partindo do geral para o particular. Como os sumários apontam, vários eram os temas e períodos estudados, da Antiguidade até aquele momento. Assim,

---

92 *Idem*. "História e Consciência de Raça" (plano da tese), circa 1978-79, p. 1. Coleção EOO/UEIM-UFSCAR, Série Produção Intelectual.

93 *Ibid.*, p. 2.

o Capítulo 2, "História", focalizaria os conceitos "clássico" e colonialista de raça, a presença do negro nas Américas "até a abolição", a vida socioeconômica do negro "livre" "após a abolição", as lutas raciais nos Estados Unidos e na África, movimentos de autoafirmação conduzidos por intelectuais como Du Bois, além de uma análise do conceito e da história do movimento da Negritude.[94] Sobre o Brasil, queria investigar as primeiras manifestações de consciência de raça (no sentido de uma consciência emancipada – uma subjetividade política) até a década de 1920, passando pela FNB e pelo que ele chama de "eclipse", entre 1940-78. Completando o quadro analítico, previa-se um exame dos "reflexos no Brasil dos movimentos no exterior" e um exame de "1978 - até hoje - Movimento Negro Unificado".[95]

Apesar da dimensão abrangente deste cenário historiográfico, o aspecto sócio-político constituía "o verdadeiro motivo do trabalho",[96] que era encarado como uma "pesquisa participante" da condição do negro, posicionamento que atualizava seus esforços intelectuais pela reflexividade racial dos lugares de fala nas Ciências Sociais no Brasil. Ele dizia estar convencido do poder do conhecimento na luta contra o racismo e na construção de uma sociedade "verdadeiramente democrática",[97] asserção compartilhada, vale lembrar, pelo MNU, que, em sua Carta de Princípios, defendia uma luta antirracista baseada na educação e na constituição de uma "autêntica democracia racial".[98] O sociólogo não participou

---

94   Idem. "Sumário da Tese" (à mão), circa 1978b, p. 1. Aspas conforme o original. Coleção EOO/UEIM-UFSCAR, Série Produção Intelectual.

95   *Ibid.*, p. 2.

96   Idem, *Plano da Tese...*, p. 3.

97   *Ibid.*, p. 2.

98   PEREIRA, *Op. cit.*, p. 25.

diretamente da criação do MNU, mas foi uma referência intelectual importante, no decorrer da década de 1970, para a geração de ativistas negros que fundou esta organização, como Hamilton Cardoso, Rafael Pinto e Milton Barbosa.[99] Seja como for, compareceu ao ato inaugural de 7 de julho em São Paulo, e guardava consigo um "Ante Projeto de Programa" do MNU. A referência a este grupo é significativa porque *História e Consciência de Raça* parecia se constituir em um diálogo, este sim, direto, com o que o MNU representava em termos de consciência racial como "instrumento de intervenção na realidade"[100] no Brasil daquela conjuntura. Era, portanto, provavelmente do MNU – ou da efervescência política paulistana, brasileira e internacional que o originou – que Eduardo falava ao incluir no escopo da tese "a consciência ativa do negro brasileiro de hoje", a qual estaria "já históricamente madura" e cujo retrato mostraria as possibilidades de "linhas políticas de ação".

O Capítulo 3, "Consciência de Raça", privilegiaria o estudo sincrônico deste contexto sociopolítico com base em uma "definição funcional ou operativa de consciência de raça, analogamente ao que foi proposto pelo marxismo para consciência de classe [...]".[101] Apesar dessa analogia sem dúvida interessante, não resta citado ou explicado detalhadamente em nenhum texto seu que conceitos ou que operação teórico-metodológica seria essa, ou mesmo de que marxismo ele estava falando, se apenas Lukács ou alguma outra corrente ou autor – talvez o próprio Marx, como mencionara João Baptista. O sumário revela que essa terceira parte buscava estabelecer uma

---

99 Entrevistas com Milton Barbosa (7 jun. 2015) e Rafael Pinto (18 set. 2015). Cardoso esteve presente em projetos de EOO, como a peça "E agora... falamos nós" e a Quinzena do Negro. Cf. CARRANÇA, *Op. cit.*

100 OLIVEIRA, *Plano da Tese...*, p. 3.

101 *Ibid., Loc. cit.*

"definição funcional a partir da história e das necessidades de ação", o que, no entanto, não sana a dúvida recém-levantada. O restante do capítulo dedicava-se a perscrutar a consciência de raça do negro no mundo e a situação como "deveria ser" no Brasil, no âmbito de sua realidade, aspirações e possibilidades, identificando elementos dessa consciência na comunidade negra e também "entre os brancos",[102] num indício de algo como que um estudo de branquitude, ideia já cogitada na Quinzena do Negro.

A continuação da tese vislumbrava, em seu Capítulo 4, "Objetivos imediatos", um quadro sintético das "implicações políticas desta consciência [de raça]",[103] a necessidade de "organização de movimento"[104] – termo não especificado –, as possibilidades de informação e o estabelecimento de objetivos a curto prazo, "enquanto houver segregação".[105] Por fim, o Capítulo 5, "Objetivos a longo prazo", queria, como o título evidencia, "recolocar o negro na perspectiva mais geral do desenvolvimento humano", agregando a experiência histórica e presente do negro como "fator de evolução conjunta da sociedade". Estes capítulos seriam o momento em que o humanismo negro imaginado por Eduardo seria pensado teoricamente através de uma das poucas – talvez a única, como diz – vias de acesso do "Negro segregado de hoje" à condição humana: o conceito de raça. Porém, esclarece:

> Não é pretensão deste trabalho definir o que seja esta plenitude da condição humana. Trata-se porém, de uma aspiração legítima para todos inclusive negros. A história, principalmente dos negros, transborda de exemplos

102 Idem, *Sumário...*, p. 4.
103 Idem, *Plano da Tese...*, p. 5.
104 Idem, *Sumário...*, p. 3.
105 *Ibid., Loc. cit.*

do que ela certamente não é. Não se deseja nesta última breve parte do trabalho acenar a uma utopia, mesmo se convencidos que as utopias são também, uma via de acesso ao conhecimento sociológico. Como para o marxismo, no que concerne à consciência de classe, a utopia indica apenas uma direção.[106]

Embora não cite teóricos em parte alguma dos documentos de *História e Consciência de Raça*, talvez estivesse presente neste excerto um discípulo de Lukács, Karl Mannheim, autor de *Ideologia e Utopia* (1929) uma obra fundadora do campo da Sociologia do Conhecimento, área do saber que Eduardo de algum modo também buscava expandir.

Isso é tudo que se pode falar da macroestrutura do trabalho. Para além de planos e sumários, porém, encontramos três versões de um mesmo texto, intituladas simplesmente "História e Consciência de Raça", as quais, apesar de não possuírem uma clara qualificação acerca do lugar que ocupavam na tese, parecem ser uma parte introdutória. Ainda que sejam mais ou menos similares e reeditem assuntos, perspectivas e discussões presentes ao longo de outros escritos de Eduardo, tais rascunhos fornecem alguns dados interessantes.

A sua postura nestes textos é compreensiva, mas há também um constante tom de denúncia. As mitologias e hipocrisias raciais brasileiras, aqui como em outros momentos, são expostas a uma crítica sociológica que punha em linguagem acadêmica questionamentos que estavam circulando entre os ativistas negros no Brasil. Ele considerava que os movimentos sociais negros do Século XX, que construíam naquela época uma nova identidade política, como o MNU, se queriam "universais"; logo, "movimentos de negritude". Era, pois, este novo negro, "ser imediato, configuracional, exterior",

---

106 *Ibid.*, p. 5.

que o levava a querer buscar o "Ser Universal [...] que nos tem sido negado".[107] Estabelecendo certas balizas disciplinares, o sociólogo fazia vislumbrar que a tese não era uma Sociologia de Relações Raciais, mas sim uma "Sociologia da Cultura", que em seu exercício articularia a experiência do afro-brasileiro no âmbito da episteme ocidental – Ocidente responsável pela subalternidade a que o negro fora submetido em sua diáspora pelas Américas e pelo mundo. No tocante às concepções historiográficas e ao desenrolar de sua escrita histórica, ele considera:

> Para atingirmos este nível de consciência faz-se necessário uma consciência histórica, e, na medida em que a história supostamente feita com H é a história do Ocidente e feita pelo Ocidente, (e que nos nega) é então a ela que devemos recorrer para afirmar o que ela tem até hoje procurado negar. Procuraremos desenvolver toda uma caracterização do negro como visto no Mundo Antigo, desde a Antiguidade Clássica até o Mundo Cristão, digamos, da perspectiva de uma 'negritude' abstrata, em que ele é visto a nível de percepção, como o outro, e como sua identidade se vai sendo substantivada (sempre que a história se faz política).[108]

Esta caracterização do negro no mundo antigo o transportaria ao Egito. Ele seguia os passos do historiador senegalês Cheik Anta Diop, autor de *Nations Nègres et Culture* (1959), obra na qual se defendia a ideia de que os egípcios eram africanos – negros –, em oposição ao branqueamento desta civilização que a iconografia e historiografia de matriz europeia havia consagrado, distorção

---

107 *Idem*. "História e Consciência de Raça" (esboço de capítulo), circa 1978a, p. 2. Coleção EOO/UEIM-UFSCAR, Série Produção Intelectual.

108 *Ibid.*, p. 2.

que fazia com que as "raízes raciais e étnicas" do Egito fossem dissimuladas e desaparecidas. O transporte ao Egito não foi apenas histórico ou cultural. Em alguma ocasião de 1979, ele viajou para este país africano. Em seu currículo, menciona: "Egito - Cairo, Luxor e Assuan. Pesquisa em torno de 'negritude' no mundo Mediterrâneo conforme tese proposta por Alioune Diope em 'Nations Nègres et Culture" - Ed. Présence Africaine - Paris 1959".[109] Este, contudo, é o único dado disponível de tal viagem.

Neste mesmo esboço de "História e Consciência de Raça", tal padrão embranquecedor de uma identidade histórica encontrava exemplos culturalmente bem mais familiares:

> Entre nós, como casos mais próximos no tempo, temos Machado de Assis, Carlos Gomes e Castro Alves, cuja iconografia os distancia de suas reais aparências, já que são identificados em função do produto que veiculam, ao contrário de Ataulfo Alves, Heitor dos Prazeres, Carolina de Jesus, identificados com o não erudito, portanto com o emotivo, e finalmente como negro.[110]

Por fim, uma terceira variante deste texto apresentava comparações interessantes. Ao identificar nos movimentos sociais afro-americanos uma genealogia da negritude, como o Movimento Niágara, do início do século XX, liderado por Du Bois, ele traça um paralelo entre a situação histórica das lutas políticas afro-brasileiras dos anos 1970 e a reação que essas lutas provocavam na postura do Estado, no Brasil e nos Estados Unidos.

---

109 Idem, *Currículo...*, p. 4.
110 Idem. "História e Consciência de Raça" (esboço de capítulo), circa 1978b, p. 4. Coleção EOO/UEIM-UFSCAR, Série Produção Intelectual.

Dois personagens brasileiros são citados. Um deles era também um leitor brasileiro atento de Cheik Anta Diop, Abdias do Nascimento:

> W.E.B. Du Bois, distante no tempo e no espaço, idealizador do I Congresso Pan-Africano, em 1921, tem seu epígono no brasileiro Abdias Nascimento, que vem desenvolvendo uma luta pan-africanista, tendo sido mesmo o primeiro brasileiro negro que compareceu a um tal evento, isto por ocasião do V Congresso Pan Africano, realizado em Dar Es Salam em 1974, e que, não por coincidência, tem tido sorte um pouco semelhante ao do líder norte-americano a nível de Estado.[111]

A sorte de Abdias ligava-se à perseguição que havia sofrido pela delegação oficial brasileira no II Festival de Artes e Culturas Negras, em Lagos, Nigéria, em 1977, fortuna algo similar à que atingira Du Bois, quando este, acossado pelo Governo Americano nos Estados Unidos, muda-se para Accra, Gana, em 1961, onde viria a falecer em 1963, aos 95 anos.

A outra pessoa mencionada neste esboço era uma crítica contundente de Abdias: Iracema de Almeida. Nas palavras de Eduardo:

> Assim, quando nos Estados Unidos surge um Booker T. Washington, com a proposta de organizar a educação do negro, para que através dela, supostamente ele se integra à sociedade de classes, terá o apoio difícil do govêrno, na época Theodore Roosevelt, da mesma forma que, em proporções muito menores, e de maneira infinitamente menos significativa, o grupo paulista G.T.P.L.U.N. (Gru-

---

111 *Idem*. "História e Consciência de Raça" (esboço de capítulo), circa 1978c, p. 4. Coleção EOO/UEIM-UFSCAR, Série Produção Intelectual. Abdias, assim como Guerreiro Ramos, foi leitor atento de Diop. A esse respeito, cf. CUSTÓDIO, *Op. cit.*, 2011; BARBOSA, *Op. cit.*, 2004.

> po de Trabalhos Profissionais e Liberais Universitários Negros) terá, de forma discreta, o beneplácito do Govêrno Federal, que acredita na possibilidade, em última instância, da formação, através desse Grupo, de pessoal qualificado capaz de preencher os quadros negros para fazer frente à política racial brasileira na África, proposta esta, entre outras do programa do próprio grupo, este dirigido pela médica Iracema de Almeida, com passagem pela Escola Superior de Guerra.[112]

As afirmações do sociólogo, se verdadeiras, abonam conjecturas anteriormente levantadas acerca do alcance das atividades do GTPLUN e dos trânsitos políticos de Iracema no Governo Federal e mesmo na alçada da política externa.[113] Abdias do Nascimento para W. E. B. Du Bois como Iracema de Almeida para Booker T. Washington: o jogo de analogias atualiza percepções de Eduardo sobre identificações ideológicas – além do evidente reconhecimento da importância de Abdias e Iracema – e ajuda a entender a dinâmica dos diferentes posicionamentos e abordagens da questão política de raça em voga no Brasil na década de 1970. Essa é uma questão, apesar de instigante, para outras histórias.

To the Lighthouse

A tese não foi defendida. Se terminada, nunca houve de ser encontrada. Há várias possíveis explicações para este fato. As duas pessoas que disseram ter lido o texto não se lembravam de seu conteúdo. Um deles relatou que Eduardo teria, em um momento de desvario, reclamado o copião final da tese e o queimado. Mas outras duas pessoas

---

112 *Ibid.*, p. 2-3.
113 Sobre a política externa do Brasil para a África neste contexto, cf. DÁVILA, *Op. cit.*, 2011.

com quem conversamos apresentaram suposição mais plausível: ele simplesmente perdeu o prazo, já estendido inúmeras vezes, da entrega do texto para a USP, no final de 1979. A USP, por sua vez, não possui – ou não encontrou – informações em seus arquivos do antigo aluno.

O período coincidia mais ou menos com o abandono do projeto do Centro de Estudos em São Carlos, em meados de maio de 1980, e agravava o declínio de seu estado psicológico. Em duas emocionadas cartas enviadas para Wendy Lehrman, podemos vislumbrar alguns dos fantasmas que rondavam sua mente e o impacto da questão da tese em sua saúde.

A data da primeira correspondência é imprecisa. Está escrito "21st/1979", mas ele fala de eventos quase que certamente ocorridos ao longo deste ano. Pensamos que deve ser o início de 1980, mas não podemos afirmar com certeza. Depois de voltar de uma viagem – para local não informado –, ele diz ter caído "um tipo de depressão", que estava durando muito tempo – viagem que pode ser aquela para o Egito, pois um amigo disse que ele havia retornado de uma viagem para a África muito doente.[114] Em 1978, ele diz ter viajado para buscar o conforto dos amigos, como Wendy e o antropólogo italiano Carlo Castaldi – que estudara com Wagley na Columbia e vivera no Brasil nos anos 1950 – em face de uma "situação insuportável": "tanta luta por nada: tanta dificuldade e tanta dor em um trabalho difícil de realizar, sempre ingratidão e eu sempre buscando que o trabalho fosse reconhecido". Era o empenho pelo Centro de Estudos na UFSCAR, que resistia em renovar seu contrato, renovação que seria estendida até maio de 1980 – ele, na verdade, pediu voluntariamente o desligamento da universidade. Eduardo descobria-se com 56 anos de idade, "sem passado e com um futuro questionável", constatação

---

114 Entrevista com José Cláudio Berghella, 19 jun. 2015.

que o teria feito ir ladeira abaixo – "down and down" – lugar em que ainda se encontrava no momento em que escrevia a carta.

Entre o que o deprimia estava a tese não concluída: "Entre essas coisas eu tive que terminar o doutorado até dezembro de 1979, o que, dadas as condições em que eu estava, foi impossível de realizar".[115] Por este relato, parece que ele simplesmente não terminou o texto, com prazo para o final de 1979. Foram, assim, formalmente, quase 10 anos entre o início do mestrado – cuja ideia primeira surgira na metade dos anos 1960 – e a conclusão do doutorado. Ele confessava a Wendy se sentir fracassado, e pensava em abandonar a Sociologia.

---

115 Carta de EOO para Wendy Lehrman, 21 jan. 1979. Arquivo pessoal de Elizabeth Raptis. No original: "in a kind of depression"; "so much struggle for nothing; so much difficult and so much pain in a work difficult to carry and always ungratifying and always me looking for it to be recognized…"; "no past and a questionable future"; "Among those things I had to finish Ph.D. until december 1979 what given the conditions I was it was impossible to acomplish it…".

Figura 7 – Eduardo no final dos anos 1970
Fotografia constante em envelope nos documentos de Wendy Lehrman.
Fonte: Arquivo pessoal de Elizabeth Raptis.

Em sua última manifestação escrita, datada de 2 de junho de 1980, ele expressava seu afeto pela amiga, mas dizia também, em tom amargo: "Eu estou me forçando a escrever algumas palavras, mas me encontro ainda no mesmo estado mental; não poderia acreditar que não terminar uma tese poderia deixar alguém em tal situação perturbadora". Adiante, ele fala: "Não estou fazendo nada... Me sentindo inútil, e a única perspectiva é que Diego me convide para trabalhar com ele, um fato que nunca esteve no meu programa de vida. Vamos ver como as coisas andam para saber como poderia agir".[116]

---

116 Carta de EOO para Wendy Lehrman, 2 jun. 1980. Arquivo pessoal de Elizabeth Raptis. No original: "I am forcing myself to write to you some words but I am still

O elefante negro

O contexto de abandono da tese, o malogro do Centro de Estudos e a presença da depressão ajudam a explicar também sua desistência em participar do simpósio internacional "Race and Class in Brasil: New Issues and New Approaches", realizado em fevereiro de 1980, no Centro de Estudos Afro-Americanos da Universidade da Califórnia, em Los Angeles, para o qual tinha sido convidado por Pierre-Michel Fontaine. Sua proposta de conferência intitulava-se "Theoretical Perspectives on Race and Class in Brazil". A participação estava confirmada, com despesas pagas pela instituição americana. Ele estaria, além de Pierre-Michel Fontaine, ao lado de Anani Dzidzienyo, Lélia Gonzalez, Carlos Hasenbalg, Michael Mitchell, Nelson do Valle Silva e Thomas Skidmore, mas desistiu. Fontaine informou que ele declinara do evento devido a sua saúde. O historiador disse que, tendo o visto pela última vez em outubro de 1980, ficou chocado "pela extensão de sua deterioração física".[117]

Era uma situação que vinha se agravando desde o final de 1979 e que se revelaria irreversível. Juntaram-se um quadro depressivo, sintomas de uma esclerose múltipla e indícios do que pode ter feito de Eduardo uma das primeiras vítimas de AIDS no Brasil, de acordo com relatos de pessoas que estiveram com ele nos instantes finais de sua vida.[118]

A partir dos últimos meses de 1980, ele já não conseguia mais sair de sua residência no bairro de Santa Cecília, a poucas quadras da antiga Faculdade de Filosofia da Maria Antonia, apartamento que fora no passado ponto de encontro de ativistas, intelectuais,

---

at the same state of mine; couldn't belive not finishing a dissertation could live someone in some distress"; "I am doing nothing... feeling useless and the only perspective is that Diego invited me to work with him fact that never have been in my life program. Let's see how things get to know how one can act".

117 Idem, *Op. cit.*, p. 3. No original: "by the extent of his physical deterioration".
118 São eles Gilcéria de Oliveira, Irene Barbosa e José Cláudio Berghella.

embaixadores, alunos, professores e amigos, na São Paulo "que Eduardo amou", como disse Beatriz Nascimento em *Orí*. Embora outras pessoas tenham também estado ao seu lado nesses dias soturnos, foi Diego Marruecos o companheiro presente até a hora derradeira. Em 20 de dezembro de 1980, Eduardo falece, ao que tudo indica, em um hospital psiquiátrico – para onde havia sido levado por Diego – na cidade paulista de Itapira.[119]

***

Nas linhas finais de *To the Lighthouse*, Lily Briscoe contempla seu desgastado quadro e medita sobre suas tentativas de apreender uma imagem verdadeira da vida, mas percebe que o que vê diante de seus de seus olhos perdidos e fatigados era talvez mais importante do que qualquer traço preciso ou pintura definitiva da realidade:

> Rapidamente, como se outra vez algo a chamasse ali, voltou-se para a sua tela. Lá estava seu quadro. Sim, com todos os verdes e azuis, as linhas subindo e se cruzando, a tentativa de alcançar alguma coisa. Seria dependurado no sótão, pensava; seria destruído. Mas que importa?, perguntou-se, tornando a pegar o pincel. Olhou os degraus: estavam vazios; olhou a tela: estava indefinida. Então, com uma repentina intensidade, como se pudesse vê-la nitidamente por um segundo, traçou uma linha ali, no centro. Estava pronto; estava acabado. Sim, pensou, pousando o pincel, com extremo cansaço, eu tive a minha visão.[120]

---

[119] Anúncio fúnebre enviado para o jornal *O Estado de São Paulo* diz: "A Família e os Amigos do Prof. Eduardo de Oliveira comunicam o seu falecimento, ocorrido em Itapira no dia 20 de dezembro de 1980". Arquivo pessoal de Elbe de Oliveira. A cidade de Itapira, distante cerca de 170 km de São Paulo, é conhecida por abrigar três grandes hospitais psiquiátricos, entre eles o Instituto Bairral de Psiquiatria, um dos maiores da América Latina.

[120] WOOLF, Virgínia. *Passeio ao Farol*. Tradução de Luiza Lobo. São Paulo: Círculo do Livro, 1982, p. 187.

The elephant in the room

> Não se apegue aos fatos. Os fatos não abarcam a dimensão humana e trágica da vida do Eduardo.
>
> *Fernando Mourão*, em entrevista

Em uma noite fria de novembro de 2016, no bairro nova-iorquino de East Village, em meio a uma calorosa conversa relativa aos significados históricos da existência de intelectuais negros e de como as histórias dessas vidas conectavam-se com o passado igualmente significativo, embora negado pelo Ocidente, da história africana – especialmente do Reino de Timbuktu, no Mali –, fomos informados da existência de uma sintomática expressão do mundo anglófono, que acabou se tornando a inspiração para o título de nossas *Considerações Finais*: "The elephant in the room". Em português, "O elefante na sala".

A expressão designa metaforicamente um risco, problema ou assunto de grandes dimensões sobre o qual os presentes "na sala" estão conscientes, mas preferem, por necessidade, conveniência ou tibieza, não discutir, não questionar, não desafiar. As múltiplas séries de fatos sociais totais presentes nessa metáfora são realidades que as trajetórias dos personagens e dos processos históricos deste trabalho de várias maneiras representam. No caleidoscópico espaço das relações sociais no Brasil, há muitos elefantes na sala.

A imagem não escapou aos idealizadores de *O Elefante Negro*. Embora usem a ideia em sentido distinto – em contraposição a "elefante branco" –, Ari Cândido e Arnaldo Xavier anotaram na sinopse do filme algumas marcas humanas que imprimiram ao sociólogo uma "torturada vida". Eduardo era o esteta, "refinado homem de letras", indivíduo dotado de uma visão universalista da humanidade, mas que, "negro e homossexual", chocava-se amiúde com os preconceitos de sua época, o que o levava a renitentes "crises de angústia".[1] Um sujeito vivaz, porém, angustiado: esta é uma constante nos relatos de quem o conheceu.

Tais relatos foram generosos em documentar a experiência dessa dupla identidade de negro/homossexual, e o peso da discriminação daí resultante. As narrativas e interpretações de sua vivência como homem negro gay, entretanto, revestem-se de ditos e interditos. Em boa parte das conversas, seja com amigos, professores universitários ou ativistas do Movimento Negro, junto à descrição da negritude dizia-se à boca pequena: "Mas você sabia que ele era homossexual, também?". O tema, no entanto, apesar de onipresente em praticamente todas as entrevistas, não aparece em sua documentação. Mas há indícios de como a questão se lhe colocava. Albertina Costa conta que ele, estudante na Maria Antonia, tinha sido contratado para uma pesquisa de opinião em São Paulo, mas, ao ser recebido de forma hostil nas residências, dava-se conta de que a hostilidade se devia ao fato de ser um negro homossexual. Em outra ocasião, teria ficado perplexo com uma sugestão de Florestan Fernandes – que havia orientado o trabalho de Barbosa da Silva, *O homossexualismo em São Paulo: um estudo de um grupo minoritário*, em 1960 – para realizar uma pesquisa sobre "dizeres obscenos em

---

1 FERNANDES; XAVIER, Op. cit., p. 5.

O elefante negro

mictórios masculinos", algo que ele atribuía à sua orientação sexual.² José de Souza Martins disse que Eduardo tinha com outra colega da USP, Alice Hirschberg, judia, lésbica, "um intercâmbio de ideias sobre homossexualidade: ela lésbica e ele gay, ambos vivendo os problemas e as dificuldades próprios de sua sexualidade". Martins informou ainda que em uma das últimas oportunidades em que o encontrou, no final dos anos 1970, ele teria comentado "muito de passagem os esforços que estava fazendo para definir-se quanto à identidade, seja como homossexual seja como negro".³ Thereza Santos foi taxativa: Eduardo foi discriminado pelos brancos por ser negro e pelos negros pela sua opção sexual.⁴

Se afirmar-se como negro em uma "democracia racial", em um "paraíso dos mulatos" era um enorme desafio – redobrado pelo autoritarismo político nacional na década de 1970 –, como este livro procurou demonstrar, dizer-se negro e homossexual talvez fosse um passo custoso demais. Mesmo que por volta de 1977-78, assim como o Movimento Negro, o Movimento LGBT estivesse se organizando no Brasil, as condições para uma articulação política entre as duas identidades não eram favoráveis. A cantora negra Leci Brandão, que, em 1978, falou abertamente sobre sua homoafetividade em uma entrevista para o *Lampião da Esquina* – jornal ligado ao nascente Movimento LGBT –, escreveu os versos de "Ombro Amigo", em 1977, bastante esclarecedores do contexto: "Num dia sem tal covardia/Você poderá com seu amor sair/Agora ainda não é hora/De você, amigo, poder assumir".

A figura de Eduardo não passou despercebida, todavia, ao grupo Adé-Dudu (em iorubá, "homossexual negro"), de Salvador,

---

2 COSTA, Albertina. Mensagem [e-mail pessoal]. 23 set. 2015.
3 MARTINS, José de Souza. [e-mail pessoal]. 29 dez. 2015.
4 SANTOS, Thereza. *Malunga Thereza Santos*. São Carlos: Edufscar, 2008, p. 81-82.

Bahia. Um ativista chamado Ivan Gabriel escreveu, em 1983, uma carta para Evandro de Oliveira, dando conta de que o Adé-Dudu pretendia escrever um livro sobre a vida e obra de seu irmão. Nas palavras do remetente: "meu nome é Ivan Gabriel, militante do movimento negro e movimento homossexual. Tenho contato com um grupo baiano denominado Adé-Dudu [...], este grupo pretende elaborar um grande trabalho sobre Eduardo O. Oliveira [...]. O trabalho de Eduardo tem um valor insondável e não pode jamais cair no esquecimento [...]".[5]

Não sabemos se Evandro respondeu, mas é certo que o Adé-Dudu não concretizou o projeto. Afora as afirmações de Thereza Santos – que doou seus documentos para o acervo da UEIM-UFSCAR, no qual se encontram hoje em dia, ao lado dos papéis do amigo –, escritas em sua autobiografia, não houve nenhuma outra manifestação em textos publicados acerca desta questão, após a morte de Eduardo. As questões da identidade gay e da homofobia, ausentes tanto no discurso do sociólogo quanto nas narrativas – que não foram poucas – de sua vida e obra, são elefantes na sala, sussurrando em voz eloquente e envergonhada.

Contrariamente ao tema da orientação – e da discriminação – sexual, as narrativas relacionadas à sua condição racial, intrinsecamente conectada à posição de classe, são compreensivelmente mais numerosas. Um episódio ilustra tristemente as problemáticas desta intersecção. Em data ignorada dos anos 1970, João Baptista Borges Pereira percebe, de dentro de seu carro, ao chegar em casa, em Moema, São Paulo, uma cabisbaixa figura, recostada em um poste, na esquina de sua rua. Assusta-se ao notar que era Eduardo, de quem ele não esperava a visita. Ao porquê de ter ficado do lado

---

5   Carta de Ivan Gabriel para Evandro de Oliveira, sem dia/mês, 1983. Arquivo pessoal de Elbe de Oliveira.

de fora aguardando seu orientador chegar, ele diz: "porque sua empregada não deixou que eu entrasse". Passada a situação vexatória e tendo a visita ido embora, João Baptista pergunta para sua empregada – ela mesma negra – a razão de não o ter deixado entrar. Ela teria dito: "Era um negro todo remendado".[6]

As roupas "remendadas" eram peças de grife, que tinham sido compradas em Paris, Londres e Nova York, e faziam parte da vestimenta inconfundível que o distinguia, e que foi descrita em dezenas de momentos quando se falou da sofisticação e da elegância de Eduardo, demarcações de classe – ou de um *ethos* de classe. O acontecido na casa de João Baptista, além de escancarar as distâncias sociais e o jogo insidioso das percepções de raça interpostas entre os personagens do drama, representa apenas um dos muitos episódios de racismo pelos quais ele passou, e cujos efeitos psicossociais, sentidos por toda uma classe média universitária negra nos anos 1970 – em São Paulo, têm-se como exemplos possíveis nesse processo o CECAN e o GTPLUN – cimentaram, como disse o historiador Joel Rufino dos Santos, a formação do Movimento Negro contemporâneo no Brasil.[7]

Na sociedade paulistana, que, apesar de dinâmica, complexa e relativamente cosmopolita, estava estruturada no preconceito e na desigualdade raciais, Eduardo era o sujeito dividido, constrangido entre as localizações sociais em que transitava e os espaços políticos, institucionais, culturais, sociológicos e, acima de tudo, epistemológicos que imaginava construir para reinstaurar a plenitude da condição humana àqueles personagens da vida social, a exemplo dos afro-brasileiros, que haviam sido historicamente desumanizados,

---

6   Entrevista com João Baptista Borges Pereira, 07 mar. 2015.

7   SANTOS, *Op. cit.*

marginalizados, tomados por "anormais". No plano arquetípico, o Paulo de *O Elefante Negro* – como, de certa forma, o Jorge do *Compasso de Espera*, personagem intrigantemente parecido com Eduardo – vive uma "dualidade atroz":

> É o homossexual negro que se esgueira por becos furtivos oferecendo-se a rústicos jovens nordestinos, pagando a peso de ouro alguns momentos de ternura, de carinho; mas é também brilhante e polêmico acadêmico que faz conferências em inglês para os mais importantes professores que nos visitam, ao mesmo tempo [em que] trava ácidas polêmicas com os luminares da Historiografia nacional. O homem da visão universal do homem. O homem que é execrado e explorado nas ruas do sub-mundo paulistano.[8]

Uma perspectiva dualista de interpretação da existência de Eduardo está presente em certas narrativas. Alguns exemplos bastam para demonstrar esse ponto. Beatriz Nascimento afirmou que ele "foi um dividido entre a função cômoda de um professor de Universidade e militante de tempo integral. Acabou ficando isolado dez dias em casa […], [e] morreu de fome, de abandono".[9] Gilda de Mello e Souza, em seu texto-homenagem, escreveu que ele "era um homem inteligente, extraordinariamente sensível, culto, refinado", mas, "ferido gravemente pelo preconceito" no Brasil, "viveu sempre dividido, não conseguindo no decorrer de uma vida atormentada encontrar a própria identidade".[10] Hamilton Cardoso, no mesmo texto em que disse que ele havia aberto "as portas da minha auto-confiança", observou que foi "o sociólogo que dizem,

---

8 FERNANDES; XAVIER, *Op. cit.*, *Loc. cit.*
9 NASCIMENTO, Beatriz. "Depoimento". In: COSTA, Haroldo (org.). *Fala crioulo*. Rio de Janeiro: Record, 1982, p. 197.
10 SOUZA, *Op. cit.*, p. 70.

suicidou-se porque não aguentou, mestiço, a tortura de ser negro e refletir sobre si mesmo e viver entre e nos Dois Mundos".[11]

A ênfase em sua vivência atormentada de mestiço no Brasil é recorrente no que se pensou e escreveu acerca de sua vida e obra. Assim como disseram Gilda de Mello e Souza e Hamilton Cardoso, a maioria das leituras e usos das ideias do sociólogo concentrou atenção na questão do "mulato". Parece ser um caso em que a obra persegue e invade a vida, e em que os significados históricos e sociológicos dessa vida são capturados pelo discurso que se quer interpelar – e, no limite, debelar. Explicamos: quase sem exceção, os textos e discussões, ou seja, a, digamos, recepção de seu pensamento esteve condicionada a análises baseadas quase que exclusivamente no único escrito seu que foi publicado em meio de maior circulação. Já sabemos de que se trata: é a resenha *O mulato, um obstáculo epistemológico*. Ela é objeto de um sem-número de comentários em reflexões, na maior parte dos casos, da natureza, dos limites e das potencialidades políticas do sistema racial brasileiro.

Ao longo das décadas após a morte do sociólogo, diferentes autores gravitaram no mesmo ponto. Novamente, certas amostras satisfazem uma imagem do quadro geral. Pierre-Michel Fontaine disse que "ele caiu preso em uma teia de ambivalência, ambiguidade, e contradição que caracteriza o sistema brasileiro 'leve' de dominação racial".[12] Recentemente, no início dos anos 2000, alguns textos retomaram as problemáticas trazidas na resenha. São os artigos da historiadora Monica Grin, *Modernidade, identidade e suicídio: o "judeu" Stefan Zweig e o "mulato" Eduardo de Oliveira*

---

11 CARDOSO, Hamilton B. "A ostra e a pérola fina". *Revista Partes*, ano I, n° 2, maio 2000.
12 FONTAINE, *Op. cit.*, *Loc. cit.* No original: "[...] he was caught in that web of ambivalence, ambiguity, and contradiction which characterizes Brazil's 'soft' system of racial domination".

e *Oliveira* (2002), no qual ela analisa os paradoxos da modernidade racial brasileira frente aos imperativos da modernidade europeia, tomando como exemplo as vidas trágicas de Stefan Zweig ("judeu") e Eduardo de Oliveira e Oliveira ("mulato"), e o artigo da antropóloga Ana Lúcia Valente, *As políticas de ação afirmativa e o obstáculo epistemológico* (2002), no qual se avaliza a argumentação de Eduardo atinentes ao mulato como "obstáculo epistemológico", tendo em vista as definições de cunho político frente às ações afirmativas no Brasil contemporâneo. Concorde-se ou não com o que foi colocado nestes textos, nos perguntamos se não seria possível ir além dessa localização e reafirmação de um "lugar racial" que as ações do sujeito histórico em seu contexto de produção operavam no sentido do questionamento e desconstrução.

Isso não quer dizer que essa questão do "mulato" não lhe fosse cara, e nem que ela não seja importante para a análise histórica. Pelo contrário. Embora ele tenha "terminantemente recusado a identificação como 'mulato', apesar da compleição clara de sua pele e da textura lisa de seu cabelo",[13] a questão era cotidiana. Vejamos o que disse Oracy Nogueira a respeito:

> O saudoso Eduardo de Oliveira e Oliveira, que foi um dos mais brilhantes alunos de pós-graduação que conheci na Universidade de São Paulo e, ao mesmo tempo, um ardoroso ativista do movimento negro, sempre que estava numa roda em que havia pessoas com ligeiras marcas africanas – docentes ou estudantes – costumava testá-las, com o ar irônico que o caracterizava, envolvendo-os na frase: - "Nós, os mulatos..." (Ele era mulato), ou então substituía "mulatos" por "negros": - "Nós, os negros...".

---

13 MOORE, *Op. cit.*, *Loc. cit.* No original: "[…] steadfastly refused to be referred to as a 'mulatto', despite the straight texture of his hair and light complexion".

O elefante negro

O resultado, em geral, era uma situação de desconforto para as pessoas visadas e para as testemunhas.[14]

Além disso, a ampla e informal difusão de *O mulato, um obstáculo epistemológico* entre acadêmicos e ativistas do Movimento Negro, como a pesquisa bibliográfica e entrevistas demonstraram, é de fato um índice do grande alcance da reflexão teórico-política da resenha, que tem circulado entre a militância afro-brasileira como um de seus textos formativos.[15]

No entanto, alguns autores – negros – nos últimos anos abordaram a contribuição de Eduardo para além dessa "questão do mulato". A historiadora Olívia Maria Gomes da Cunha, em *Depois da festa: movimentos negros e "políticas de identidade" no Brasil* (2000),[16] analisa aspectos da política negra de identidade em relação às especificidades e dilemas das relações raciais no Brasil. Ela traz para a discussão algumas contribuições tais como a necessidade política de polarização das relações raciais brasileiras – oriunda de *O mulato...* –, mas também o "compromisso intelectual" do intelectual negro brasileiro com sua "causa" política – reflexão advinda de *Etnia e compromisso intelectual*, de 1977. Nesse mesmo sentido está o artigo de Alex Ratts, *Corpos negros educados: notas acerca do movimento negro de base acadêmica* (2011), no qual se faz uma leitura de

---

14 NOGUEIRA, Oracy. "Ainda a identificação por categorias de cor, no Brasil". *Folha de São Paulo*, 19 de fevereiro de 1984, 1º Caderno, p. 3.

15 Comunicação oral da historiadora Ana Flávia Magalhães Pinto, durante o 7º Encontro Escravidão e Liberdade no Brasil Meridional, em Curitiba (UFPR), em 15 de maio de 2015.

16 CUNHA, Olivia. M. "Depois da Festa: movimentos negros e políticas de identidade no Brasil". In: ESCOBAR, Arturo; DANIGNO, Evelina; ALVAREZ, Sonia (org.). *Cultura e Política nos Movimentos Sociais Latino-Americanos: novas leituras*. Belo Horizonte: Editora da UFMG, 2000, p. 333-382.

alguns elementos dos textos disponíveis de Eduardo em relação às trajetórias de outros intelectuais negros do período dos anos 1970, particularmente Beatriz Nascimento e Lélia Gonzalez.

A única produção, entretanto, que fundamentou sua escrita em pesquisa histórica realizada no arquivo em São Carlos é *A flama surda de um olhar*, capítulo publicado no livro *Psicologia Social do Racismo: estudos sobre branquitude e branqueamento no Brasil*,[17] de autoria da filósofa Iray Carone, da USP. O texto, que consiste em uma homenagem póstuma, é também o único existente a abordar aspectos gerais da vida e da obra do autor. Ainda que não aprofunde as questões levantadas, Carone analisa alguns dos principais elementos de sua trajetória intelectual, contidos, respectivamente, nos relatórios do mestrado (entre 1972-74) e igualmente em *O mulato, um obstáculo epistemológico*.

A magra recepção de sua obra, refletida na escassez de estudos abrangentes, aponta para questões de fundo concernentes ao funcionamento da vida acadêmica e da própria reprodução da estrutura racial da sociedade brasileira. Lembremos que, em 1971, no I Encontro Internacional de Estudos Brasileiros, na USP, Eduardo perguntou: "por que o negro não foi discutido?". A indagação pode ser expandida: por que a produção intelectual de pensadores negros tem sido historicamente pouco discutida no campo das Ciências Humanas no Brasil? Por que não têm figurado negros no "cânone" sociológico brasileiro, mesmo no tocante à questão racial? Que estranha dificuldade parece possuir a área de Pensamento Social Brasileiro com sua própria história?[18] As interrogações

---

17 CARONE, *Op. cit.*

18 Tomem-se como exemplos os 44 anos entre a defesa e a redescoberta da monografia *Homossexualismo em São Paulo e outros escritos* (publicado em 2005), de Barbosa da Silva, ou os 65 anos entre a defesa e a publicação de *Estudo de atitudes raciais de pretos e mulatos em São Paulo*, de Virgínia Bicudo.

de Eduardo, como o foram a seu tempo as de Guerreiro Ramos, Beatriz Nascimento, Abdias do Nascimento, Clóvis Moura, entre muitos outros, encontraram sentido e se atualizam na nossa contemporaneidade porque o obstáculo maior, o grande elefante na sala com o qual eles toparam e a partir do qual se moveram intelectual e politicamente permanece presente: o racismo estrutural.

Nesse sentido, a filósofa negra Sueli Carneiro elaborou, inspirada em Foucault e Boaventura Santos, um conceito que ajuda a entender este processo de apagamento histórico do pensamento negro brasileiro: trata-se da ideia de "epistemicídio". Em suas palavras:

> O epistemicídio é, para além da anulação e desqualificação do conhecimento dos povos subjugados, um processo persistente de produção da indigência cultural: pela negação ao acesso a educação, sobretudo de qualidade; pela produção da inferiorização intelectual; pelos diferentes mecanismos de deslegitimação do negro como portador e produtor de conhecimento e de rebaixamento da capacidade cognitiva pela carência material e/ou pelo comprometimento da auto-estima pelos processos de discriminação correntes no processo educativo. Isto porque não é possível desqualificar as formas de conhecimento dos povos dominados sem desqualificá-los também, individual e coletivamente, como sujeitos cognoscentes. E, ao fazê-lo, destitui-lhe a razão, a condição para alcançar o conhecimento "legítimo" ou legitimado. Por isso o epistemicídio fere de morte a racionalidade do subjugado ou a seqüestra, mutila a capacidade de aprender etc.[19]

Eduardo tinha consciência, em seus próprios termos, da existência desse epistemicídio de que fala a filósofa, e interpelou, no

---
19 CARNEIRO, Sueli. *A construção do outro como não-ser como fundamento do ser*. Tese (doutorado em Educação) - FEUSP, São Paulo, 2005, p. 97.

quadro das condições de possibilidade que lhe eram disponíveis, esse paquiderme social chamado "racismo brasileiro". Talvez seja na reprodução histórica dessa estrutura social que encontremos uma explicação para a quase ausência de estudos – não o interesse, que sempre existiu, mesmo que de forma difusa – em seu pensamento, tão potente em seu tempo quanto no nosso. O mais prosaico parece o mais provável: a máxima "publish or perish" (publique ou pereça), corrente no universo acadêmico e fortalecida nas últimas décadas no Brasil, deve ter engolfado a visão posterior sobre o autor. Em nossas entrevistas, houve quem perguntasse: "Eduardo, uma autoridade em relações raciais? Mas o que ele publicou?". De fato, além de *O mulato...* e uns poucos textos nos "Cadernos de Estudos" dos eventos do GTAR, quase nada mais foi publicado, ou o foi em meios de difícil acesso, o que certamente deve ter dificultado qualquer vontade em se acercar de sua trajetória intelectual. Todavia, seus documentos, levados para a UFSCAR pelo esforço de José Cláudio Berghella e Evandro de Oliveira (irmão) em 1982, encontram-se disponíveis para consulta pública desde 1984 – com o respectivo inventário. Salvo engano, deve ser o mais antigo acervo de um intelectual negro no Brasil, distante apenas três horas de ônibus de São Paulo, capital. Não foi falta de fontes ou de acesso a elas, portanto.

Que Eduardo fosse dispersivo e amiúde não findasse – pelo volume de compromissos que assumia – o que se propunha a fazer é ponto pacífico e facilmente observável na análise de seus documentos, assim como a constatação de que certos projetos seus eram talvez ambiciosos demais, como a tese – recordemos do trabalho de Rüdiger Bilden. Mas os aspectos de sua personalidade – muitas vezes descrita como ácida, irascível e vaidosa – e as contingências de sua trajetória individual – uma realidade da existência social de qualquer sujeito histórico – não o tiraram do caminho pedregoso que inexoravelmente se impôs a Cruz e Souza, Lima Barreto, Guerreiro Ramos, Édison Carneiro, Beatriz Nascimento, Neusa Santos Souza, Hamilton Cardoso, Lélia González, intelectuais negros de trajetória e pensamento evidentemente distintos, mas que tiveram suas vidas marcadas pela rejeição, o esquecimento, o exílio, a angústia, a solidão – no limite, a doença, física e mental, e a morte.

Como qualquer campo cultural, a Sociologia é feita de disputas, tensões e exclusões, e nessas conflitualidades não se pode subestimar a importância da questão de raça. Uma hipótese para pensar o aludido esquecimento historiográfico consiste em dizer que Eduardo foi um "acadêmico negado". Tomamos a noção emprestada ao sociólogo afro-americano Aldon Morris, que em seu *The Scholar Denied: W. E. B. Du Bois and the Birth of Modern Sociology* (2015), procurou situar a Escola de Atlanta, desenvolvida por Du Bois no início do século XX, como parte fundante da Sociologia Americana, ao lado da Escola de Chicago, de Robert Park. O argumento de Morris mostra que o processo de negação do papel de Du Bois para a constituição do cânone sociológico norte-americano não deixou de ser atravessado, entre outros aspectos, por uma dimensão racial, e que o próprio Park, em associação com Booker T. Washington, agiu para marginalizar suas contribuições sociológicas.[20]

Mas, ainda que marginalizado do discurso hegemônico da Sociologia no Brasil, Eduardo foi influente, à sua maneira, em outras instâncias. Morris coloca que DuBois, a partir da articulação de "redes intelectuais insurgentes" e de sua militância como intelectual público, pôde exercer influência sociológica em gerações de ativistas e cientistas sociais nos Estados Unidos por meios mais informais, como através de seus ex-alunos de Atlanta e pela imprensa (foi por

---

20 Cf. MORRIS, Aldon. *The Scholar Denied: W. E. B. DuBois and the Birth of Modern Sociology*. Oakland: University of California Press, 2015.

muitos anos editor do *The Crisis*). Eduardo foi também um intelectual público e sua proposta de uma Sociologia Negra nos anos 1970 pode ser entendida no domínio, assim, de redes intelectuais insurgentes e contra-hegemônicas engendradas pela militância negra brasileira nesse período, redes que se formavam e dialogavam, igualmente, com pessoas e referenciais de outros países, como os afro-brasilianistas nos Estados Unidos e ativistas negros da América Latina e África.[21] É no espaço dessas interconexões que o surgimento do Movimento Negro na década de 1970 se torna inteligível historicamente.

Eduardo – assim como outras figuras na circulação de referenciais do Atlântico Negro – pensemos em Abdias do Nascimento, Iracema de Almeida, Orlanda Campos, Edson Nunes da Silva – fez o elo entre o ativismo político afro-brasileiro com outras ideias, contextos e atores. Thereza Santos considerou que "Ele funcionou durante muito tempo como uma espécie de ponto de contato entre os dirigentes da África de língua portuguesa que nos visitavam e a comunidade negra brasileira".[22] José de Souza Martins relatou outra dimensão da formação dessas redes: "De vez em quando convidava seus amigos negros e vários de nós, que vínhamos 'de baixo', e também alguns professores, artistas e intelectuais para uma mesa de queijos e vinhos finos em seu apartamento para, no estilo das velhas famílias, um sarau de conversação culta".[23]

Em que pese, contudo, a importância "insurgente" de Eduardo para a Sociologia, mesmo que no sentido realmente mais de seus gestos interpelativos do que da concepção de um pensamento

---

21 Cf. PEREIRA, *O Mundo Negro...*, e SILVA, Mário. "Outra ponte sobre o Atlântico Sul: descolonização africana e alianças político-intelectuais em São Paulo nos anos 1960". *Análise Social*, nº 225, 2017, p. 804-826.

22 "Sociólogo homenageado pelos negros". *Folha de São Paulo*, 19 jan. 1981, p. 4.

23 MARTINS, *Op. cit.*, 2010, p. 240.

social sistemático, é no discurso e na práxis histórica da militância negra que se encontra o espaço em que suas ideias foram acalentadas e até mesmo desenvolvidas. Após a sua morte, muitos tributos lhe foram rendidos. Nos Estados Unidos, o texto de Pierre-Michel Fontaine, subscrito por vários acadêmicos; no Rio de Janeiro, o IPCN realizou uma solenidade para o sociólogo, e o GTAR chamou de "Eduardo de Oliveira e Oliveira" sua Semana de Estudo de 1985;[24] na Bahia, houve o interesse do Adé-Dudu em escrever sobre ele; em São Paulo, além de *O Elefante Negro*, escrito por volta de 1985, atos públicos foram realizados no Clube Coimbra e na Associação dos Sociólogos do Estado de São Paulo; já o MNU ressaltou "sua capacidade de pesquisar e organizar trabalhos a serviço dos grupos e entidades negras fundamentalmente [...]", lembrando que ele "sempre esteve presente nos momentos decisivos do Movimento Negro Brasileiro".[25] Octávio Ianni, na oportunidade em que o nomeou poeticamente "Ícaro Negro", alguém que tinha tentado dar asas aos negros, definiu-o com um símbolo da "luta contra a alienação humana".[26]

Para além das homenagens, todavia, nossa pesquisa histórica e as conversas realizadas com ativistas negros demonstram que as ações culturais e tentativas de pensamento social de Eduardo, apresentados e discutidos em oportunidades como a Quinzena do Negro ou os eventos dos 90 anos da Abolição, estiveram na base da formação do Movimento Negro contemporâneo no Brasil. O

---

24 "10 anos de GTAR". *Boletim do GTAR*, Niterói, 1985. Arquivo pessoal de Sandra Martins.

25 MNU. "Eduardo de Oliveira e Oliveira". *Revista do MNU*, São Paulo, nº 3, mar./abr. 1981, p. 14.

26 "Personagens negras foram homenageadas". *Folha de São Paulo*, 25 ago. 1982, p. 14.

autor "que nos mostrava o caminho em 1978",[27] como disse o poeta negro Hugo Ferreira, articulou os fundamentos intelectuais de um dos mais importantes movimentos sociais da história do Brasil no século XX, e seu projeto epistemológico de uma "ciência para o negro" pode ser considerado como a sua mais substancial contribuição teórico-política para a Sociologia brasileira – ainda que este trabalho tenha permanecido encerrado nas estantes, caixas e envelopes de arquivos durante silenciosas décadas.

De forma mais concreta, mesmo que restrita às circunstâncias, o desenho institucional e teórico do Centro de Estudos em São Carlos instaurou um modo de relação entre a Sociologia acadêmica e a militância negra que, inspirado nos African American Studies e em experiências em curso na mesma época no Brasil, como o projeto do GTAR, transformou-se em uma realidade depois através do surgimento de NEABs em universidades Brasil afora – tendo sido o NEAB da UFSCAR um dos precursores, em 1991.

Viajando no espaço-tempo dos portos do Atlântico Negro e por entre os múltiplos caminhos das Américas Negras, os projetos, os esboços, os malogros, e, sobretudo, as inquietações do sociólogo ajudaram a compor o repertório de ideias do campo em permanente construção e devir da imaginação intelectual afro-brasileira.[28]

---

27 FERREIRA, Hugo. "Treze de maio de 1978, Eduardo de Oliveira e Oliveira". Disponível em: <https://www.recantodasletras.com.br/cronicas/3666366>. Acesso em: 29 mar. 2016. Ainda segundo este mesmo autor: "Os 'Cadernos Negros' [...] Iniciativas persistentes, resistente, libertárias e vivas. Iniciadas com as atividades do brilhante sociólogo, acadêmico e militante negro Eduardo de Oliveira e Oliveira".

28 O poema de Phillys Wheatley que serve de epígrafe deste livro foi encontrado em meio aos papéis de Thereza Santos, na UEIM-UFSCAR. Não há indicação de autoria da tradução.

Referências bibliográficas

Arquivos consultados[1]

Arquivo Edgard Leuenroth, UNICAMP, Campinas
Arquivo Administrativo da Biblioteca Mário de Andrade, São Paulo
Arquivo Administrativo da UFSCAR, São Carlos
Arquivo Administrativo da FFLCH-USP, São Paulo
Arquivo Administrativo da Sociedade Rorschach de São Paulo, São Paulo
Arquivo Administrativo do Teatro Municipal, São Paulo
Arquivo do Centro de Estudos Africanos da USP, São Paulo
Arquivo Nacional, Rio de Janeiro
Arquivo Público do Estado de São Paulo, São Paulo
Auburn Avenue Research Library, Atlanta
Beinecke Rare Book and Manuscript Library, Yale University, New Haven
Biblioteca Central do Gragoatá, UFF, Niterói

---

[1] Não incluímos arquivos privados. Também não discriminamos as fontes oriundas do acervo de EOO da UEIM-UFSCAR porque seriam muitas e ocupariam muito espaço. Essas informações se encontram nas notas.

Biblioteca do Centro Universitário Maria Antonia, USP, São Paulo

Biblioteca Nacional, Rio de Janeiro

Biblioteca da Universidade Candido Mendes, Rio de Janeiro

Butler Library, Columbia University, Nova York

Centro de Apoio à Pesquisa Sérgio Buarque de Holanda da USP, São Paulo

Centro de Documentação e Memória da UNESP, São Paulo

Centro de Pesquisa e Documentação da TV Cultura, São Paulo

New York University Archives, NYU, Nova York

Schomburg Archives, New York Public Library, Nova York

Unidade Especial de Informação e Memória da UFSCAR, São Carlos

Obras gerais consultadas[2]

AGUIAR, Márcio Mucedula. *As Organizações Negras em São Carlos: política e identidade cultural*. Dissertação (mestrado em Ciências Sociais) - UFSCAR, São Carlos, 1998.

AGUILAR FILHO, Sidney. "Racismo à brasileira". *Revista de História*, vol. 1, p. 6, 2012. Disponível em: <http://www.revistadehistoria.com.br/secao/educacao/racismo-abasileira>.

AKOTIRENE, Carla. *O que é interseccionalidade?* Belo Horizonte: Letramento/Justificando, 2018. Coleção Feminismos Plurais.

ALBERTO, Paulina. *Terms of Inclusion: Black Intellectuals in Twentieth-Century Brazil*. Chapel Hill: The University of North Carolina Press, 2011.

ALMEIDA, Iracema de. "Discurso". In: Diário Oficial do Estado de São Paulo: São Paulo, 19 out. 1976, p. 76.

---

2 Novamente, para evitar extensão desmedida no número de citações – e folhas –, não citamos quaisquer trabalhos encontrados em arquivos. Os textos de EOO aqui arrolados o são pelo fato de que foram publicados.

_____. "Entrevista". *Jornegro*, São Paulo, ano 3, n° 10, 1980, p. 4-6.

BACHELARD, Gastón. *A formação do espírito científico: contribuição para uma psicanálise do conhecimento*. Rio de Janeiro: Contraponto, 1996.

BARBOSA, Muryatan S. *Guerreiro Ramos e o personalismo negro*. Dissertação (mestrado em Sociologia) - FFLCH-USP, São Paulo, 2004.

BASTIDE, Roger. *As Américas negras: as civilizações africanas no Novo Mundo*. Tradução de Eduardo de Oliveira e Oliveira. São Paulo: Difusão Europeia do Livro, 1974 [1967].

BASTIDE, Roger; FERNANDES, Florestan (org.). *Relações raciais entre brancos e negros em São Paulo*. São Paulo, Anhembi [revista], vol. X-XI, n° 30-4, 1955.

BASTIDE, Roger; FERNANDES, Florestan. *Brancos e negros em São Paulo: ensaio sociológico sobre aspectos da formação, manifestações atuais e efeitos do preconceito de cor na sociedade paulistana*. 4. ed. São Paulo: Editora Global, 2008.

_____. "Pensamento social da Escola Sociológica Paulista". In: MICELI, Sergio (org.). *O que ler na ciência social brasileira*. São Paulo: Editora Sumaré/ANPOCS; Brasília/CAPES, 2002, p. 183-230.

BENNETT, Lerome. *The Challenge of Blackness*. Chicago: Johnson Publishing, 1972.

BEYLIER, Charles. "A Semana Roger Bastide". *Revista de História (USP)*, São Paulo, vol. 55, n° 109, 1977, p. 185-94.

BICUDO, Virgínia Leone. *Atitudes raciais de pretos e mulatos em São Paulo*. Edição organizada por Marcos Chor Maio. São Paulo: Ed. da ELSP, 2010.

BLAY, Eva Alterman; LANG, Alice B. da Silva Gordo (org.). *Mulheres na USP: horizontes que se abrem*. São Paulo: Associação Editorial Humanitas, 2004.

BRANDÃO, Leci. Entrevista. *Lampião da Esquina*, São Paulo, n° 6, nov. 1978, p. 10-11.

BRITTO, Sérgio. *O Teatro & Eu: memórias*. Rio de Janeiro: Tinta Negra, 2010.

_____. "Prefácio". In: ANUNCIAÇÃO, Aldri. *Namíbia, não!* 2. ed. Salvador: EDUFBA, 2015, p. 128.

BROWN, Diana de Groat. "Guerreiro Ramos in the United States: his life through the lens of political exile". *Revista ILHA*, Florianópolis, vol. 18, n° 1, jun. 2016, p. 205-227.

CAMPOS, Antonia Junqueira Malta. *Interfaces entre sociologia e processo social: A Integração do Negro na Sociedade de Classes e a pesquisa Unesco em São Paulo*. Dissertação (Mestrado em Sociologia) - UNICAMP, Campinas, 2014.

CANDIDO, Antonio. "A marca de Eduardo" (Prefácio). In: GUIMARÃES, Vera; HAYASHI, Maria Cristina. *Inventário analítico da Coleção "Eduardo de Oliveira e Oliveira"*. São Carlos: Arquivo de História Contemporânea da UFSCAR, 1984.

_____. "O mundo coberto de moços". In: SANTOS, Maria C. Loschiavo (org.). *Maria Antonia: uma rua na contramão*. São Paulo: Nobel, 1988, p. 35-9.

CARDOSO, Fernando Henrique. *Capitalismo e escravidão no Brasil Meridional: o negro na sociedade escravocrata do Rio Grande do Sul*. São Paulo: Difel, 1962.

_____.; IANNI, Octavio. *Cor e mobilidade social em Florianópolis*. São Paulo: Companhia Editora Nacional, 1960.

CARDOSO, Hamilton B. "A ostra e a pérola fina". *Revista Partes*, ano I, n° 2, maio 2000.

CARNEIRO, Sueli. *A construção do outro como não-ser como fundamento do ser*. Tese (Doutorado em Educação) - FEUSP, São Paulo, 2005.

CARONE, Iray. "A flama surda de um olhar". In: BENTO, Maria (org.). *Psicologia Social do Racismo: estudos sobre branquitude e branqueamento no Brasil.* Petrópolis: Vozes, 2002.

CARRANÇA, Flávio. *Hamilton Cardoso: jornalista, militante, intelectual.* São Paulo: s.e., 2008.

CHAUÍ, Marilena. "Um lugar chamado Maria Antonia". In: LOSCHIAVO, Maria C. (org.). *Maria Antonia: uma rua na contramão.* São Paulo: Nobel, 1988, p. 240-5.

CLARK, Kenneth. "Introduction to an Epilogue". In: LADNER, Joyce (org.). *The Death of White Sociology.* New York: Vintage Books, 1973, p. 399-413.

COELHO, Ruy. *Estrutura Social e Dinâmica Psicológica.* São Paulo: Pioneira Editora, 1969.

_____. *Os caraíbas negros de Honduras.* São Paulo: Perspectiva, 2002.

COLE, Johnnetta B. "Vera Mae Green, 1928-1982" (Obituário). *American Anthropologist*, vol. 84, nº 3, set. 1982, p. 633-35.

COSTA, Emilia Viotti da. *Da senzala a colônia.* São Paulo: Difusão Européia do Livro, 1966.

COSTA PINTO, Luiz de Aguiar. *O negro no Rio de Janeiro: relações de raças numa sociedade em mudança.* São Paulo: Companhia Editora Nacional, 1953.

CUNHA, Olivia. M. "Depois da Festa: movimentos negros e políticas de identidade no Brasil". In: ESCOBAR, Arturo; DANIGNO, Evelina; ALVAREZ, Sonia (org.). *Cultura e Política nos Movimentos Sociais Latino-Americanos: novas leituras.* Belo Horizonte: Editora da UFMG, 2000, p. 333-382.

CUNHA, Renata R. Tsuji; SANTOS, Alessandro. "Aniela Meyer Ginsberg e os estudos de raça/etnia e intercultura no Brasil". *Psicologia USP*, vol. 25, nº 3, 2014, p. 317-29.

CUNHA JR., Henrique. "Movimento de consciência negra na década de 1970". *Revista Educação em Debate*, São Paulo, ano 25, vol. 2, n° 46, 2003, p. 47-54.

_____. *Textos para o movimento negro*. São Paulo: Edicon, 1992.

DÁVILA, Jerry. *Diploma de Brancura: política social e racial no Brasil - 1917-45*. São Paulo: Editora da UNESP, 2006.

DELEUZE, Gilles. *Um manifesto de menos; O esgotado*. Tradução de Fátima Saadi, Ovídio de Abreu, Roberto Machado. Rio de Janeiro: Jorge Zahar Ed., 2010 [1979].

DOMINGUES, Petrônio. "Associação Cultural do Negro (1954-1976): um esboço histórico". In: SIMPÓSIO NACIONAL DE HISTÓRIA DA ANPUH, 24, São Leopoldo, 2007. *Anais...* São Leopoldo: Editora Unisinos, 2007, p. 6. Disponível em: <http://anais.anpuh.org/wp-content/uploads/mp/pdf/ANPUH.S24.0911.pdf>.

_____. "Tudo preto: A invenção do teatro negro no Brasil". *Luso--Brazilian Review*, vol. 46, n° 2, 2009, p. 113-128.

DUBOIS, W. E. B. *Dusk of Dawn*. New York: Harcourt Brace, 1940.

DZIDZIENYO, Anani. "Depoimento". In: MEIHY, José C. S. B. (org.). *A colônia brasilianista: história oral de vida acadêmica*. São Paulo: Nova Stella, 1990, p. 311.

EULÁLIO, Alexandre. "Abolição: 90 anos - 1888-1978". *Boletim Bibliográfico da Biblioteca Mário de Andrade*, São Paulo, vol. 39, n° 3/4, jul./dez. 1978, p. 15-25.

FERNANDES, Florestan. *A integração do negro na sociedade de classes: o legado da "raça branca"*. Prefácio de Antonio S. A. Guimarães. 5. ed. São Paulo: Globo, 2008 [1964], vol. 1.

_____. *A integração do negro na sociedade de classes: no limiar de uma nova era*. 3. ed. São Paulo: Ática, 1978, vol. 2.

_____. "A 'Revolução Brasileira' e os Intelectuais". In: _____. *Sociedade de classes e subdesenvolvimento*. São Paulo: Zahar, 1968, Biblioteca de Ciências Sociais, p. 185-199.

_____. *The Negro in Brazilian Society*. New York: Columbia U. Press, 1969.

FERREIRA, Hugo. "Treze de maio de 1978, Eduardo de Oliveira e Oliveira". Disponível em: <https://www.recantodasletras.com.br/cronicas/3666366>.

FILOSOFIA, Ciências e Letras: Órgão do Grêmio da Faculdade de Filosofia, Ciências e Letras da Universidade de São Paulo. São Paulo, Ano I, nº 4, fev. 1937.

FONTAINE, Pierre-Michel. "A Tribute to Eduardo de Oliveira e Oliveira, Black Sociologist". *Center of Afro-American Studies* (Newsletter) (UCLA), vol. 10, 1981, p. 3.

FOUCAULT, Michel. *Em defesa da sociedade*. São Paulo: Martins Fontes, 1999.

_____. *História da Sexualidade: o uso dos prazeres*. Rio de Janeiro: Graal, 1984.

FRAZIER, E. Franklin. "The Failure of the Negro Intellectual". In: LADNER, Joyce (org.). *The Death of White Sociology*. New York: Vintage Books, 1973, p. 52-66.

FREYRE, Gilberto. "Negritude, mística sem lugar no Brasil". *O Estado de S. Paulo*, São Paulo, 30 maio 1972.

GAMBINI, Roberto. "Não foi pouco" (Posfácio). In: MENEZES, Adelia Bezerra de. *Militância cultural: a Maria Antonia nos anos 1960*. São Paulo: Com-Arte, 2014. Coleção Memória Militante, p. 152-166.

GARCIA, Rozendo Sampaio. "Contribuição ao estudo do aprovisionamento de escravos negros na América espanhola (1580-1640)". *Anais do Museu Paulista*, São Paulo, Tomo XV, p. 89, 1962.

GEERTZ, Clifford. *A interpretação das culturas*. Rio de Janeiro: LTC, 1989.

GILLIAM, Angela. "Entrevista". *O Pasquim*, ano V, nº 227, 12 nov. 1973, p. 13.

GILROY, Paul. *O Atlântico Negro: modernidade e dupla consciência*. Rio de Janeiro: Editora 34, 2008.

GLAZER, Nathan; MOYNIHAN, Daniel. *Beyond the Melting Pot*. Cambridge (Massachusetts): MIT Press, 1965.

GOMES, Janaína D. *Os segredos de Virgínia: estudo de atitudes raciais em São Paulo 1945-1955*. Tese (doutorado em Antropologia) - FFLCH-USP, São Paulo, 2013.

GONÇALVES, Lisbeth Rebollo. "O professor Ruy Coelho e a interdisciplinaridade". *Revista Arte e Cultura*, São Paulo, vol. 2, nº 1, 1991, p. 101-104.

GONZALEZ, Lélia. "A categoria político-cultural de Amefricanidade". *Tempo Brasileiro*, Rio de Janeiro, nº 92/93, jan./jun. 1988, p. 69-82.

GREEN, James N.; TRINDADE, Ronaldo. "São Paulo anos 50: a vida acadêmica e os amores masculinos" [Apresentação]. In: _____. (org.). *Homossexualismo em São Paulo e outros escritos*. São Paulo: Editora da UNESP, 2005, p. 25-38.

GREGORIO, Mª. *Solano Trindade: Raça e Classe, Poesia e Teatro na Trajetória de um Afro-brasileiro (1930-1960)*. Dissertação (mestrado em História) - UFRJ, Rio de Janeiro, 2005.

GRIN, Monica. "Modernidade, identidade e suicídio: o "judeu" Stefan Zweig e o "mulato" Eduardo de Oliveira e Oliveira". *Topoi*, Rio de Janeiro, dez. 2002, p. 201-20.

GRUPO de Trabalho André Rebouças. *II Semana de Estudos Sobre o Negro na Formação Social Brasileira*. Niterói: UFF, 1976.

_____. *III Semana de Estudos Sobre o Negro na Sociedade Brasileira*. Niterói: UFF, 1978.

GUIMARÃES, Antonio S. Alfredo. *Classes, raças e democracia*. São Paulo: Ed. 34, 2002.

GUIMARÃES, Vera; HAYASHI, Maria Cristina. *Inventário analítico da Coleção "Eduardo de Oliveira e Oliveira"*. Prefácio de Antonio Candido. São Carlos: Arquivo de História Contemporânea da UFSCAR, 1984.

HARE, Nathan. The Challenge of a Black Scholar. In: LADNER, Joyce (org.). *The Death of White Sociology*. New York: Vintage Books, 1973, p. 68.

HASENBALG, Carlos. "Relações Raciais no Contexto Nacional e Internacional". *Estudos e Pesquisas*, Niterói, vol. 4, 1998, p. 9-41.

hooks, bell. *Ensinando a transgredir: a educação como prática da liberdade*. São Paulo: Martins Fontes, 2017.

IANNI, Octávio. *As metamorfoses do escravo: apogeu e crise da escravatura no Brasil Meridional*. São Paulo: Ed. Difusão Europeia do Livro, 1962.

_____. *Raças e classes sociais no Brasil*. Rio de Janeiro: Civilização Brasileira, 1966.

JACKSON, Maurice. Toward a Sociology of Black Studies. *Journal of Black Studies*, nº 2, p. 131-140, dez. 1970.

KELLEY, Robin. *Freedom dreams: the Black radical imagination*. Boston: Beacon, 2002.

KÖSSLING, Karin Sant'Anna. *As lutas anti-racistas de afro-descendentes sob vigilância do DEOPS/SP (1964-1983)*. Dissertação (mestrado em História Social) - FFLCH-USP, São Paulo, 2007.

LADNER, Joyce. "Introduction". In: _____. (org.). *The Death of White Sociology*. New York: Vintage Books, 1973.

_____. Tomorrow's Tomorrow: the Black Woman. In: _____. (Org.). *The Death of White Sociology*. New York: Vintage Books, 1973, p. 414-428.

LEVINE, Robert M. *Race and ethnic relations in Latin America and the Caribbean*. Metuchen (NJ): Scarecrow Press, 1980.

LIMA, Solange M. C. *Bibliografia sobre o negro brasileiro*. São Paulo: ECA/USP - CODAC/USP, 1971.

LOSCHIAVO, Maria (org.). *Maria Antonia: uma rua na contramão*. São Paulo: Nobel, 1988.

MACEDO, Márcio J. *Abdias do Nascimento: a trajetória de um negro revoltado (1914-1968)*. Dissertação (mestrado em Sociologia) - FFLCH-USP, São Paulo, 2005.

MAIO, Marcos Chor. *A história do Projeto Unesco: estudos raciais e ciências sociais no Brasil*. Tese (doutorado em Ciência Política) - IUPERJ, Rio de Janeiro, 1997.

_____. "O Projeto Unesco e a agenda das Ciências Sociais no Brasil dos anos 40 e 50". *RBCS*, São Paulo, vol. 14, nº 41, out. 1999, p. 141-58.

MARTINS, José de Souza. "Entrevista". *Primeiros Estudos*, São Paulo, nº 3, 2012, p. 201-237.

_____. "Luiz Pereira e sua circunstância: entrevista com José de Souza Martins". *Tempo Social*, São Paulo, vol. 22, nº 1, jun. 2010, p. 211-76.

MENEZES, Adelia Bezerra de. *Militância cultural: a Maria Antonia nos anos 1960*. São Paulo: Com-Arte, 2014. Coleção Memória Militante.

MITCHELL, Michael. "Depoimento". In: MEIHY, José C. S. B. (Org.). *A colônia brasilianista: história oral de vida acadêmica*. São Paulo: Nova Stella, 1990, p. 436-7.

MOORE, Zelbert. Out of the Shadows: "Black and Brown Struggles for Recognition and Dignity in Brazil". *Journal of Black Studies*, vol. 19, nº 4, p. 394-410, jun. 1989.

MORRIS, Aldon. *The Scholar Denied*: W. E. B. DuBois and the Birth of Modern Sociology. Oakland: University of California Press, 2015.

MOVIMENTO Negro Unificado. "Eduardo de Oliveira e Oliveira". *Revista do MNU*, São Paulo, nº 3, mar./abr. 1981, p. 14.

NASCIMENTO, Abdias. *O genocídio do negro brasileiro: processo de um racismo mascarado*. Rio de Janeiro: Paz e Terra, 1978.

_____. *O Quilombismo*. Petrópolis: Vozes, 1980.

NASCIMENTO, Abdias; NASCIMENTO, Elisa Larkin. "Reflections of an Afro-Braziliano". *The Journal of Negro History*, vol. 64, nº 3, 1979, p. 274-282.

NASCIMENTO, Abdias do. "Teatro experimental do negro: trajetória e reflexões". *Estudos Avançados*, São Paulo, vol. 18, nº 50, jan./abr. 2004, p. 209-224.

NASCIMENTO, Maria Beatriz. "Por uma História do Homem Negro". In: RATTS, Alex. *Eu sou Atlântica: sobre a Trajetória de Vida de Beatriz Nascimento*. São Paulo: Imprensa Oficial/Kuanza, 2007, p. 93-8.

_____. "Depoimento". In: COSTA, Haroldo. *Fala crioulo*. Rio de Janeiro: Record, 1982.

_____. "Negro e racismo". In: RATTS, Alex. *Eu sou Atlântica: sobre a Trajetória de Vida de Beatriz Nascimento*. São Paulo: Imprensa Oficial/Kuanza, 2007, p. 98-102.

NOGUEIRA, Oracy. "Ainda a identificação por categorias de cor, no Brasil". *Folha de São Paulo*, São Paulo, 19 de fevereiro de 1984, 1º Caderno, p. 3.

_____. *Preconceito de marca*: as relações raciais em Itapetininga. São Paulo: EDUSP, 1998.

NUNES, Maria Luisa. *In the Light of Memory*. Stony Brook (NY): s/e., 1999.

OLIVEIRA, Eduardo de (Oliveira e). "Quando os moços vencem interpretam Shakespeare". *Correio da Manhã*, Rio de Janeiro, 4 fev. 1948, p. 11.

OLIVEIRA, Eduardo de Oliveira e. "Etnia e Compromisso Intelectual". In: GTAR. *Caderno de Estudos da III Semana de Estudos Sobre o Negro na Formação Social Brasileira*. Niterói: UFF, 1977, p. 22-27.

_____. "Movimentos políticos negros no início do século XX no Brasil e nos Estados Unidos". In: GRUPO DE TRABALHO ANDRÉ REBOUÇAS. *II Semana de Estudos Sobre o Negro na Formação Social Brasileira*. Niterói: UFF, 1976, p. 06-10.

_____. "O mulato, um obstáculo epistemológico". *Revista Argumento*, São Paulo, ano I, n° 3, jan. 1974, p. 65-73.

_____. "Roger Bastide – um aliado". *Revista do Instituto de Estudos Brasileiros (USP)*, São Paulo, n° 20, 1978, p. 137-40.

_____. "Uma Quinzena do Negro". In: ARAÚJO, Emanoel (Curador). *Para nunca esquecer: negras memórias, memórias de negros*. Brasília: MINC/Fundação Palmares, 2001, p. 287.

_____. "Comentário". In: PINHEIRO, Paulo Sérgio (Coord.). *Trabalho escravo, economia e sociedade*. Rio de Janeiro: Paz & Terra, 1984, p. 69-71.

OLIVEIRA, Fábio N. *Clóvis Moura e a sociologia da práxis negra*. Dissertação (mestrado em Sociologia e Direito) - UFF, Niterói, 2009.

ORTIZ, Renato. *Trajetos e Memórias*. São Paulo: Brasiliense, 2010.

PALLARES-BURKE, Maria Lúcia. *O triunfo do fracasso: Rüdiger Bilden, o amigo esquecido de Gilberto Freyre*. São Paulo: Editora da UNESP, 2012.

PEREIRA, Amilcar A. *O Mundo Negro: a constituição do movimento negro contemporâneo no Brasil (1970-1995)*. Tese (doutorado em História) - UFF, Niterói, 2013.

PEREIRA, João Baptista Borges. *Cor, Profissão e Mobilidade: o Negro e o Rádio de São Paulo*. São Paulo: Pioneira/Edusp, 1967.

_____. "Entrevista". *Antropologia*, São Paulo, vol. 46, n° 2, 2003, p. 319-344.

PEREIRA, José María Nunes. "Os estudos africanos no Brasil – Um estudo de caso: o CEAA". In: CONSEJO Latinoamericano de Ciencias Sociales (org.). *Los estudios afroamericanos y africanos en América Latina: herencia, presencia y visiones del otro*. Buenos Aires: CLACSO, 2008, p. 277-298.

PINHEIRO, Paulo Sérgio. "O elevador e a paz social". *Folha de S. Paulo*, São Paulo, 14 jan. 1986.

PINTO, Ana Flávia Magalhães. *Fortes laços em linhas rotas: literatos negros, racismo e cidadania na segunda metade do séc. XIX*. Tese (doutorado em História) - UNICAMP, Campinas, 2014.

_____.; CHALHOUB, Sidney. *Pensadores negros, pensadoras negras: Brasil, séculos XIX-XX*. Cruz das Almas: Editora da UFRB; Belo Horizonte: Fino Traço, 2016.

PONTES, Heloísa. *Destinos Mistos: os críticos do Grupo Clima em São Paulo (1940-1968)*. São Paulo: Companhia das Letras, 1998.

PORTER, Dorothy. *Afro-Braziliana: a Working Bibliography*. Boston: Beacon Press, 1978.

PULICCI, Carolina. *Entre Sociólogos: versões conflitivas da "condição de sociólogo" na USP dos anos 1950-1960*. São Paulo: EDUSP, 2008.

QUEIROZ JR., Teófilo de. *Preconceito de Cor e a Mulata na Literatura Brasileira*. São Paulo: Ática, 1975.

RAMOS, Alberto Guerreiro. "O problema do negro na sociologia brasileira". *Cadernos do Nosso Tempo*, Rio de Janeiro, nº 2, jan./jun. 1954.

RAMOS, Arthur. *As culturas negras no novo mundo*. Rio de Janeiro: Civilização Brasileira, 1937.

_____. *The Negro in Brazil*. Trad. Richard Pattee. Washington: Associated Publishers, 1939.

RAMOS, Graciliano. "Um homem forte". *O Cruzeiro*, Rio de Janeiro, 11 set. 1943, p. 41.

RATTS, Alex. "Corpos negros educados: notas acerca do movimento negro de base acadêmica". *Nguzu*, Londrina, vol. 1, nº 1, mar./jul. 2011, p. 28-39.

_____. *Eu sou Atlântica: sobre a trajetória de vida de Beatriz Nascimento*. São Paulo: Imprensa Oficial/Kuanza, 2007.

_____. *Lélia Gonzalez*. São Paulo: Selo Negro, 2010 (Retratos do Brasil Negro).

RIBEIRO, Djamila. *O que é lugar de fala?* Belo Horizonte: Letramento/Justificando, 2017. Coleção Feminismos Plurais.

RIBEIRO, Maria Solange Pereira. *O Romper do Silêncio: história e memória na trajetória escolar e profissional dos docentes afrodescendentes das Universidades Públicas do Estado de São Paulo*. Tese (doutorado em Educação) – FEUSP, São Paulo, 2001.

RIOS, Flavia. "A trajetória de Thereza Santos: comunismo, raça e gênero durante o regime militar". *PLURAL, Revista do PPG Sociologia da USP*, São Paulo, vol. 21, nº 1, 2014, p. 73-96.

_____. *Elite política negra no Brasil: relação entre movimento social, partidos políticos e Estado*. Tese (Doutorado em Sociologia) - FFLCH-USP, São Paulo, 2014.

ROJAS, Fabio. *From Black Power to Black Studies: How a Radical Social Movement Became an Academic Discipline*. Baltimore: John Hopkins University Press, 2007.

ROSSI, Luiz. *O intelectual "feiticeiro": Édison Carneiro e o campo de estudos de relações raciais no Brasil*. Tese (doutorado em Antropologia) - UNICAMP, Campinas, 2011.

SANTOS, Ivair Augusto Alves. *O Movimento Negro e o Estado: o caso do Conselho de Participação e Desenvolvimento da Comunidade Negra no Governo de São Paulo (1983-1987)*. Dissertação (mestrado em Ciência Política) - UNICAMP, Campinas, 2005.

SANTOS, Joel R. "O Movimento Negro e a crise brasileira". *Política e Administração*, Rio de Janeiro, vol. 2, jul./set. 1985, p. 285-308.

SANTOS, Marineide. "O negro na civilização brasileira" (resenha). *Revista de Administração de Empresas*, São Paulo, vol. 14, nº 2, mar./abr. 1974, p. 138-140.

SANTOS, Thereza. *Malunga Thereza Santos: a história de vida de uma guerreira*. São Carlos: Edufscar, 2008.

SCHWARCZ, Lília. *Lima Barreto: triste visionário*. São Paulo: Companhia das Letras, 2017.

SILVA, Adhemar Ferreira da. Entrevista concedida em dezembro de 2000. Disponível em: <http://www.portalafro.com.br/entrevistas/adhemar/entrevista>.

SILVA, Casemiro Paschoal da. "Centro de Cultura Afro-Brasileiro Congada de São Carlos". *Cadernos de Pesquisa*, São Paulo, nº 63, nov. 1987, p. 132-34.

_____. "Depoimento". In: SILVA, Petronilha Beatriz Gonçalves; BERNARDES, Nara Maria Guazzelli (orgs.). "Roda de conversas - Excelência acadêmica é a diversidade". *Revista Educação*, Porto Alegre, vol. 30, nº 61, jan./mar. 2007, p. 53-92.

SILVA, Joana. *Centro de Cultura e Arte Negra – CECAN*. São Paulo: Selo Negro, 2012.

SILVA, Luara dos Santos. *Etymologias Preto: Hemetério José dos Santos e as questões raciais de seu tempo (1888-1920)*. Dissertação (mestrado em Relações Étnico-Raciais) - CEFET, Rio de Janeiro, 2015.

SILVA, Mário Augusto Medeiros da. *A descoberta do insólito: literatura negra e literatura periférica no Brasil (1960-2000)*. Rio de Janeiro: Aeroplano, 2013.

_____. "Fazer História, Fazer Sentido: Associação Cultural do Negro (1954-1964)". *Lua Nova: Revista de Cultura e Política*, São Paulo, nº 85, 2012, p. 227-232.

_____. "Outra ponte sobre o Atlântico Sul: descolonização africana e alianças político-intelectuais em São Paulo nos anos 1960". *Análise Social*, Lisboa, nº 225, 2017, p. 804-826.

SILVA, Viviane Angélica. *Cores da tradição: uma história do debate racial na Universidade de São Paulo (USP) e a configuração racial do seu corpo docente*. Tese (doutorado em Educação) - FEUSP, São Paulo, 2015.

SKIDMORE, Thomas E. *Preto no branco: raça e nacionalidade no pensamento brasileiro (1870-1930)*. 2. ed. São Paulo: Companhia das Letras, 2012.

SOUZA, Gilda de Mello e. "Homenagem a Eduardo de Oliveira e Oliveira". *Novos Estudos Cebrap*, São Paulo, nº 1, dez. 1981, p. 68-71.

SOUZA, Neusa Santos. *Tornar-se negro: as vicissitudes da identidade do negro brasileiro em ascensão social*. Rio de Janeiro: Graal, 1983.

SPIRANDELLI, Claudinei Carlos. *Trajetórias intelectuais: professoras do curso de ciências sociais da FFCL-USP (1934-1969)*. São Paulo: Humanitas, 2011.

STAPLES, Robert. "What is Black Sociology? Toward a Sociology of Black Liberation". In: LADNER, Joyce (org.). *Death of White Sociology*. New York: Vintage, 1973, p. 161-172.

TANNEMBAUM, Frank. *Slave and Citizen*. Vintage: New York, 1947.

TRIGO, Mª H. Bueno. *Espaços e tempos vividos: estudos sobre os códigos de sociabilidade e relações de gênero na Faculdade de Filosofia da USP (1934-1970)*. Tese (doutorado em Sociologia) - FFLCH-USP, São Paulo, 1997.

TRINDADE, Ronaldo. "Fábio Barbosa da Silva e o mundo acadêmico de sua época". In: GREEN, James N.; TRINDADE, Ronaldo (org.). *Homossexualismo em São Paulo e outros escritos*. São Paulo: Editora da UNESP, 2005 p. 241-61.

TURNER, J. Michael. "Depoimento". In: MEIHY, José C. S. B. (Org.). *A colônia brasilianista: história oral de vida acadêmica*. São Paulo: Nova Stella, 1990, p. 401.

VALENTE, Ana Lúcia. "As políticas de ação afirmativa e o obstáculo epistemológico". *Intermeio*, Campo Grande, MS, vol. 8, nº 15, 2002, p. 24-37.

VIEIRA, Cléber Santos. "Clóvis Moura e a fundação do IBEA – Instituto Brasileiro de Estudos Africanistas". *Revista da ABPN*, São Paulo, vol. 9, nº 22, mar./jun. 2017, p. 349-368.

VINHAS, Wagner. *Palavras sobre uma historiadora transatlântica: estudo da trajetória intelectual de Maria Beatriz Nascimento*. Tese (doutorado em Estudos Étnicos e Africanos) - Centro de Estudos Afro-Orientais, Universidade Federal da Bahia, Salvador, 2015.

WHEATLEY, Phillis. *Poems on Various Subjects Religious and Moral*. London: A. Bell Publishers, 1773.

WOOLF, Virginia. *Passeio ao Farol*. Trad. de Luiza Lobo. São Paulo: Círculo do Livro, 1982.

Agradecimentos

Este livro é uma versão modificada da minha tese de doutorado em História, defendida na Universidade Federal Fluminense, em março de 2018. Agradeço, em primeiro lugar, ao PPGH desta universidade pela acolhida institucional, e à Biblioteca Nacional e à Fundação de Pesquisa do Estado do Rio de Janeiro, pelo apoio financeiro.

Hebe Mattos foi uma orientadora compreensiva e ciosa da construção da autonomia intelectual. A ela manifesto admiração e gratidão pela presença em minha trajetória.

Aos membros das bancas de Qualificação e Defesa final, Amílcar Pereira, Monica Grin, Flávia Rios, Giovana Xavier e Mário Augusto Medeiros da Silva. Na UNISC, onde realizei a graduação, agradeço aos professores Mozart da Silva e Rosana Candeloro.

Aos amigos José Augusto, Priscila Weber, Louisiana Meirelles, Natália Rodrigues, Edvaldo Nascimento, Maycon Ferreira, Adriana Guimarães, Giselle Parno, Flávia Souza, Paulo Roberto Almeida, Cláudia Vaz e Jasilaine Passos. Aos meus pais, Vladimir Trapp e Rejane Petry, irmãos Angélica e Mauricio, e ainda ao tio Clairton Petry.

No estágio doutoral nos Estados Unidos, sou grato a David Scott e Gustavo Azenha, por me receberem como pesquisador no Institute of Latin American Studies da Columbia University, Nova

York. Agradeço à interlocução de Steven Gregory, Anani Dzidzienyo, Ralph Della-Cava e Laura Randall. À Nerenda Eid, pelo tempo bonito que dividimos.

Muitas foram as pessoas que colaboraram no processo da pesquisa, de diferentes maneiras. Agradeço a Ricardo Biscalchin, Ely e Elbe de Oliveira, Bárbara Marruecos, Tasso Gadzanis, Antonio Candido (in memoriam), Guaraciaba Perides, Albertina Costa, Fernando Mourão (in memoriam), João Baptista Borges Pereira, José de Souza Martins, Liana Trindade, Paulo Sérgio Pinheiro, Oswaldo de Camargo, José Cláudio Berghella, Lúcia Coelho, Peter Fry, Gilcéria de Oliveira, Irene Barbosa, Milton Barbosa, Rafael Pinto, Ivair Santos, João Baptista Félix, Henrique Cunha Jr., Stella Bresciani, Flávio Carrança, Gabriel Priolli Neto, Raquel Gerber, Ari Candido Fernandes, Casemiro Paschoal, Joan Dassin, Sheila Walker, Mary Karasch, Roseli de Oliveira, Cristina Hayashi, Vera Guimarães, Nina Ferreira, Sílvia Lara, Luiz Mott, Flávio Santos Gomes, Alessandro Oliveira dos Santos, Lourdes Santos, Joana Schossler, Taís Campelo, Marina de Mello e Souza, Maria Pallares-Burke, Ana Valente, João Alípio Cunha, Karin Kössling, Ricardo Alexino, Paula Eugênia Sampaio, Lou Deutsch, Elizabeth Raptis, Alex Ratts, Sandra Martins, Raphaella Reis, Luana e Sueli Nascimento, Érika Rocha, Simone Vieira, Kizzy Bianchi, Isabour Estevão e Flávio Santiago.

Sou grato também à Editora Alameda, por abraçar a publicação deste trabalho.

Por fim, dedico este livro aos meus avós, Elenor e Vilma Petry, cujos braços lavraram por décadas o solo pedregoso que fez nascer minha curiosidade pela história humana.

Alameda nas redes sociais:
Site: www.alamedaeditorial.com.br
Facebook.com/alamedaeditorial/
Twitter.com/editoraalameda
Instagram.com/editora_alameda/

Esta obra foi impressa em São Paulo na primavera de 2020. No texto foi utilizada a fonte Minion Pro em corpo 10,5 e entrelinha de 15,75 pontos.